# 알부자들의
# 성공 X-파일

## 알부자 K씨의 인생 이력서

이 이력서를 읽어가다 보면 여러분은 그보다 월등히 좋은 조건에서
학교생활이나 직장, 가정생활을 하고 있다는 것을 느낄 것이다.
이 이력서야말로 평범한 사람들도 생각과 습관을 바꾸면 성공과 행복,
부를 얻을 수 있다는 것을 실증적으로 보여주고 있다.
그는 신체장애, 짧은 학력, 가난 등 3개의 핸디캡을 가지고 있었다.
평범한 사람들이 현실의 편안한 삶에 안주해서는 안되는 이유가 여기에 있다.

| | |
|---|---|
| 1957년 | 출생 |
| 1965년 ( 8살) | 초등학교 1학년, 소아마비 장애 |
| 1972년 (15살) | 친척 도박빚으로 빚쟁이에 시달림. 계란장사, 떡장사 나섬(중학교 2학년) |
| 1975년 (18살) | 고등학교 2학년 중퇴(생활궁핍) |
| 1978년 (21살) | 영업용택시 운전 |
| 1979년 (22살) | 방송통신 고등학교 입학 |
| 1982년 (25살) | 건설회사 소사로 일함, 방송통신대 농학과 진학 |
| 1985년 (28살) | 건설회사 퇴사 |
| 1986년 (29살) | 액세서리 사업시작, 6개월뒤 실패 |
| 1987년 (30살) | 단돈 4만원으로 가스총 외판원 |
| 1989년 (32살) | 결혼 |
| 1992년 (35살) | 반디펜 개발 |
| 1996년 (39살) | 도로표지병 개발 |
| 현  재 (46살) | 연간 매출액 80억원 이상 달성 |

# 알부자들의 성공 X-파일

바람이 불면 부자들은 돛을 올리고 가난한 자들은 돛을 내린다

서정명 지음

늘봄

## 알부자들의 성공 X-파일

저　자 / 서정명
발행인 / 조유현
발행처 / 늘봄
기　획 / 권경하
디자인 / 박준철

등록번호 / 제300-1996-106
주　소 / 서울시 종로구 혜화동 102-1
전　화 / (02)743-7784
팩　스 / (02)743-7078

ⓒ 2003, 서정명

초판발행 / 2003년 10월 7일

E-mail. nulbom@nulbom.co.kr
ISBN 89-88151-36-4　03320

＊가격은 표지에 있습니다.

승자는 시간을 관리하면서 살고, 패자는 시간에 끌려가면서 산다.
승자는 무대위로 올라가고, 패자는 관객석으로 내려간다.
승자는 실패를 거울로 삼지만, 패자는 성공도 휴지조각으로 내팽개친다.

| 추천의 글 |

**부자들의 성공 X파일이 하나 둘씩 벗겨지는구나!**

오랜만에 제대로 된 부자이야기 책을 읽었다는 뿌듯함을 갖는다. 저녁시간 아이들에게 교열본을 건네며 한번 읽어보기를 권했다. 거짓과 꾸밈이 없어 감동이 묻어 나오고, 한동안 잠들어 있었던 우리들의 잠재의식을 일깨우는 책. 성공과 부자를 꿈꾸는 사람들이라면 놓쳐서는 안되는 책이다.

— 김영수 한국중소기업협동조합중앙회 회장

**거부가 아니라 작은 부자가 되라고 말한다.**

이 책은 대기업총수나 억만장자 같은 거부가 되라고 얘기하지 않는다. 이는 하늘의 일이다. 하지만 우리의 습관을 조금만 바꾸면 작은 부자가 될 수 있다는 것을 실증적으로 보여주고 있다. 청부(淸富)를 얻기를 원하는 사람들에게 소중한 교훈과 지혜를 건네 줄 것이다.

— 박봉수 기술신용보증기금 이사장

**생각과 습관을 바꾸면 행복과 부를 얻을 수 있을 것이다.**

주식, 부동산 같은 재테크 방법을 말하지 않는다. 성공한 백만장자들의 삶을 통해 그들이 행복과 부를 얻기까지의 시련과 도전, 좌절과 노력 등을 자세하게 알리고 있다. 보통 사람도 생각과 생활습관을 바꾸면 부자가 될 수 있다는 것을 일깨워주는 부자학(富者學) 원론이다.

— 오호수 한국증권업협회 회장

**가난에도 이유가 있지만 부자에게는 더 큰 이유가 있다.**

가난한 사람일수록 변명과 이유를 마구 늘어놓는다. 성공과 부를 가진 사람들에게는 특별한 이유가 있다. 이 책은 부자들이 왜 부자가 될 수 있었는지에 대해 날카롭게 지적하고 있다.

— 장흥순 한국벤처기업협회 회장

**우리 삶의 멘토(Mentor)로 삼을 만한 책이다.**

젊은 시절의 도전정신과 용기를 일깨워주는 책이다. 인생의 스승이 필요하다면 이 책을 멘토(Mentor)로 삼아 동기부여를 얻기 바란다. 저자가 기자로서 날카롭게 파헤친 알부자들의 실체가 낱낱이 드러난다.

— 유영상 한국표준협회 상근부회장

**목적도 없이 하루하루 살아가는 평범한 사람들이 읽어야 한다.**

목적도 없이 하루하루 살아가는 평범한 사람들에게 성공과 부를 가져다 주는 좋은 지침서가 될 것이다. 책장을 넘길 때마다 새로운 정열과 자신감이 솟아나는 것을 느낄 수 있다.

— 김동근 한국산업단지공단 이사장

**소설형식으로 누구나 쉽게 읽을 수 있다**

경제 · 경영 서적이지만 소설형식으로 쓰여져 누구나 쉽게 읽을 수 있다. 수십개의 우화와 교훈, 역사적 사실 등이 소개되어 있다. 세상살이가 따분한 사람들이 놓쳐서는 안되는 책이다.

— 곽성신 한국벤처캐피털협회 회장

| 책머리에 |

# 백만금을 가질래? 백만장자가 될래?

주식이나 부동산, 채권 등 재테크 서적은 서점에 많이 나와 있지만 부자들의 성공이야기와 가르침을 우리에게 소개하는 책은 드물다. 나는 전국의 산업단지와 생산현장을 취재하면서 백만장자 비즈니스맨들을 만났고, 그들의 삶 속에 몇가지 공통점이 있다는 것을 발견했다.

그들은 나의 스승이었고, 많은 깨달음을 준 멘토(Mentor)였다. 힘들고, 어깨가 축 처질 때 그들을 만나면 용기가 생겼고, '다시 한번 일어서자'는 힘을 얻었다. 그들의 성공스토리 속에는 눈물과 땀이 묻어 있었고, 성공과 행복을 가져다 주는 삶의 법칙과 교훈이 가득 담겨있었다.

나는 성공한 백만장자들을 '나만의 스승'이 아니라 '여러분의 스승'으로 만들고 싶었다. 삶이 우리를 지치게 하고, 어깨를 짓누를 때 누군가의 조언과 충고가 있다면 큰 도움이 될 것이다. 이 책에 나오는 성공한 백만장자들은 여러분의 멘토가 될 것이라고 확신한다.

여러분은 백만금을 가지기를 원하는가? 아니면 백만장자가 되기를 원하는가? 언뜻 보기에 별다른 차이가 없는 것처럼 들리지만, 다시 한번 음미해 보면 많은 차이가 있다는 것을 깨닫게 될 것이다.

전자는 과정을 무시하고 결과적으로 돈을 거머쥔 사람이고, 후자는 피와 땀으로 얼룩진 과정을 거쳐 부자가 된 사람이다. 로또복권 같은 대박을 터뜨린 사람들이 전자에 속하고, 이 책속의 주인공들은 후자에 속한다. 이 책이 여러분에게 감동과 용기를 주는 것은 이 때문이다.

회사 보고서 이전에 인생 계획서를 먼저 작성하라

이 책은 1년 6개월 간의 취재와 인터뷰를 거쳐 만들어졌다. 200여명의 사람들을 만났고, 이중 50명을 대상으로 설문조사를 했으며, 40명 가량을 간추려 책속의 주인공으로 설정했다. 동일 인물을 평균 2~3번 만나 그들 삶의 이야기를 과장없이 진솔하게 싣기 위해 애썼다. 초등학생도 쉽고 재미있게 읽을 수 있도록 우화와 비유, 역사적 사실, 고사성어 등을 곁들였고, 36개의 이야기(File) 어디를 꺼내서 읽어도 매끄럽게 이해가 되도록 구성했다.

나는 이 글을 읽는 독자들이 책속의 주인공을 여러분의 스승으로 삼아 많은 것을 얻었으면 한다. 성공한 백만장자들이 여러분에게 던지는 메시지

는 간단하다. '회사의 업무보고서를 쓰기 이전에 자신의 인생 계획서를 먼저 세워라'

　끝으로 이 책이 세상에 나올 수 있도록 도움을 주신 직장 선후배와 친구, 사랑하는 부모님과 가족에게 깊은 감사의 말씀을 올린다.

이 글이 독자들의 잠든 가능성을 일깨우기를 바라며
2003년 늦가을 서정명

| 추천사 |

# 부자들의 성공 X파일이 하나 둘씩 벗겨지는구나!

- 김영수 중소기업협동조합중앙회 회장

어느날 오후 서기자로부터 교열본을 건네 받았다. 회사서류를 정리한 후 책을 손에 들었다. 1장부터 차근히 읽어 나갔다. 그리고 나는 점점 이 책에 빠져들었다. 어느덧 4시간 동안 꼼짝도 하지않고 책장을 넘기고 있는 나 자신을 발견하게 되었다. 4시간이 후다닥 지나간 것이다.

책장을 넘길 때마다 그동안 감추어졌던 우리나라 백만장자들의 성공 X파일이 하나 둘씩 드러나기 시작했다. 마치 수천년동안 비밀을 간직했던 고대 이집트 미이라가 세상에 알려지는 것 처럼.

저자는 서울은 물론 인천과 경기도, 진주, 대전, 부산, 창원, 포항 등 전국의 산업단지와 생산현장을 돌아다니며 성공한 알부자들을 만났다고 한다. 그들이 성공과 행복을 손에 거머쥐기 위해 흘렸던 눈물과 땀이 책 속에 숨어 있었고, 그들이 들려주는 삶의 교훈과 법칙이 진하게 묻어 있었다.

그들의 시작은 우리들 보통사람들과 같았다. 월급쟁이나 학생, 가정주부, 실직자 들이었다. 애초부터 부자는 아니었다. 오히려 우리보다 가난했고, 배우지도 못했고, 신체도 부자연스러웠던 사람도 많았다. 13살 때부터 세공사 일을 했던 사람, 어릴 때 계란장사를 했던 사람, 신문을 돌렸던 사람. 대걸레 외판원을 했던 사람들의 이야기다.
  이 책은 쉽게 쓰여졌다. 어려운 경제용어는 가급적 사용하지 않았고, 소설을 보듯 쉽게 읽어나갈 수 있도록 세심한 배려를 했다는 인상을 받는다. 나는 책을 읽으면서 마치 모진 세파와 역경을 이겨낸 아버지가 시련에 빠져있는 아들 딸을 앞에 앉혀놓고 들려주는 성공지침서 같다는 느낌을 받았다. 이렇게 살아라고 강요하지는 않지만 우리에게 잔잔한 감동을 주는 이야기. 저자는 이를 우리에게 전하고 있다.
  우리 주위에는 꿈을 잃어가고, 현실에 안주하고, 고정관념에 사로잡혀 살아가는 사람들이 많다. 나는 삶을 무기력하게 살아가는 사람들, 삶에 지친 사람들에게 이 책을 권한다. 살아있는 백만장자들의 성공이야기가 우리에게 힘과 용기와 자신감을 불어넣어 줄 것이다.

  이 책은 대기업 총수처럼 갑부가 되라고 말하지 않는다. 다만 우리의 작은 습관을 바꾸라고 얘기한다. 습관을 바꾸는 작은 차이가 우리를 백만장자로 만드느냐, 평범한 사람으로 머물게 하느냐를 결정하는 요인이 된다.

변화(Change)가 오면 과감하게 도전(Challenge)하고, 기회(Chance)라고 생각되면 주저하지 말고 결정(Choice)하는 습관을 몸에 익히라고 말한다.

   오랜만에 제대로 된 부자이야기 책을 읽었다는 뿌듯함을 갖는다. 저녁시간 아이들에게 교열본을 건네며 한번 읽어보기를 권했다. 거짓과 꾸밈이 없어 감동이 묻어 나오고, 한동안 잠들어 있었던 우리들의 열정을 일깨우는 책. 성공과 부자를 꿈꾸는 사람들이라면 놓쳐서는 안되는 책이다.

# Contents

| 추천의 글 | | 6 |
| 책 머리에 | 백만금을 가질래? 백만장자가 될래? | 8 |
| 추 천 사 | 성공 X파일이 하나 둘씩 벗겨지는 구나! | 11 |

## 1 그대는 알부자를 꿈꾸는가?
### -알부자들의 인생철학

| 1. 계란과 떡을 팔았던 어린 소년 | 18 |
| 2. 청어와 메기 | 28 |
| 3. 손오공의 꿈 | 37 |
| 4. Nowhere로 사느냐, Now Here로 사느냐 | 46 |
| 5. 백만금을 가질래? 백만장자가 될래? | 54 |
| 6. 나이는 정말 숫자에 불과하다 | 61 |
| 7. 현재의 네 월계관에 안주하지 말아라 | 68 |
| 8. 냉동되고 있는 뇌 | 76 |
| 9. 밭갈면서 글 읽어라 | 84 |

## 2 평범한 사람과 부자들은 종이 한 장 차이
### -알부자들의 성공비결

| 10. 2개의 CH | 92 |
| 11. 눈송이의 법칙(Snow Flake Principle) | 99 |
| 12. 트로이에 들어간 목마(木馬) | 106 |
| 13. 느슨한 프로보다 정열적인 아마추어가 낫다 | 115 |
| 14. 허리를 굽히지 않으면 돈을 주을 수 없다 | 123 |
| 15. 경로석을 거부하라 | 130 |
| 16. '안될지도' 보다는 '될지도' | 136 |
| 17. 이제 이 산을 올랐으니 다음 산은 어디있지? | 145 |
| 18. 저수지가 마르면 물고기가 한 곳으로 모인다 | 154 |

## 3 부자들은 이렇게 다르다
― 알부자들의 자기 관리

| | |
|---|---|
| 19. 서 기자(記者), 제목부터 달아봐! | 164 |
| 20. 일본여행에서 얻은 아이디어 | 173 |
| 21. 우리의 적은 빈곤이 아니라 게으름이다 | 181 |
| 22. Just Do It(저스트 두 잇) | 189 |
| 23. 일을 즐겨라 그러면 돈은 소리없이 당신을 찾아온다 | 197 |
| 24. 덤불속의 열쇠 | 205 |
| 25. 내가 CEO 이어야 하는 이유 | 216 |
| 26. 대나무에 매듭이 있는 이유 | 223 |
| 27. 달을 향해 쏴라 | 228 |

## 4 누구나 부자가 될 수 있다
― 알부자들의 성공마인드

| | |
|---|---|
| 28. 들소 무리의 비애 | 240 |
| 29. 1,000원의 기적 | 247 |
| 30. 자신의 의심을 의심하라 | 255 |
| 31. 내가 안 풀리는 건 조상탓! | 264 |
| 32. 쓰레기 더미에서 핀 장미 | 269 |
| 33. I Can Do It | 275 |
| 34. 부자 아빠 아래 부자 자식 있다 | 283 |
| 35. 어린 코끼리의 슬픔 | 292 |
| 36. 부자친구를 두어라 | 299 |

# 1부

# 그대는 알부자를 꿈꾸는가?
## －알부자들의 인생철학

1. 계란과 떡을 팔았던 어린 소년
2. 청어와 메기
3. 손오공의 꿈
4. Nowhere로 사느냐, Now Here로 사느냐
5. 백만금을 가질래? 백만장자가 될래?
6. 나이는 정말 숫자에 불과하다
7. 현재의 네 월계관에 안주하지 말아라
8. 냉동되고 있는 뇌
9. 밭갈면서 글 읽어라

# 1

알 부 자 들 의
성 공 X - 파 일

## 계란과 떡을 팔았던 어린 소년

1,000만원에서 출발해 1억원을 모은 사람과 10억원에서 시작해 1억원을 가지고 있는 사람을 비교해 보라. 전자는 자신감을 밑천으로 백만장자가 될 것이고, 후자는 상실감으로 가난뱅이가 될 것이다.

어릴 때 소아마비에 걸려 장애인이 된 사람, 고등학교 2학년 중퇴, 계란장사, 떡장사, 가스총 외판원, 택시기사, 사업실패, 그리고 재기에 성공해 연간 80억원 이상의 매출을 올리는 중소기업 사장으로 변신.

삶의 밑바닥에서 정상으로 우뚝 선 사람의 성공이력서다. 길라씨엔아이 김동환(46) 사장의 인생 이력에는 많은 굴곡이 있었다. 이 글을 읽는 독자 여러분들과 한번 비교해보라! 대부분의 독자들은 김사장보다 평탄한 삶을 살아 왔을 것이고, 가정환경이나 주변여건도 훨씬 좋았을 것이다. 김사장이 험난한 인생의 질곡에서 벗어나 성공한 비즈니스맨으로 일어설 수 있었던 성공 X파일은 과연 무엇일까? 김사장의 성공스토리를 듣다 보면 그가 뿜어내는 정열과 결단력에 감동하게 된다. 나보다 못한 여건에서 출발해 행복과 성공을 쟁취한 사람들의 이야기는 우리에게 감동과 자신감을 불어 넣어준다. '나도 할 수 있다'는 자신감이 솟아 오르는 것을 느낄 것이다. 꼭 성공하고 싶다는 간절한 열망이 있다면.

## 에스키모인의 늑대사냥

김사장의 성공 X파일을 열어보기 전에 현실에 그냥 만족하는 삶이 얼마나 무서운지를 에스키모인들의 늑대사냥 방법에서 알아보자. 에스키모인들에게는 선조 대대로 내려오는 늑대사냥 방법이 있다. 얼음바닥에 가축의 피를 가득히 묻힌 칼을 꽂아 놓으면 후각이 좋은 늑대가 어슬렁 어슬렁 칼주위로 몰려든다. 그리고 주위를 이리저리 둘러보다가 칼에 묻은 피를 핥기 시작한다. 피맛을 알고, 먹는 속도가 빨라진다. 피를 다 먹은 늑대는 이윽고 혀로 날카로운 칼을 핥게 된다. 자신의 혀에서 피가 나오고, 늑대는 추위로 혀에 감각이 없어져 이것이 자신의 혀에서 나오는 피인지도 모르고 계속 먹어댄다.

감각이 무디어지고 늑대는 결국 그렇게 자기 피를 흘리며 죽어간다. 에스키모인들의 저녁식사 반찬감이 되는 것이다.

세상이 변하는데도 자기자신만 그것을 인식하지 못하고 과거를 노래하고 현실에 안주한다면 우리들도 늑대와 같은 신세가 되고 만다. 현실의 가난에서, 지금의 나태와 게으름에서 벗어나려고 노력하지 않는다면 결국 늑대와 같이 날카로운 칼날에 혀를 베이고 말 것이다.

이제 길라씨엔아이 김동환 사장이 어떻게 가난과 고교중퇴, 신체장애라는 3개의 커다란 핸디캡을 딛고 정상의 자리에 설 수 있었는지 성공 X 파일을 들추어보자. 그는 현실에 만족하지 않았고 항상 변화를 시도했다. 피덩어리가 주는 현실의 달콤함에 취해있었던 늑대와는 달리 현실에 만족하지 않았다. 항상 변화했다. 가난을 극복하기 위해, 고교중퇴라는 학력을 보완하기 위해, 신체장애라는 단점을 이겨내기 위해 그가 눈물과 땀으로 살았던 과거로 돌아가보자.

그는 57년 전북 익산의 부자집 막내아들로 태어났다. 초등학교 1학년 때 소아마비에 걸렸다. "어릴적부터 장애인이었어요. 그때는 방을 걸어다니는 것이 아니라 몸을 뒤척이며 굴러다녔죠. 어머니는 방에 동아줄을 매달아 놓고 제가 줄을 잡고 걸어다니도록 훈련을 시켰어요. 어머니는 눈물을 흘리며 제가 이 세상을 혼자 살아가는 방법을 가르쳤어요. 넘어져서 울고, 어머니도 울고 그렇게 어린 시절을 보냈어요." 신체장애에 시달렸던 그는 이번에는 가난이라는 고난을 당하게 된다. "중학교 2학년 때였어요. 재산을 관리하던 친척이 도박으로 재산을 탕진하면서 집이 빚쟁이들에게 넘어가게 되었어요. 하루하루 살아가는 것이 힘들었어요. 학교도 제대로 다닐 수가 없었죠. 어머니와 저는 또 한번 울었어요. 부자집에서 잘 살던 사람이 하루아침에 거리로 쫓겨나는 신세가 된다는 것을 생각해 보세요."

그는 같은 1억원이라도 가치가 다르다고 말한다. 1,000만원에서 출발해 1억원을 가지고 있는 사람과 10억원으로 시작했던 사람이 돈을 잃고 1억원을 가지고 있는 경우 그 차이는 엄청나다. 돈의 현재가치는 1억원으로 모두 같지만 미래가치는 현저히 달라질 수 있다는 것이다. 1,000만원으로 시작한 사람은 자신감이라는 백만대군을 얻어 더욱 열심히 삶을 살고 돈을 모아가게 된다. 반면 10억원에서 돈을 잃은 사람은 좌절과 패배감에 젖어 오히려 재산을 탕진한다. 그만큼 자신감은 우리에게 삶의 전체를 바꿀 수 있는 활력소로 작용하는 것이다.

### 실패하는 것이 두려운 것이 아니라 노력하지 않는 것이 두렵다

중소기업 단체중 팔기회(八起會)라는 모임이 있다. 대기업이나 원청업체에게 제품을 공급하고 어음을 받았는데 이들 어음이 휴지조각이 되면서 부도가 났거나 경영상태가 힘든 중소기업 사장들이 만든 단체다. 부도를 당했지만 '칠전팔기(七顚八起)의 정신으로 일어서자'는 의미에서 팔기회라는 이름을 붙였다. 이전에 팔기회 회장과 인터뷰를 한 적이 있다. "자신감이 가장 큰 문제입니다. 기업이 잘 나갈 때에는 무서울 것이 없지만 한번 쓰러지고 나면 바로 좌절하게 되지요. 자신감을 찾지 못하는 사람은 그대로 망한 회사로 남아있고, 자신감을 가지고 현실을 극복하려는 사람들은 다시 재기를 하는 것을 많이 보았어요. 문제는 자신감이에요." 이는 꼭 기업에만 해당되는 것이 아니다. 우리들 삶과 바로 직결된다. 입사시험에서 떨어지거나, 회사에서 쫓겨나거나, 집안이 갑자기 기울거나, 사기를 당할 경우 우리는 자신감을 잃게 된다. 어떤 사람들은 실의에 빠져 있다가 자살이라는 극한 선택을 하기도 한다. 언제나 시련은 있게 마련이다. 잠시 내가 실패했다고 해서 초조해하거나, 자기를 과소평가해서는 안된다. 다시 힘을 내어 자신을 연마하고 재도전해서 성공하면 되지 않는가? 세계적인 농구스타 마이클조던은 '실패하는 것이 두려운 것이 아니라 노력하지 않는 것이 두렵다'고 말했다.

김사장의 얘기로 다시 돌아가자. 졸지에 빚더미에 앉게 된 그는 어머니와 함께 시골시장을 돌아다니며 계란과 떡장사를 했다. "주변 상인들이 장사하는 것을 허락하지 않았어요. 방해를 했죠. 텃세라고 있잖아요. 어느 날은 시장경비원이 다가와 계란과 떡이 담긴 바구니를 발로 걷어차버렸어요. 땅에 떨어진 계란과 떡을 먹으며 얼마나 울었는지 몰라요.

어머니는 경비원의 발을 잡고 애원했지만 소용없었어요." 당시 그의 소원은 남에게 쫓기지 않고 장사할 수 있는 시장 한켠의 1평 땅을 구하는 것이었다고 한다.

가난 때문에 고등학교 2학년 때 중퇴했다. 잠을 잘 곳이 없어 남의 집 창고에서 몰래 자다가 쥐한테 물어 뜯기기도 하고, 쓰레기통을 뒤져 버려진 음식찌꺼기로 허기진 배를 채우기도 했다. 난지도에 가서 쓰레기를 줍는 일도 했다. 그야말로 삼류 밑바닥 인생 그 자체였다.

"20대 초반이었을 때 영업용 택시를 몰았어요. 지도책을 사다가 서울은 물론 전국의 길거리를 외웠어요. 손님들이 가장 빠른 길로 갈 수 있도록 했죠." 그러던 어느날 유명 국회의원이 그의 택시를 타게 되었다. 그의 타고난 부지런함과 성실성을 알아보았던 국회의원은 자기차를 몰아달라고 부탁한다. "영업용택시에도 신용이 있고, 서비스 정신이 있어야 한다고 생각했어요. 항상 고객입장에서 차를 몰았어요. 그분이 저를 잘 본 것 같아요." 이후 그는 영업용 포니 승용차에서 그라나다 고급차를 몰게 되었다.

### 6개월만에 사업 실패

당시 대기업 초임이 19만원 이었는데 그는 개인운전사로 있으면서 30만원을 받았다고 한다. 준비를 하고 있으면 반드시 기회가 온다는 것을 깨달았다. 그는 공부에 대한 집념이 대단했다. 가난 때문에 못배운 것이 한(恨)이었다. "방송통신 고등학교에 입학해 학업을 계속했어요. 또 방송통신대 농학과에 들어가 공부를 이어갔죠. 일을 해 모은 돈으로 저녁에는 공부를 했어요." 그가 평범하지 않다고 생각한 국회의원은 그를 굴지의 건설업체인 S사에 소개시켜준다. "거기서 소사로 일했어요. 복사하고, 심부름하고, 허드렛일을 했는데 저는 최선을 다했어요. 대학을 나온 같은 또래 직원들은 정식사원으로 넥타이를 매고 있었죠." 그는 소사직에서 벗어나기 위해 정식직원 시험을 치고 결국 S기업에 정식사원으로 들어가게 된다. 83년부터 85년까지 S기업에서 일을 했다. "아무도 저를 인정하지 않았어요. 당시만 해도 출신대학별로 파벌이 있었어요. 대학도 제대로 나오지 못한 저를 인정하지 않았어요. 그래도 참 열심히 일했어요. 내가 사업을 할 수 있는 노하우와 경험은 거의 이곳에서 배웠죠." 그는 회사를 나와 86년 그동안 한푼 두푼 모은 돈 5,000만원으로 액세서리 수출사업을 시작했다가 6개월만에 폭삭 망했다. 다시 가스총 외판원으로 나서면서 돈을 모았다. 그러나 어릴 때부터 가지고 있었던 사업의 꿈을 접을 수는 없었다.

### 부자들은 핸디캡을 극복한 사람

"한번 실패했지만 주저하지 않았어요. 그후로 저는 발명과 신제품 개발에 제 운명과 미래를 걸었어요. 이후 신제품을 잇따라 개발하고, 발명특허를 내면서 서서히 운명의 여신은 제 편으로 돌아왔어요. 포기하지 않은 댓가였죠." '미쳐야 성공한다' 는 가르침이 그의 성공 X파일에 쓰여져 있다. 그 당시 범인들이 휘두르는 칼에 경찰관들이 맞아 다치게 되자 칼이 안 들어가는 조끼를 만들었다. 또 범인들이 수갑을 풀고 도주하는 사건이 빈발하자 풀리지 않는 수갑을 개발해 히트를 쳤다. 그는 92년 '반디펜' 개발로 성공의 길로 들어선다. "우연히 야간에 경찰이 교통위반 스티커를 발부하는 현장을 봤어요. 어깨 사이에 손전등을 끼고 불편하게 스티커를 떼는 것을 보고 어두운 곳에서도 쓸 수 있는 펜을 개발하면 좋겠다고 생각했어요. 반디펜은 그렇게 탄생했어요." 볼펜위에 있는 버튼을 누르면 볼펜 볼 주위에서 빛이 나와 깜깜한 밤에도 글을 쓸 수 있는 반디펜은 해외로 수출되어 선풍적인 인기를 끌었다. 지금까지 25개국에 600억원 가량 수출되었다. 또 열린 음악회나 유명 가수들의 공연장에서 사용되는 빛이 나는 막대기(라이트 스틱(Light Stick))를 개발해 방송3사에 공급하고 있고, 이 한 제품만으로 1년에 30억원의 매출을 기록하고 있다. 그는 꾸준히 연구하고 개발하면서 250개 이상의 특허를 가지고 있다.

가난과 신체장애, 고교중퇴라는 3개의 핸디캡을 모두 이겨내고 김사장은 정상에 서 있다. "아직도 갈길이 멀어요. 정상이라뇨! 말도 안돼요. 이제부터 시작이에요. 나에게 주어진 환경이 아무리 어렵더라도 긍정적으로 생각하세요. 그리고 용감하게 도전하세요. 도전하지 않기 때문에 어려워 보일 뿐이지, 도전하고 한걸음씩 나아가면 반드시 성공할 겁니다. 또 평생동안 공부해야 합니다. 공부하지 않고 성공을 기대한다는 것은 결코 있을 수 없는 일이에요."

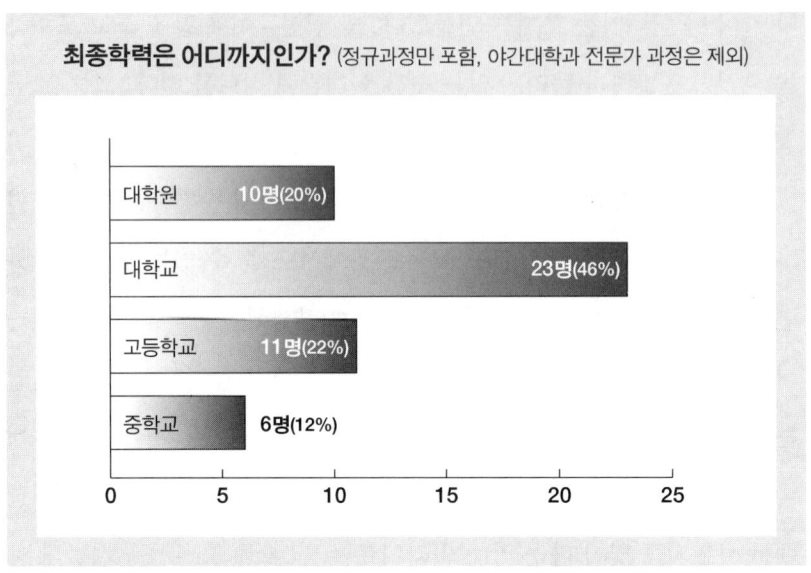

## 한걸음만 더

필자는 성공한 백만장자 50명에게 '최종학력을 말씀해 주십시오?' 라고 물었다. 그들은 어디까지 정규교육을 받았는지 궁금했다. '대학교까지' 가 23명(46%)으로 가장 많았고, '대학원까지' 가 10명으로 20%를 나타냈다. 하지만 '고등학교까지' 가 11명으로 22%를 차지했고, '중학교까지' 도 6명으로 12%를 나타냈다. 필자의 생각과는 달리 의외로 대학교에 진학하지 못한 사람들이 많았다. 하지만 그들은 남들과 달리 집념과 도전정신으로 부자의 대열에 합류했다.

어느날 김사장은 필자와 한정식 집에서 약주를 하면서 제일 좋아하는

시 하나를 들려주었다. 전부 외우고 있었다. 사회운동가 백기완씨의 '한걸음만 더' 라는 제목의 시이다. 이 시는 이렇게 시작해서 이렇게 끝난다. '한걸음만 더, 한걸음만 더, 한걸음만 더, 한걸음만 더, 한걸음만 더……'

**2** 알 부 자 들 의
성 공 X - 파 일

# 청어와 메기

---
청어가 있는 어항에 메기 한마리를 넣어두라. 청어들은 보통 때보다 더 오래 산다. 왜 일까?

긴장하고 있어야 하니까.
---

일본의 어떤 어장에서는 고기를 잡으면 오랫동안 살아있게 하기 위해 침을 놓는 곳이 있다. 고기들은 오랜 시간을 배로 이동하거나, 트럭으로 운반할 경우 대부분 산소가 부족해 생기가 없어지거나 운반 도중에 죽어버리고 만다. 그래서 한 사람이 고기를 살아있는 상태로 도매상에게 넘기기 위해 침을 생각해 낸 것이다. 고기에게 침을 놓아 졸도시킨 후 그대로 운반하는 것이다. 목표지점에 도착하면 고기들은 마취가 풀려 본래의 생기를 찾아 이리저리 돌아다닌다.

영국의 역사학자 토인비가 쓴 책에도 고기와 관련된 내용이 있다. 청어가 가득한 어항에 메기 한마리를 넣어두면 청어가 일반적인 환경에서보다 더 오래 산다는 것이다. 어부들이 바다에서 청어를 낚아올리면 비싸게 내다팔기 위해 살아있는 상태로 보존하려고 한다. 항구로 돌아가는 도중에 청어들은 죽어버리는 것이 다반사다. 하지만 메기 한마리를 넣어두면 청어들이 긴장해 더 오래산다는 것이다. 청어들은 새로운 침입자가 들어오면서 자신들의 신변을 더욱 보호하게 되고, 긴장의 고삐를 늦추지 않기 때문에 생존시간이 더욱 길어지는 것이다.

## 부자들은 위기의식을 가지고 긴장한다

우리들 삶도 이와 다르지 않다. 항상 위기의식을 가지고 긴장해야 한다. 어느 정도의 스트레스는 업무효율을 높이고 생산성을 향상시킨다고 하지 않는가! 아무런 긴장과 갈등관계 없이 생활하는 것은 우리가 나태하다는 또 다른 증거다. 학교생활을 한번 생각해보자. 고만고만한 성적을 내고 있는 친구들은 끼리끼리 모인다. '저 친구도 나와 같다'는 동질의식이 우리의 긴장을 느슨하게 한다.

한 친구가 여행을 가게 되면 따라가고, 영화를 보러가면 함께 어울리게 된다. 하지만 반에서 5등 안에 들어가는 친구들을 한번 보라. 그들은 긴장하고 있다. 한 친구가 여행을 갈라치면 다른 친구들은 더욱 열심히 공부한다. 그래서 여행도 포기하게 된다. 항상 긴장관계가 형성되면서 자신만의 스케줄을 관리하고 더욱 체계적인 공부를 하게 된다.

이번에는 직장생활을 한번 보자. 직장은 학교생활보다 동류의식이 더욱 크게 작용하는 집단이다. 대학교에 들어갈 필요도 없고, 매일 쪽지시험을 쳐 성적을 매기지도 않는다. 매월 나오는 성적표도 직장에서는 찾아볼 수 없다. 그대신 누구나 같은 직급이면 똑같이 나오는 월급이 있다. 많은 기업들이 연봉제 계약을 하고 있지만 형식적인 수준에 그치고, 연령과 직급에 따라 월급을 주고 있다. '우리는 같다'는 동류의식이 어떠한 집단보다 강한 곳이 직장이라는 동네다.

매일 같은 사람을 보고, 항상 비슷한 환경을 접하다보니 '나도 이 정도만 하면 돼'라는 안일과 자기만족에 빠진다. 이 글을 읽는 독자들의 생각은 어떠한가? 내가 정말로 긴장하고 있는지 한번 되물어보아야 한다.

가정주부들로 눈길을 돌려보자. 남편들 회사 출근시키고, 아이들 학교 보내고, 아파트 같은 동네 아주머니끼리 모여 이런저런 얘기를 나눈다. '요 옆에 할인점이 생겼어요. 저녁에 쇼핑 안갈래요?' '우리 다음주에 마이너스 대출받아 해외여행가요.' '어제 그 프로 보셨어요? 여주인공이 너무 불쌍해요.' 레퍼토리가 매일 비슷하다.

### 어항속의 청어

우리들 자신이 큰 어항 속의 청어는 아닌지 반성해야 한다. 다른 사람들은 위기의식을 가지고, 또는 자신만의 콤플렉스를 극복하기 위해 노력하고 땀을 흘리고 있지만 우리는 청어들처럼 현실에서 동류의식을 느끼는 것은 아닌지 냉정하게 되돌아 보아야 한다. 우리주위에는 수많은 메기가 있다. 단지 눈에 띄지 않을 뿐이다. 언제 어디서 우리의 목을 죄어올지 모른다. 그렇기 때문에 우리는 지금 바짝 긴장하고 콤플렉스를 극복할 수 있는 방안을 찾아야만 한다.

우리들은 모두가 크고 작은 콤플렉스를 가지고 있다. 몸이 불편하거나, 집안이 가난하거나, 학력이 짧거나, 성격이 소심하거나 그 종류도 다양하다. 어떤 사람들은 콤플렉스를 가지고 있으면서도 아무런 대책없이 하루하루를 살아가고, 어떤 사람들은 콤플렉스를 자신이 처한 위기라고 생각하고 이를 커버할 수 있는 대안을 마련하기 위해 현실속에서 열심히 노력한다. 전자가 가난한 사람이고 후자가 부자들의 스타일이다.

필자가 만난 행복과 성공을 거머쥔 알부자 중에는 집안이 가난하거나, 신체 일부가 불편한 사람들도 있었다. 하지만 그들은 이 같은 환경에 주저앉기 보다는 도전을 택했다. 자신의 약점을 커버하기 위해 피나는 노력을 했고, 자신들의 꿈을 위해 남들과 달리 생활했다. 청어들만이 모여

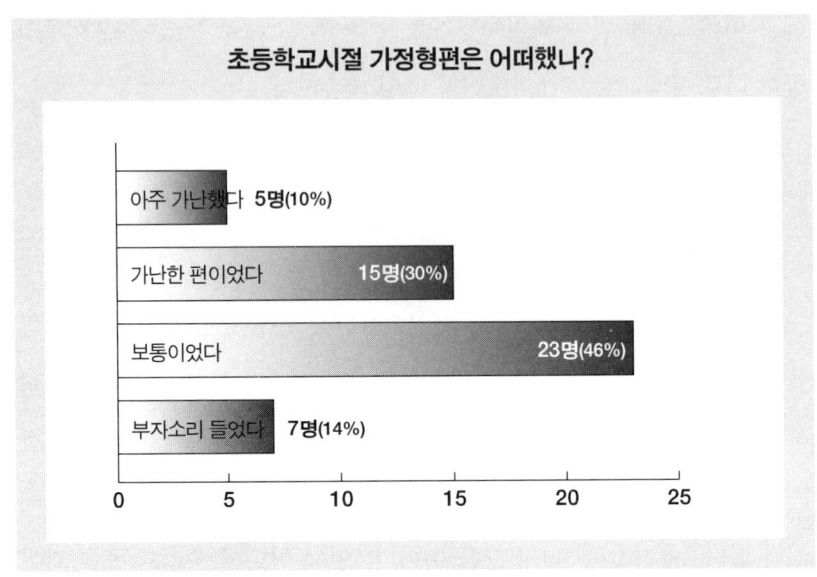

있는 속에서 그들은 메기가 언제 나타날지 모른다고 생각하고 위기를 돌파할 수 있는 대안을 찾은 것이다.

### 초등학교 시절 가정형편은 어떠했나요?

필자는 알부자들의 어린시절 가정환경이 어떠했는지 궁금해 '초등학교 시절 가정형편은 어떠했습니까?' 라고 50명에게 물었다. 23명인 46%가 '보통이었다'고 답했다. 15명인 30%가 '가난한 편이었다', 5명인 10%가 '아주 가난했다'고 답했다. '부자소리 들었다' 는 사람은 겨우 7명으로 14%에 지나지 않았다. 10명중 4명 정도는 가난한 가정 속에서 자라나 성공한 백만장자가 되었다는 얘기가 된다.

필자는 인천 남동공단과 경기도 반월과 시화공단, 울산공단, 포항공단, 부산 녹천공단 등을 돌아다니면서 위에서 얻은 결과가 거짓이 아니라는 것을 확인하고 있다. 공단에는 전통 제조업체들이 많다. 염료나 자동차부품, 크레인, 선박부품 등의 분야에서 장갑을 끼고 기름칠을 하고, 용접을 하고, 기계를 돌리는 사람들이 많다. 그들의 이마에는 잔주름이 많고, 손에는 굳은살이 배겨 있어 감각이 없을 정도다. 그들은 40대 후반을 넘어선 인생 선배들이다. 필자에게는 아저씨나 할아버지 뻘이 된다. 그들을 만나 얘기를 나누다 보면 '참 고생하며 살았다' 는 느낌을 강하게 받는다. 집이 가난해 무작정 서울로 상경해 갖은 고생을 견뎌내며 기업을 일으킨 사장이 있는가 하면, 친구들은 '고등학교간다' '대학교간다' 며 난리인데 눈물을 흘려가며 공장에서 일을 해야만 했던 사장들도 많았다.

필자는 중소기업을 취재하면서 이들의 성공스토리를 듣고, 삶에 대한 정열을 배우고 나태해진 자신을 돌이켜보는 기회로 삼을 수 있어 좋다. 부자집에서 태어나지도 않았고, 물려받은 재산도 없었지만 맨손으로 자수성가한 그들을 만나면 왠지 모르게 힘이 솟는다. 정열은 전염성이 강하기 때문일 것이다.

대기업이나 중견기업의 2, 3세 자식들의 성공이야기에서는 별다른 감동이 없지만 이들에게서는 진한 땀의 향기가 배어 나온다.

태어날 때부터 '나는 가난했다' 고 포기해서는 안된다. 가난을 숙명처럼 받아들여서는 안된다. 가난했기 때문에 더 이상 잃을 것이 없다는 정신으로 도전해야 한다. 아버지로부터 가난을 물려받았지만, 나는 이 가난을 자식들에게 물려주지 않겠다는 강한 정신으로 현실에 맞서야 한다. 가난이 콤플렉스라고 생각하고, 나의 인생은 처음부터 위기에서 시작되었다고 마음먹고 현실을 바로 봐야 한다.

그러면 길이 보일 것이다. 포기하지 마라. 당신은 반드시 새로운 길을 발견할 수 있을 것이다. 필자의 말이 과장되거나 허풍처럼 들리는가? 다시 길라씨엔아이 김동환 사장을 만나보자. 그를 만나면 '가난은 극복될 수 있고, 나는 할 수 있다' 는 동기부여와 정열을 배우게 된다.

**3개의 콤플렉스**

앞에서도 얘기했지만 그는 어릴 때 소아마비에 걸려 온 집안을 굴러서 옮겨 다녔다. 중학교때는 친척이 도박으로 돈을 모두 날려 길거리로 내몰렸다. 동네 시장골목 한켠에서 어머니와 바구니 하나 앞에 놓고 오가는 사람들을 향해 "계란 사세요"라고 외쳤다. 중학교도 제대로 다니기가 힘들었다. "저에게는 건강, 집안, 학력 이라는 세개의 콤플렉스가 있었어요. 무엇하나 위기 아닌 것이 없었죠. 이들 세개를 극복하는 것이 제 인생의 목표였어요." 그는 건강을 회복하기 위해 방에 줄을 걸어놓고 수없이 줄을 잡으며 방 이쪽에서 저쪽으로 걸음마 운동을 했다. 수백번 넘어지고 머리가 어지러울 때도 있었지만 그는 걸을 수 있다는 희망의 끈을 놓지 않았다.

김사장은 현재 신체적으로 정상인과 다름없다. 다만 왼손이 아직도 조금 불편할 뿐이다. 그는 왼손이 부자연스러워 골프 같은 운동은 못하지만 남들에게 다른 즐거움을 주기 위해 손금과 역술을 배웠다. 새로운 사람을 만나면 그는 식사자리에서 손금을 보고, 손님들의 사주팔자를 풀이해 준다.

## 성공(Success)이 노력(Work)보다 앞서는 경우는 영어 단어를 찾을 때 뿐이다

그는 집이 가난했기에 고등교육도 제대로 받지 못했다. 아르바이트나 직장생활을 하면서 방송통신 고등학교에서 공부를 계속했고, 방송통신대 농학과에 진학해 학업을 이어갔다. 그는 성공한 백만장자가 된 지금도 화요일에는 저녁퇴근 후 회계학원으로 달려가 수업을 듣고 있고, 목요일에는 대학생들과 철학스터디를 하고 있다. 회계학원은 2년 동안 다니고 있다. 46살의 나이에.

필자는 그와 대화하는 것이 흥겹다. 언제나 무엇인가 배울 것이 있다. 그의 입에서는 '힘들다' '안된다' 등의 단어는 찾기 힘들다. '노력하면 된다' '콤플렉스가 있으면 극복해야 한다' 등 긍정적인 말만을 듣게 된다.

김사장은 한달에 수십권의 책을 읽는다. 그와 만나면 최신 경제서적의 이론과 내용을 한번에 들을 수 있다. 김사장은 자신이 어렸을 때 가지고 있었던 세가지 콤플렉스, 건강과 학력, 가난을 모두 극복했다. 여러분은 어떤 것을 느끼는가? 그의 성공이 하늘에서 떨어진 운이라고 생각하고 그냥 넘겨버릴 것인가? 그래도 할 수 없다. 그러면 당신은 가난한 사람의 대열에서 빠져 나오지 못할 것이다. 성공은 추구하는 자에게만 찾아온다. 지금 위기의식을 가지고 노력하라. 남들과 같아시는 결코 부자가 될 수 없다.

> 김사장은 '협사(狹思)하지 말라'고 말한다. 협사는 좁게 생각한다는 뜻이다. 내가 처한 환경이 힘들고 어렵더라도 결코 좁게 생각해 포기해서는 안된다. 내가 가지고 있는 모든 장애물과 방해물은 나의 노력 여하에 따라 충분히 극복할 수 있는 만큼, 미래를 보고 크게 생각하라는 것이다. 결코 좁게 생각해 이대로 물러나거나 포기해서는 안된다.
> 누군가의 말처럼 "성공(Success)이 노력(Work)보다 앞서는 경우는 영어사전에서 단어를 찾을 때 뿐이다."

# 3

알부자들의
성공 X - 파일

# 손오공의 꿈

승자는 실패를 거울로 삼지만 패자는 성공도 휴지조각으로 내팽개친다.

승자는 바람이 불면 돛을 올리고 출항하지만 패자는 돛을 내리고 회항한다.

다른 꼬마아이들은 구슬치기를 하며 즐겁게 놀고 있을 때 13살의 어린 소년은 금은방 세공사로 취직해 생계를 꾸려나가야 했다. 새벽같이 일어나 유리창문을 닦았고, 자정까지 심부름이나 잔기술을 배우며 허드렛일을 했다. 집이 가난했기 때문이다. 중학교도 가까스로 졸업할 정도로 집안은 가진 것 없었지만, 그는 지금은 매출 700억원을 올리는 완구회사의 사장이 되어 있다. 손오공 최신규(48) 사장의 얘기다. 그리고 그의 꿈과 도전은 아직도 식지 않았다. 가난했고, 공부도 제대로 하지 못했지만 자신의 신세를 비관하지 않고 목표를 세워 성공한 백만장자가 되었다. 최사장의 성공 X파일을 파헤쳐보자.

## 다이아몬드와 숯

다이아몬드와 숯은 원소가 다 같은 탄소이다. 똑같은 원소이지만 하나는 아름다움과 화려함의 최고 상징으로 모든 사람들이 가지고 싶어한다. 반면 하나는 보잘 것 없고, 남들이 관심도 기울이지 않는 숯이 되고 만다. 다이아몬드와 숯의 차이는 미미한 원소구조 차이 하나 때문이다. 하지만 그 가치는 하늘과 땅만큼 다르다. 우리에게도 하루는 24시간, 1년은 365일이라는 똑 같은 조건과 원소가 주어져 있다.

그리고 평균 75세의 인생이라는 동일조건이 놓여져 있다. 그런데 시간이 지나갈수록 어떤 사람들은 다이아몬드의 길을 가게 되고, 어떤 사람들은 숯의 신세에 머물게 된다. 왜 그럴까? 다이아몬드로 태어난 사람들이 숯이 되기도 하고, 보잘것없는 숯으로 태어난 사람이 결국 다이아몬드가 된다. 왜 이럴까?

인생에서 우리가 다이아몬드가 되느냐, 숯이 되느냐는 아주 작은 차이에서 갈리게 된다. 현실에 안주하느냐, 도전의식을 가지고 팔자를 고쳐나가느냐, 작은 사고의 차이가 엄청난 결과를 가져오는 것이다. 기본적으로 우리들은 도전을 싫어하고, 웬만하면 현실에 주저앉고 싶어하는 본능을 가지고 있다. 평범한 샐러리맨이, 배운 것 없는 사람들이, 가진 것 없이 태어난 사람들이 결국 인생의 다이아몬드 자리에 오를 수 있는 것은 도전정신과 이를 위해 노력하는 성실함이 있었기에 가능했다.

우리의 삶은 다이아몬드라는 아름다움을 통째로 선물하지는 않는다. 태어날 때부터 금스푼을 입에 물고 태어나는 사람들은 일부에 지나지 않는다. 그들은 선택된 소수의 사람들이다. 그들을 부러워할 필요가 없다. 우리의 삶은 가꾸고 다듬는 정도에 따라 다이아몬드가 될 수 도 있고, 숯으로 될 수 도 있다. 그 선택은 당신이 하는 것이다. 그리고 실천과 행동도 당신이 결정하는 것이다.

필자는 손오공 최신규 사장을 만나면서 '도전하는사람, 노력하는 사람, 꿈이 많은 사람' 이라는 인상을 강하게 받았다. 그는 가난했지만 굴복하지 않았고, 실패했지만 좌절하지 않았고, 남들이 불가능하다고 했을 때 과감하게 도전했다. 그것이 그를 다이아몬드로 만든 성공 X파일이다. 그의 얘기 속으로 들어가보자.

## 13살에 세공사로 일한 소년

그가 3살때 아버지가 돌아가셨다. 없는 살림에 아버지마저 돌아가시니 어머니가 고생을 많이 했다. "어머니는 떡장사를 하셨어요. 바구니에 떡을 이고 이동네 저동네 돌아다니셨죠. 저는 친척집에 맡겨졌고요. 공부도 제대로 할 수 없었어요. 주머니속에 폐 건전지를 장난감삼아 놀았어요." 그는 정규교육을 제대로 받지 못했다. 초등학교 길모퉁이에서 아이스크림(옛날에는 아이스케키라고 불렀다) 장사를 하며 돈을 벌기도 했다. 13살때 남들은 중학교에 간다고 야단이었지만 그는 어머니가 소개해 준 금은방에 들어가게 된다.

"어린 나이였지만 하루 15시간씩 일했어요. 당시는 모두 살기가 힘들었죠. 그래도 잔기술을 배우기 위해 열심히 일했어요. 황당하게 금도둑이라는 누명을 덮어쓰기도 했지만 3년동안 금은방 일을 하면서 세상살이의 비정함을 알았고, 반드시 기술을 익혀 사업으로 성공하고야 말겠다는 꿈을 꾸게 되었지요." 15살 때는 주물공장에서 기술을 배웠다. 정규교육은 제대로 받지 못했지만 주물과 가공분야에서 만큼은 최고가 되겠다는 생각으로 열심히 금속을 깎고, 기계를 손질했다.

"19살 때 형님과 사업을 시작했어요. 남들은 대학교에 들어간다고 야단이었지만 저는 부럽지 않았어요. 단지 저는 다른 길을 택했을 뿐이에요. 수도꼭지 사업을 했죠. 아침 일찍 일어나 서울 문래동에서 인천까지

자전거를 타고 물건을 날랐죠. 영업도 제대로 몰랐고, 고정거래처도 없었으니 문전박대를 당하고 눈물도 많이 흘렸어요." 그러던 어느날. 그는 장난감 자판기를 만들어달라는 주문을 받았고 이후 그가 어릴 때 폐건전지를 가지고 놀았던 기억들이 그의 꿈을 일깨우기 시작했다. "그래! 장난감을 만들어보자. 금은방과 주물공장에서 배운 가공기술을 응용한다면 충분히 승산이 있을거야! 할 수 있을거야!" 그가 장난감과 인연을 맺게 된 계기였다.

"그동안 모은 돈과 여기저기서 융통한 돈을 밑천으로 85년 서울 문래동에 '서울화학'이라는 작은회사를 일단 세웠어요. 자금이 모자라 전세금과 아내의 결혼반지까지 몽땅 팔아 연구개발에 투자했어요. 첫 작품이 끈끈이에요."

어릴때 필자는 유리창에 물렁물렁한 끈끈이를 던지면 끈끈이가 유리창에 그대로 붙어있시 않고 조금씩 유리창을 타고 떨어지는 놀이를 한 적이 있다. 그것이 최사장이 만든 첫번째 장난감이었다.

"아내와 돌도 지나지 않은 어린딸을 데리고 여관방을 전전했어요. 아내는 아이를 업은 채 갈데가 없어 지하철을 타고 하루종일 돌아다니기도 했어요. 가장인 저의 마음은 찢어졌죠. 하지만 끈끈이 개발에 대한 열정은 더욱 불타올랐어요." 수개월의 연구와 실패 끝에 드디어 끈끈이가 만들어졌다. 독성이 없으면서도 손에 묻지 않는 제품을 개발해 낸 것이다. "대박이었어요. 어린아이들과 초등학생 사이에서 선풍적인 인기를 끌면서 40억원 이상의 순익을 얻었어요. 또 '팝콘' '도깨비불' 등 후속타가 인기를 끌면서 매출이 많이 올랐어요." 정규교육을 받지는 못했지만 여관방에서 날밤을 새워가며 연구하고 아이디어를 낸 결과였다. 금은방과 주물공장에서 배운 경험과 노하우가 큰 밑천이 되었다고 최사장은 말한다. "우리가 어떤 직장과 위치에 있더라도 최선을 다해야 해요. 나중에 우리에게 큰 보물이 될 거예요."

성공가능성을 확신한 그는 92년 서울화학을 손오공이란 회사로 바꾸고 본격적으로 장난감 사업에 뛰어들었다. 기회를 놓치지 않았던 것이다. 일본 완구회사 2위였던 다카라사에 기술제휴를 요청했다. "일본 백화점에 갔다가 멋진 로봇을 발견했어요. 구미가 당겼죠. 다카라사 제품이었어요. 처음에는 당연히 거절당했어요. 규모도 크지 않았고, 기술력도 검증받지 않았던 중소기업이 제휴를 제안했으니 어이가 없다는 표정을 지었죠. 수십번을 찾아갔습니다. 포기하지 않았어요. 다카라사의 사토 회장이 결국 웃으며 파트너가 되자고 얘기하더군요."

### 자기가 되고 싶은 단어를 1만번만 되풀이해 보라

인디언들 옛말에 자기가 되고 싶은 단어를 1만번만 되풀이해 매일 말하면 그 꿈이 이루어진다고 한다. 같은 단어를 반복한다고 꿈이 저절로 이루어지는 것은 아니겠지만, 우리가 그 단어를 반복하다 보면 꿈이 생기게 되고, 이를 달성하기 위해 노력을 하게 되는 것이다. 꿈을 간직하고 그것을 되뇌이는 것과 꿈과 희망이 없이 살아가는 사람들의 결과는 180도 달라진다. 작은 생각의 차이가 인생을 바꾸게 되는 것이다. 최사장은 언제나 자신의 꿈을 가지고 있었다.

국내 최초의 합체 변신로봇 '다간'은 그렇게 탄생했다. 공전의 히트를 치며 완구점에서는 "좀 더 물건을 줄 수 없느냐?"며 성화였다. 노력의 땀방울이 결실을 맺은 것이다.

사업으로 어느 정도 기반을 잡은 그는 애니메이션 분야로 눈길을 돌린다. 철저한 시장조사를 하지 않고 섣불리 덤벼들었다가 '영혼기병 라젠카' 투자로 30억원 가량을 고스란히 날렸다. 이후 여기저기 투자에 나섰지만 결국 애니메이션 사업에 진출한 후 5년간 모두 160억원 이라는 막대한 손실을 입고 말았다.

"결코 포기하지 않았어요. 시행착오라고 생각했죠. 국내에서는 완구회사가 애니메이션 분야로 진출하는 경우가 거의 없었기 때문에 반드시 기회가 올 것이라고 확신했어요." 그러던 어느날 최사장은 어릴 때 가지고 놀았던 팽이를 사업아이템으로 결정했다. 주위에서는 반대 목소리뿐이었다. '팽이가 무슨 사업이 되느냐, 무슨 애니메이션이냐, 이 정도에서 그만두어라.' 난리였지만 그는 팽이사업을 일본 다카라사와 공동으로 진행했다. "2001년 일본에서 먼저 방영이 되었어요. 긴장감이 돌았죠. 일본에서 캐릭터완구만 450만개가 팔리는 대박을 기록했어요. 그해 9월 국내에서도 방송국을 통해 '탑블레이드'가 방영되었고, 완구점과 문구점에서는 팽이를 찾는 아이들로 가득했어요. 공장은 주문량을 소화하느라고 100% 풀가동되었죠." 도전정신이 만들어낸 성과와 열매는 달콤한 것이었다. 탑블레이드 시리즈는 2001년부터 지금까지 일본과 대만, 미국 등 전세계 국가에서 히트를 치고 있다.

현재 손오공은 완구를 비롯해 애니메이션, 캐릭터, 카드, 팬시, 온라인 게임 등을 망라하는 종합엔터테인먼트 기업으로 발돋움하고 있다. 올해에는 800억원의 매출을 목표로 하고 있다.

그가 던지는 성공 메시지는 간단하다. "자기분야에서 최고가 되어야 합니다. 저도 중학교를 제대로 나오지 못했지만 금은방과 주물공장을 돌아다니면서 그 분야에서 최고가 된다는 각오로 일했어요. 최고가 되면 반드시 기회가 옵니다. 추운 겨울날 연탄불이 꺼졌다고 방안에 그대로 있을 겁니까? 현실에 그대로 만족해서는 안됩니다. 최고가 되기 위해 노력해야 합니다."

어느 책에서는 승자와 패자의 다른점을 이렇게 설명했다. 우리들에게 많은 생각을 하게 하는 말이어서 여기에 소개한다.

### 승리자와 패자의 차이

〈승자와 패자의 차이〉

승자는 시간을 관리하면서 살고, 패자는 시간에 끌려가면서 산다.
승자는 무대위로 올라가고, 패자는 관객석으로 내려간다.

> 승자는 실패를 거울로 삼지만, 패자는 성공도 휴지조각으로 내팽개친다.
> 승자는 바람이 불면 돛을 올리고 출항하지만, 패자는 돛을 내리고 회항한다.

필자가 만난 성공한 알부자들의 성공노트에는 시간을 관리하고, 무대 위로 올라가고, 실패를 거울로 삼는 성공철학이 고스란히 적혀 있다. 이 글을 읽는 독자들은 지금 승자의 길을 밟고 있는가? 패자의 길을 걷고 있는가? 냉정하게 물어볼 때이다.

알부자들의
성공 X - 파일

# 4

# Nowhere로 사느냐, Now Here로 사느냐

생각이 바뀌면 행동이 변하고, 행동이 바뀌면 습관이 변하고, 습관이 바뀌면 성격이 변하고, 성격이 바뀌면 운명이 변한다.

지난 75년 사망한 그리스의 세계적인 선박왕 오나시스는 당대 최고의 갑부였다. 그는 68년 미국 대통령 J.F.케네디의 미망인 재클린과의 결혼으로 화제가 되기도 했다. 그가 죽자 유언에 따라 유산(130억달러 추산)의 절반은 전처(前妻)와 자녀에게, 나머지는 비행기사고로 죽은 자식을 기념하기 위해 세운 오나시스 재단에 기증되었다. 지금은 오나시스의 손녀인 아티나 오나시스가 거액의 유산을 상속받으면서 전세계 10대(Teen) 가운데 제일가는 부자로 꼽히게 되었다. 아티나 오나시스는 18번째 생일을 맞아 성년이 되면서 현금과 저택, 회사, 이오니아의 군도(群島) 등 모두 27억달러를 상속받았다고 한다.

### 선박왕 오나시스도 부두노동자에서 출발했다

하지만 당대 최고의 갑부였던 오나시스도 처음에는 부두노동자로 출발했다. 부두를 배회하며 배에서 짐을 내리고 짐을 실어주는 막노동꾼이었다. 그런 그가 어떻게 최고의 부자가 될 수 있었을까? 그는 일주일 동안 열심히 일해 모은 주급으로 거부들이 출입하는 고급식당에 갔다. 그곳에서 부자들은 어떤 생각을 하고, 어떤 생활을 누리고 있는지 몸소 체험했다고 한다. 그들의 생활을 보면서 그는 부자가 되고야 말겠다는 의지를 불태웠던 것이다. 자신은 막노동꾼이었지만 부자들의 생활을 보고 생각을 달리 한 것이 그를 세계적인 갑부로 만들었다. 작은 생각의 차이가 그의 인생 항로를 완전히 바꾸어 놓은 셈이다.

그만큼 생각이 중요한 것이다. 평범한 사람들의 사고방식과 생활패턴에서 벗어나지 못하는 사람은 부자가 될 가능성이 거의 없다. 주위에 보이는 사람들과 똑같이 생각하고, 사고해서는 안된다. 성공하고야 말겠다는 생각을 가지고 행동을 변화시키면 우리들의 하루하루가 달라지는 것을 느끼게 될 것이다. 아무 성과없이 허비하는 시간이 아깝다는 것을 깨닫고 적극적으로 일을 찾아 나서야 한다.

직장 상사가 프로젝트를 내리면 두가지 반응이 나온다. 보고서를 건네 받으며 웃으면서 긍정적으로 일을 처리하는 사람과 한숨을 쉬며 마지못해 보고서를 작성하는 사람이 있다. 독자 여러분은 어느 쪽인가? 이왕 맡은 일이라면 주도적으로 능동적으로 처리하는 사람들을 보면 마음이 든든하다는 생각이 들지 않는가? 그들을 보면 뭔가 모르게 시원하다는 느낌을 받는다. '내가 한다' 는 생각과 '왜 나에게 시키지' 라는 생각 사이에는 엄청난 차이가 있다. 전자에게는 실패해도 박수를 보내지만 후자에게는 성공해도 탐탁치 않게 대한다.

인생에서 성공하고, 부자가 되는 것을 싫어하는 사람은 없을 것이다. 하지만 성공과 부자의 꿈을 실현하기 위해 우리가 무슨 노력을 했고, 부자의 꿈을 아직도 가지고 있는지 한번 냉정하게 되돌아봐야 한다. 바쁜 현실속에 안주하면서 어릴 때 가졌던 꿈들이 하나둘씩 사라지고 있는 것은 아닌가? 지금 당장 노트를 펼쳐 자신의 꿈을 한번 적어보라. 옛날 수십개에 달했던 우리들의 아름다운 꿈과 희망이 몇 개로 줄어들었는지 확인해보자. 현실이 고달프다는 이유만으로 우리의 꿈을 죽여가는 것은 아닐까? 이제부터라도 생각을 바꾸자. '성공할 수 있다. 나는 할 수 있다. 부자가 될 수 있다' 라고 생각부터 바꾸자.

그리고 노트에서 지워졌던 꿈들을 다시 기입하자. 생각을 바꾸면 행동이 변하고, 행동이 바뀌면 습관이 변한다. 습관이 바뀌면 성격이 달라지고, 우리의 운명도 달라지게 되는 것이다.

아이들에게 피아노를 가르쳤던 B씨. 그녀는 몇 년전만 하더라도 평범한 가정주부였다. 아이들에게 피아노를 가르쳐 주면서 남편과 함께 맞벌이를 했다. 그러던 어느날 그녀는 부업으로 기업들의 제품을 파는 영업일을 하게 되었다. "가정주부가 무엇을 알겠어요. 남들에게 물건 파는 것이 쉬운 일인가요. 처음에는 힘들었죠. 하지만 할 수 있다는 생각이 들었어요. 생각을 바꾸니까 일이 쉽게 풀렸어요." 남들은 피아노를 가르치며 평범하게 살라고 얘기했지만 그녀는 달리 생각했다. '할 수 있다' 고 생각한 것이다. 생각을 바꾸니까 그녀의 행동이 바뀌었고, 내성적이었던 성격도 활달하게 변했다. 그녀는 현재 연봉 1억원 이상을 벌며 부자들의 대열에 서 있다. 그녀의 도전을 말렸던 주위 사람들은 그녀를 부러운 눈으로 쳐다본다. 보통사람들과 생각을 달리하고 도전한 결과다.

보통 우리들은 어떻게 생각하는가? '그 일은 위험해. 내가 왜 그 일을 해야 되지!' 하면서 한발짝 물러선다. TV를 보며 드라마속 여주인공이 수술을 했다느니, 어떤 연예인끼리 사귄다느니 잡다한 것에는 박사가 된다. 하지만 정작 우리의 미래를 설계하고 계획하는 데에는 누구보다도 인색하다.

## 실패와 실수없이 처음부터 완벽하게 이루어지는 일은 없다

'코스닥시장의 삼성전자'로 불리우는 휴맥스도 변대규 사장과 창업 멤버들의 도전정신이 만들어 낸 결과물이다. 휴맥스는 지난해 3,575억원의 매출과 802억원의 순익을 달성했다. 국내 벤처산업을 얘기할 때 단골메뉴로 나오는 회사다. 셋톱박스를 생산하는 휴맥스는 제품 대부분을 유럽과 중동에 수출하고 있을 정도로 해외에서 더 유명한 업체다. 필자는 변대규 사장과 4～5번 가량 만나 이런저런 얘기를 나누었다. 물론 창업초기 그들이 겪었던 고난과 이를 극복하는 과정도 생생하게 들을 수 있었다.

서울대 제어계측과 대학원에 다니고 있었던 변사장은 졸업을 앞두고 창업을 결심했다. "후배들을 모아 7명으로 시작했어요. 젊어서 도전하지 않으면 나중에 후회할 것 같았어요. 무턱대고 사업을 한 것이 아니라 우리에게는 기술이 있었어요. 그리고 자신도 있었죠." 여기저기서 돈을 끌어 모아 5,000만원으로 시작했다. 서울 봉천동에 30평 규모의 방을 임대해 전화 2대를 놓고 사업을 한 것이다. 시장상황을 제대로 파악하지도 않고 기술력만 믿고 추진했다가 초기에는 큰 낭패를 보았다. "1년간 하드웨어 개발지원용 계측장비(MDS)를 연구해 개발완료했는데, 국내 시장은 30억원으로 미미했어요. 세계적으로도 2～3개 브랜드가 이미 시장을 장악한 뒤였어요. 시장성이 전혀 없었던 거죠. 연구원들이 제품만 만들 줄 알았지 시장이 어떻게 돌아가는지는 모르고 있었던 거죠." 코스닥시장 대표주자인 휴맥스도 초기에는 실수 투성이였다. 실패와 실수없이 처음부터 완벽하게 이루어지는 일은 없다. 다만 중요한 것은 실패했다고 해서 땅에 주저앉아 포기하기보다는 먼지를 털고 일어나 다시 도전하는 것이다.

필자가 만난 성공한 백만장자들은 아직도 '정상은 멀었다'고 말한다. 도전할 것이 남아 있다는 얘기다. 평범한 사람들이 아직까지도 현실에 안주하고 있는 것과는 달리 그들은 인생에서 성공하고 큰돈을 거머쥐었지만 아직까지 해야 할 일이 많고, 이루어야 할 꿈이 수없이 남아있다고 얘기한다.

### 성공과 부를 가졌다고 생각하십니까?

'성공의 사다리(모두 4단계로 가정)중 지금 어느 단계에 와 있다고 생각하십니까?'라고 그들에게 물었다. 최고 위치인 4단계에 있다고 답변한 사람은 한사람도 없었고, '3단계'라고 응답한 사람도 13명으로 26%에 그쳤다. 반면 절반인 25명이 '2단계'에 있다고 답했고, '1단계'에 있다고 응답한 사람도 12명으로 24%를 나타냈다. 필자가 예상한 것과는 다소 달랐다. 필자는 아직도 많은 성공한 부자들이 1단계 수준이라고 답한 결과에 놀랐다. 그들은 최소 10억원 이상의 재산을 가지고 있는 부자들이고, 수백억원의 부를 달성한 사람도 있다. 아직까지 성공의 1단계 사다리에 있다고 생각하다니!

이글을 읽는 독자들은 자신이 어느 단계에 와 있다고 생각하는가? 우

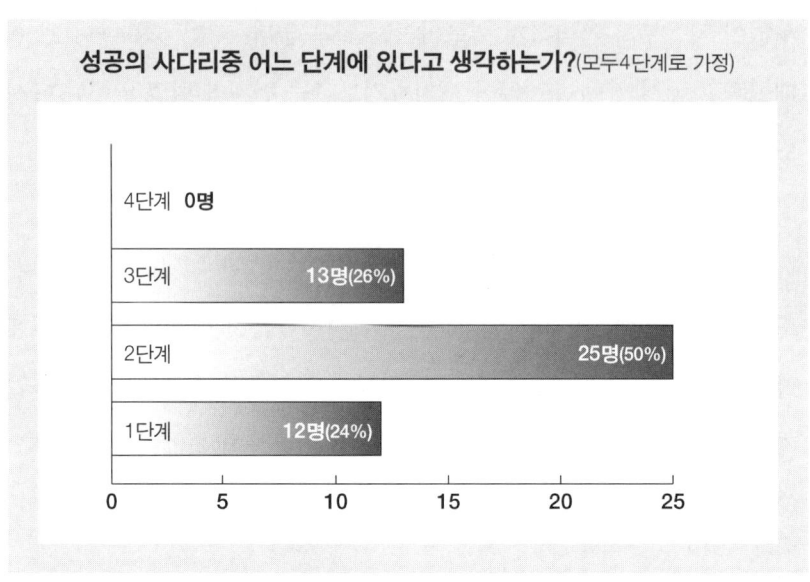

리들의 대부분은 '나는 중산층에 속한다'고 생각한다. 2단계가 아니면 3단계에 있다고 여기는 사람들이 많을 것이다. 하지만 어느 통계에는 연봉 6,000만원은 넘어야 중산층에 속할 수 있다고 한다. 객관적으로 생각해보자. 과연 내가 중산층인가? 냉정하게 주위를 돌아보라. 나의 현실이 어느 위치에 와 있는지를. 성공한 많은 알부자들이 아직도 1단계와 2단계에 와 있다고 생각하고 있다. 그들은 아직도 할 일이 많다고 말한다. 우리가 그들을 뛰어넘기 위해서는 더 많은 꿈을 꾸어야 하고, 생각을 해야 하고, 행동으로 옮겨야 한다. 바로 지금 생각을 바꾸자. 지금도 늦지 않았다.

앞에서 본 것처럼 완구업체인 손오공의 최신규 사장은 매출액 700억원의 회사를 경영하고 있다. 그는 집안이 어려워 정규교육을 제대로 받지 못했다. 반지 세공사, 주물공으로 13살때부터 일을 해야만 했다. "저는 아직도 성공의 사다리중 1단계에 있다고 생각해요. 도전해야 할일이 산적해 있고, 이루어야 할 꿈도 많이 남아 있어요. 현실에 만족하고 주저앉으면 절대 발전이 없어요. 발전은 커녕 뒤로 후퇴하게 됩니다." 그는 생각을 바꾸라고 말한다. '안된다' 를 '할 수 있다' 로, '될까' 를 '반드시 될거야' 로, '내가 어떻게' 보다는 '나니까 가능해' 라고.

> 이글을 읽는 독자들의 꿈은 어디에 있는가? 어떤 사람들은 'Nowhere(어디에도 없다)' 라고 답할 것이다. 하지만 행복과 부를 이룬 백만장자들은 'Now Here(지금 여기)' 라고 답한다. 내일이 아니라 지금, 다른 곳이 아니라 자신이 있는 자리에서 열정과 결단력을 가지고 노력한다면 꿈은 이루어진다고 그들은 우리에게 조언한다.

## 5 알부자들의 성공 X - 파일

# 백만금을 가질래?
# 백만장자가 될래?

나는 더 잘할 수 있는 능력을 가진 사람을 게으른 자라 부른다.

― 소크라테스

20대 80의 법칙을 들어본 적이 있는가? 이탈리아 경제학자 빌프레도 파레토 (1848~1923)가 찾아낸 원리다. 19세기 영국의 부와 소득의 유형을 연구하다가 부의 심각한 불균현 현상을 발견하게 되었다. 전 인구의 상위 20%가 국가 전체 부의 80%를 차지하고 있다는 것을 알게된 것이다.

필자는 대학교에서 경제학을 공부하면서 이 법칙이 자본주의 사회에 그대로 적용된다고 고개를 끄덕인 적이 있다. 아니 자본주의 사회가 발전하면 발전할수록 20대 80의 법칙은 10대 90의 법칙으로 바뀌어 갈지도 모를 일이다. 가진 사람이 더욱 소유하게 되고, 없는 사람은 더욱 가난해지는 시스템. 어쩌면 이러한 불안이 현실로 다가올지도 모를 일 아닌가! 물론 사회복지 시스템이 제대로 구축된다면 이는 기우(杞憂)에 불과할 수도 있다. 상위 20%에 속하는 사람들은 선택된 사람들일까? 하늘이 점지해 준 자들일까? 로또 복권에 당첨되어 하루 아침에 수백억원의 당첨금을 타는 사람들은 하늘이 낸 부자일지도 모른다. 하지만 백만금을 가지고 있는 것보다 더 중요한 것이 있다. 백만장자가 되는 것이다. 백만금을 갖고 있는 것과 백만장자가 되는 것은 언뜻 같아 보이지만 그 이면에는 상당한 차이가 있다.

### 백만장자들은 결과보다는 과정을 중시했다

무엇이 다를까? 로또 복권 같은 도박은 우리에게 백만금의 거액을 가져다 줄 수도 있다. 하지만 필자가 만난 백만장자들은 백만금을 가지고 있는 것이 아니라, 백만장자가 되기까지의 피와 눈물도 함께 가지고 있었다. 가난하고, 사업에 실패하고, 배운 것 없고, 돈을 떼이고, 집까지 날리면서 그들은 눈물 위에서 성공이라는 사다리의 정상에 오른 것이다.

필자가 백만장자의 성공노트를 소개하는 것도 단순하게 돈을 가지고 있는 것보다 백만장자가 되기까지의 과정을 듣고 마음의 감동을 받았고, 삶을 살아가는 동기를 부여받았기 때문이다.

이를 독자들에게 소개해 힘들고 괴로울 때 남이 살아온 길을 엿보며 힘과 용기를 얻기를 바라는 마음에서다. '아. 나만 그런 것이 아니었구나. 어떤 사람들은 얼마나 힘들었길래 자살까지 시도했을까?'

필자는 로만손 김기문(49) 사장을 5번 정도 만난 것 같다. 서울 거여동 본사에서도 만났고, 홍콩 시계박람회에도 같이 가 술잔을 기울이며 삶의 진솔한 얘기를 나누었던 것으로 기억한다. 김사장은 친척분 보증을 잘못 서주고 빚더미에 깔리면서 한때 자살을 시도한 적이 있었다고 한다. "그때는 너무 힘들었어요. 세상이 나를 버린 것 같았어요. 누워서 하늘을 보는데 돌아가신 어머니가 나를 보고 웃고 있는 거예요. 마음을 다잡고 산을 내려 왔어요. 그리고 로만손을 설립해 시계에 운명을 걸었죠." 김사장이 국내 최고의 시계회사를 키우기까지의 성공메모를 한장씩 넘겨보자.

그의 학창시절은 평탄하지 못했다. "학교 선배들과 패싸움을 해 경찰서에 잡혀가고, 어머니 속을 많이 아프게 했죠. 학교에 불려다니느라 학교의 반을 어머니와 같이 다녔을 정도예요." 그가 25살 때의 일이다. "어머니가 병상에 누웠어요. 암 3기였어요. 충격이었죠. 저는 모든 것을 잃는 것 같았어요. 집 한채 뿐이었던 우리집으로서는 감당하기 힘들었어요. 아버지조차 치료를 포기할 정도였으니까요. 어머니의 병은 악화되었고, 집안살림도 더욱 어려웠죠."

우리는 누구나 살아가면서 큰 아픔을 당하게 된다. 집이 갑자기 몰락하거나, 부모님이 돌아가시거나, 회사에서 잘리거나, 큰병을 앓거나, 여러가지 사고를 당하게 된다. 하지만 이에 굴복하고 삶을 나태하게 살아서는 안된다. 오히려 이를 계기로 자기를 더욱 추스리고 도전하는 정신을 가져야 한다. 김사장은 이후 여러번의 실패를 경험하지만 이를 모두 극복하고 국내 최고의 시계회사를 일으키는 열매를 맺는다.

### 나는 솔직히 부자들이 부러웠다

"어머니가 아픈데도 치료비가 없다는 것은 참기 힘들었어요. 내가 과연 무엇을 할 수 있는 존재인가? 나 자신이 참 비참하고 한심스러웠어요. 돈을 벌기로 마음먹었죠. 남들은 부자를 보고 손가락질 했지만 저는 그게 그렇게 부러웠어요. 그래서 중동으로 간 겁니다." 80년대는 중동건설 붐으로 가난한 사람들은 막노동꾼으로 외국에 나가 돈을 버는 것이 유행이었다. 그는 내리쬐는 뙤약볕을 맞아가며 작열하는 사우디아라비

아에서 막노동을 했다. "그때는 사는 것이 우선이었어요. 이것 저것 생각할 여지가 없었어요. 콘크리트를 치고 정말 죽도록 고생했죠. 그때 일의 소중함과 성실성이 얼마나 중요한 것인지 깨달았어요. 노력하면 열매는 항상 돌아온다는 단순한 사실도 알게 되었죠."

　부지런함과 성실성을 인정받아 노동일을 관리하는 안정관으로 승진되었다. 하지만 그 사이 어머니는 세상을 떠나고 말았다. "일생중 가장 슬펐어요. 장례식에도 가보지 못했어요. 이국 땅에서 참 많이도 울었죠. 어떻게 말로 표현하겠습니까?" 이어 아버지도 고혈압으로 세상을 등지고 말았다. 1년사이 부모님이 모두 세상을 떠나신 것이다. 이제 그가 의지할 곳은 한군데도 없었다. 동생들을 돌보아야 하는 가장의 자리가 되었다.

　"중동에서 돌아와 아는 사람들을 통해 솔로몬이라는 시계회사 창립멤버로 들어갔어요. 작은 회사였죠. 시계와는 전혀 상관없이 살았던 제가 뭘 알겠어요? 거래업체로부터 무시도 많이 당했죠." 하지만 열심히 책을 보고 이것저것 조사도 하면서 공부에 집중했다. 여기서 승부를 걸기로 한 것이다. 한 작은 도금공장 사장과 밤을 새워가며 연구를 하고 노력한 끝에 이온도금을 시계에 접목하는 기술을 개발했다. 세계 처음으로 시계에 적용한 것이다.

　"그야말로 대박이었어요. 당시 저는 부장으로 있었는데 공장을 풀가동하고 거래업체들은 어음대신 현금으로 낼테니 물량을 먼저 떼어달라고 아우성이었어요. 솔로몬시계는 무명의 작은 기업에서 시계업계 기린아로 급부상했어요."

## 시련은 혼자서 오지 않는다

김사장이 기쁨의 미소를 짓기도 잠시 두번째 큰 시련이 찾아왔다. "개인적으로 친척분 보증을 잘못 섰다가 집안 재산을 모두 날리게 되었어요. 빈털터리가 된 거죠. 게다가 회사에서는 제가 선 보증이 회사와 무슨 연관이 있는 것 아닌지 의심의 눈초리를 보냈어요. 회사도 그만두었죠. 가정과 회사를 졸지에 모두 잃고 다시 추락한 거죠." 김사장은 이 일로 한때 죽기를 결심하고 산을 찾은 적이 있다고 한다. "산중턱에 쓰러져 하늘을 보는데 돌아가신 어머니가 저를 보고 웃는 거예요. 이래서는 안 된다. 마음을 다잡았죠. 다시 산을 내려와 죽을 각오로 살아야겠다고 결심했어요."

김사장의 부지런함과 성실성, 능력을 아는 주위 사람들이 그를 돕기 시작했다. 그들이 돈을 모아 5,000만원을 마련해 주었고, 김사장은 재기에 나섰다. 88년의 일이다. 로만손은 그렇게 세워졌다.

"당시 대형 시계회사들이 80%의 시장을 장악하고 있었어요. 국내에서는 가능성이 없다고 보고 바로 해외로 눈을 돌렸죠. 과감히 세계시장 공략에 나섰던 거예요. 주위에서는 미친 사람 취급했어요. 당시 해외전시회에 참여하는 데는 큰돈이 들었어요. 한해 동안 벌어들인 돈을 다음해 해외전시회에 쏟아부었어요. 대형 기업도 하지 않던 일을 무모하게 추진했죠. 물론 가능하다는 확신이 있었어요."

로만손 시계는 중동에서 선풍적인 인기를 끌었다. 해외바이어가 김사장을 차에 감금하면서까지 에이전트 계약을 하자고 협박할 정도였다. 로만손은 현재 국내 매출 1위, 중동시장 점유율 1위를 기록하고 있다. 지난해 410억원의 매출을 달성했고, 중동 국가를 비롯해 러시아, 남미, 유럽, 아프리카 등 세계 70개국 이상에 제품을 수출한다.

꾸준한 기술개발과 패션유행을 잡아내는 신제품 출시로 매출도 매년 늘어나고 있다. 2001년 385억원이었던 매출은 지난해 410억원으로 늘어났고, 올해에는 450억원을 겨냥하고 있다.

### 오른쪽 팔이 긴 사나이

필자는 90년대 후반 김사장과 함께 홍콩 시계박람회를 참관한 적이 있다. 로만손 브랜드 부스에 세계 각국의 바이어들이 찾아오고, 김사장이 열심히 제품을 설명하는 것을 옆에서 주의깊게 지켜본 일이 있다. 인도의 한 바이어는 인도에서 로만손 시계는 최고로 인정받고 있다고 말하기도 했다.

"저는 오른쪽 팔이 왼쪽 팔보다 약간 길어요. 보세요. 젊었을때 가방에 시계를 넣어들고 얼마나 해외바이어를 찾아 헤맸는지 오른쪽 팔이 약간 길어요. 가방 무게가 25~30kg은 되죠. 출국소속을 할 때는 항상 수하물 기준치를 초과해 추가 비용을 내곤 했어요." 김사장의 오른쪽 팔이 길었기에 오늘날의 로만손이 있었던 것은 아닐까?

# 6

알 부 자 들 의
성 공 X - 파 일

# 나이는 정말 숫자에 불과하다

비록 자신이 월계관을 쓰지 못한 마라톤 경주라도 숨이 턱에 차오르도록 뛰었을 때는 승자의 월계관이 부럽지 않다.

40대 중반의 A씨는 국내 굴지의 벤처캐피털 회사에 다니다가 최근 책상을 치워주어야 했다. 지난해부터 경기침체가 지속되고 코스닥, 거래소 등 주식시장이 얼어붙으면서 회사가 구조조정에 들어간 것. 하기야 2000년과 2001년 벤처 열풍을 타고 떼돈을 벌었다는 벤처부자들이 속출하고, 주식시장이 활기를 띠면서 벤처캐피털은 대학생들이 가고 싶어하는 유망직종의 하나였다.

불을 보고 달려드는 불나방처럼 벤처캐피털리스트가 크게 늘어났고, 이들은 높은 급여와 대우를 받으며 선망의 대상이 되었다. 지난해 벤처캐피털은 부실투자에 대한 손실을 회계장부에 반영하면서 40억~100억원의 대규모 적자를 내며 구조조정을 단행했다. A씨도 말이야 구조조정이지 정말 '잘리는' 신세가 되고 만 것이다. A씨는 지금 집에서 쉬고 있다. "큰 충격이었어요. 설마설마 했는데 나에게 이런 일이 올 것이라고는 생각도 못했어요. 다시 출발하는게 쉽지 않아요. 집에서 눈치밥이나 먹고 있어요. 왜 이리 살았나 후회가 되요."

### 오륙도와 육이오의 시대

우리 주위에서 흔히 볼 수 있는 일이다. 아버지가 회사에서 나오셨거나, 친척이 구조조정 대상이 되었거나, 친구가 회사를 떠났거나 많은 불행한 일들이 벌어진다. 내가 당사자가 될 수도 있다. 갈수록 우리나라 직장인들의 노후생활은 불안하기만 하다. 사오정(45세 정년), 오륙도(56세까지 직장에 남아있으면 도둑놈)라는 말이 세태를 잘 나타내고 있듯이 50세 전후가 되면 직장을 떠날 준비를 해야 한다는 말이다. 최근에는 육이오(62세 까지 임원으로 있으면 오적(五賊)이라는 뜻)라는 말도 나와 나이든 직장인을 불안하게 한다.

50세면 어떤 나이인가. 아이들은 고등학교와 대학교에 다니고 있어 학비마련이 힘들 때이고, 집도 한평이라도 넓은 평수로 옮겨야 할 시기이다. 술과 담배로 찌든 몸은 고장을 일으켜 병원을 찾아가야 할 일이 하루를 멀다하고 찾아오고, 노후를 대비해 어느 정도 저축도 해야 한다. 그런데 생계수단이 없어지다니! 무섭지 않은가? 하지만 이것이 우리의 현실이니 누구를 탓할 것인가! 그동안 자신을 계발하지 않고 하루살이 인생으로 살아온 우리들 자신을 탓할 수밖에 없지 않은가!

한국노동연구원 조사에 따르면 우리나라 직장인의 평균 정년은 55~57세라고 한다. 그나마 이를 다 채우고 회사를 떠나는 직장인은 적은 편이다. 이들의 급여 수준은 20~24세 직장인 급여의 1.8배 가량을 차지한다. 회사입장에서는 나이 들고 활동성이 떨어지는 고령근로자 1명을 내보내면 젊고 의욕적인 사원 2명을 채용할 수 있다. 물론 숙련된 고령 근로자가 신입사원 2명 이상의 몫을 할 수도 있다. 하지만 경기가 좋지 않을 때는 기업들도 생산효율을 높이기 보다는 비용요소를 줄이는데 주안점을 준다는데 주목해야 한다.

우리주변에 고령 실업자가 많은 이유가 여기에 있다. 앞으로 이런 현상은 더욱 심화될 것이다. 대책을 서둘러야 하지 않을까? 지금은 고만고

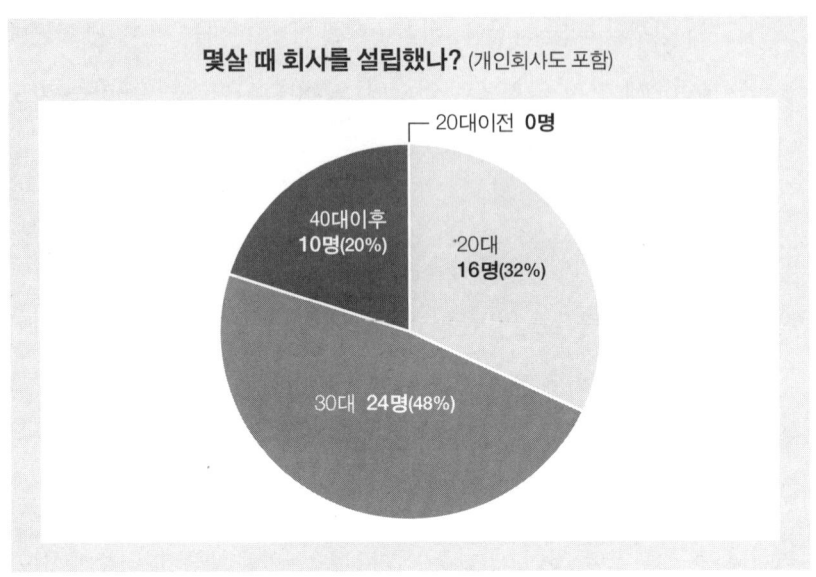

만한 직장동료들과 함께 생활하다보니까 저것은 남의 일이라고 치부하고, 현실에 안주할 수 있겠지만 시간은 금방 흘러가고 언제 구조조정의 칼이 당신의 목을 노릴지 모르는 일이다. 당장 내일이 될 수도 있다.

**제빵학원에서 꿈을 키운다**

코스닥 등록기업에서 홍보업무를 맡고 있는 A양. 그녀는 매일 회사일이 끝나면 바로 버스와 지하철을 갈아타고 제빵학원으로 향한다. "특이하네요" 필자가 운을 뗐다. "쑥스러워 남들에게 말하지 않았어요. 빵 만든다고 하면 우습게 알잖아요. 하지만 저는 꿈이 있어요. 회사에서 어떤 일이 벌어질지 모르잖아요. 꾸준히 열심히 배워서 작은 빵집을 낼 거예요. 그래서 지금은 이렇게 학원에 다니고 있는 거예요. 남들에게 얘기하지 마세요." 그녀의 발걸음은 자신감으로 가득 차 있었고, 그녀의 인생 시간표에는 계획서가 잘 짜여져 있었다. 벤처업계 생리가 워낙 들쭉날쭉 하다 보니까 자신의 보호막을 스스로 만들어가고 있는 것이다. 냉철하게 우리의 처지를 한번 되돌아 볼 때이다.

필자가 만난 성공한 백만장자중 늦은 나이에 창업을 단행한 사람이 여러명 있었다. 그중 유상옥(70) 코리아나화장품 회장과 육동창(73) 서전안경 회장이 기억에 남는다. 남들은 회사를 떠나 조용하게 여행을 하거나 쉬고 있지만, 그들은 사전에 철저한 준비과정을 거쳐 모두 55세에 창업을 단행했다. 준비된 자만이 기회를 잡을 수 있다는 진리를 그들은 보여주고 있다. 그들은 어느 TV광고가 주장하는 것처럼 '나이는 정말 숫자에 불과하다' 는 사실을 전하고 있다.

### 몇살때 회사를 설립했나요?

필자는 성공한 백만장자 50명에게 '몇살 때 회사를 설립했나요' 라고 물어보았다. '30대' 가 24명(48%)으로 가장 많았고, '40대 이후' 라고 대답한 사람도 10명으로 20%를 차지했다. 그리고 '20대 이전' 이라고 응답한 사람은 한명도 없었으며, '20대' 라고 응답한 사람은 16명으로 32%를 나타냈다. 그들은 대부분 대기업이나 중소기업에서 사회생활을 시작했으며, 자기 분야에서 얻은 노하우와 경험, 실력을 밑천으로 사업을 시작했다. 남들이 도전을 망설이고 머뭇거리고 있을 때, 그들은 앞으로 발걸음을 내디딘 것이다.

몇 년전 코리아나화장품 유상옥 회장을 코리아나 본사 사무실에서 만났다. "항상 도전을 해야 해요. 무턱대고 도전을 해야 한다는 게 아니에요. 계획을 세우고 이를 실천하고 현실에 충실하다보면 반드시 기회가 올 겁니다. 그러기 위해서는 항상 자신을 연마해야 해요." 유회장은 어릴 때 신문배달을 할 정도로 힘들게 자랐다고 한다. 동아제약 근무시절 회계업무를 맡으면서 전문가가 되기 위해 공인회계사 시험에 도전했고 결국 합격했다. 대학생들이 몇 년간 책과 싸우며 인생을 걸어야 할 수 있는 일을 직장을 다니면서 해낸 것이다. 현실에 충실하라는 유회장의 말이 무엇을 의미하는지 알 수 있는 대목이다.

"저는 50대가 늦었다고 생각하지 않아요. 시작일 뿐이에요. 항상 현실에서 미래를 준비한다면 나이가 들어도 무섭지 않아요. 도전정신을 가지고 노력하면 어떤 상황에서도 대처할 수 있는 내성이 길러지죠."
서전안경 육동창 회장도 55세에 기업을 일으킨 늦깎이 창업자다. "군에서 생활하고 건설회사에서 근무하면서 성실성과 근면성을 인정받았나봐요. 일본 굴지의 안경회사가 사업제의를 하더라구요. 당시 주위에서 반대가 심했죠. 그 나이에 무슨 사업이냐구. 시장조사를 해보고 혼자 공부를 해보니까 이게 되는 사업이었어요. 그래서 주위 반대를 물리치고 창업을 단행한 겁니다. 기회다 싶으면 놓치지 말아야지요."

## 이류로 남을 것인가? 일류가 될 것인가?

이들이 들려주는 백만장자 성공 X파일에는 명확한 원칙이 있었다. 나이가 들었다고 사회에 굴복해서는 안되고 도전해야 한다는 것. 여기에는 2가지 전제가 있다. 학교생활을 하든, 직장생활을 하든, 가정주부로 남아있든 자신이 관심 있는 분야를 집중 공략해 능력을 쌓아야 한다는 것이다. 이류가 되어서는 안되고 반드시 일류가 되고야 말겠다는 자기 암시를 주어야 한다.

> 남들이 하는 만큼만 눈치껏 하는 것이 아니라 자기의 인생 청사진대로 계획을 짜야 한다. 그리고 나서 실천해야 한다. 계획만 세우고 실행이 없으면 오히려 허무감만 더해간다. 아예 계획을 세우지 않는 것보다 못할 수도 있다. 계획과 노력과 실천. 이 같은 과정을 반복하는 습관. 이것이 그들을 성공 CEO로 이끈 철학이다. 육회장이 들려준 말이 인상깊다. "길을 가지 않으면 도달하지 못하고 일을 하지 않으면 이루지 못한다."

## 7 알부자들의 성공 X-파일

# 현재의 네 월계관에 안주하지 말아라

우리는 언제나 근원적 변화(Deep Change)를 감행할 것인가, 아니면 점진적 죽음(Slow Death)을 받아들일 것인가, 양자택일의 문제로 고민해야 한다.

— '딥체인지 or 슬로우 데스'의 저자, 로버트E. 퀸

수컷 박새는 자신의 울음소리가 시끄러운 도시 소음을 뚫고 암컷 박새에게 들릴 수 있도록 소리의 주파수를 높였다. 인간이 만들어낸 환경변화에 맞서 울음소리를 바꾸게 된 것이다. 일반적으로 새들은 짝짓기 시기가 되면 소리로 울어 상대편에게 신호를 보낸다. 하지만 산업화된 도시속에서는 차 소리, 경적 소리, 공장 기계 소리 등으로 신호가 전달되지 못하는 경우가 많다.

**네덜란드 라이든** 대학의 생물학과 연구팀이 최근 유럽도시 지역의 수컷박새 32마리를 조사한 결과, 이들은 주파수 변조를 통해 울음소리의 음조를 높임으로써 소음의 영향을 받지 않았다. 연구팀이 같은 시기에 조용한 시골 마을에서 조사한 박새들은 상대적으로 낮은 소리로 우는 것으로 나타났다고 한다. 도시 지역 수컷 박새들이 환경변화에 적응하고 있다는 얘기다.

이처럼 새들도 환경이 변하면 자신들의 생존방식을 바꾼다. 이 글을 읽는 독자들은 어떠한가? 우리에게 새로운 변화의 물결이 다가오고 있다는 것을 느끼는가? 그렇다면 어떠한 대응방식을 가지고 있는가? 혹시 변화의 물결도 느끼지 못하는 것은 아닌가? 느끼더라도 팔짱만 끼고 사태추이만 지켜보고 있는 것은 아닌가?

### 부자들은 변화의 흐름을 주도했다.

성공한 백만장자들은 변화의 물결을 뒤따라가기 보다는 변화의 흐름을 먼저 주도했다. 이런 점에서 보통사람과 그들은 달랐다. 주도적으로 변화를 창조하느냐, 수동적으로 변화에 따라가느냐? 양자는 여기서도 차이가 난다. 지난 2002년 이탈리아 밀라노에서 열린 가구전시회에 참관했을 때의 일이다. 밀라노 가구전시전은 매년 4월쯤 열리는 세계적인 가구행사로 해외 굴지의 가구회사들이 새로운 제품과 디자인을 선보이고 최근 흐름을 파악하기 위해 몰려드는 행사다.

밀라노 전시회 때는 국내 가구업체들도 10여명, 많게는 30여명의 디자이너와 직원들을 데리고 비행기로 14시간이나 걸리는 밀라노로 향한다. 그만큼 세계인의 이목이 집중되는 행사라고 보면 된다. 날고 긴다하는 가구회사들이 모이는 곳이다.

필자도 이 행사에 참관해 고전가구와 부엌가구, 사무용가구 코너들을 하나 둘씩 둘러보고 있는데, 한국인이 부스를 내고 바이어와 상담을 나누고 있는 것이 눈에 띄었다. 발걸음이 빨라졌다. 어떤 회사이길래! 소파, 의자 등 아동용 가구들이 예쁘게 전시되어 있었고, 머리를 뒤로 땋은 여성 한분이 바이어와 상담을 나누고 있었다.

이 회사 직원인가! 다가가서 사장님을 만나고 싶다고 말을 건넸더니 자신이 사장이라고 한다. 도도가구 길준경(44) 사장과의 인연은 그렇게 시작되었다. 정신없이 도도가구 전시코너를 외국인들에게 설명하고 있는 그녀에게 방해가 될까 잠시 기다려 손님들이 없는 한가한 틈을 타 얘기를 나누었다.

도도가구는 국내 처음으로 아동용가구를 생산한 회사로 침대, 소파,

침장 등 수백가지의 아이템을 해외시장에까지 수출한다. 일반 가정주부들에게는 고급제품을 파는 회사로 인식되어 있다. 국내에 13개의 직영점을 가지고 있으며, 미국에 3개의 직영점을 보유하고 있고 중동에도 숍을 가지고 있다. 올해에는 수출 300만달러를 포함해 100억원의 매출을 겨냥하고 있다.

**꿈을 위해 오늘을 바쁘게 살아라**

그녀가 들려준 성공이야기는 오늘을 살아가고 미래를 준비하는 우리들에게 많은 메시지를 전해 준다고 생각한다. 여기서 그녀의 성공노트를 잠시 들춰보자.

그녀의 꿈은 디자이너였다. 그래서 예원중학교와 고등학교에서 디자인을 공부했고, 대학에서도 공업디자인을 전공했다. 여느 백만장자가 그랬던 것처럼 열심히 공부했다. 꿈을 위해서 오늘을 바쁘게 살았다.

"82년 프랑스 국립장식 미술학교에 입학하게 되었어요. 중학교와 고등학교, 대학교에서 디자인을 열심히 공부했으니 실력을 인정받았나봐요. 한국사람은 그때 혼자였어요." 그녀는 프랑스에서 공부하기 위해 대학교 때부터 준비했다고 한다. 불어공부를 게을리하지 않았고, 프랑스 문화원에 수시로 들러 관련책을 읽고 자료를 모았다. 오직 꿈은 프랑스에서 제대로 된 디자인을 공부하는 것이었다.

"80년대 초반만 해도 국내에서는 디자인에 대한 인식이 부족했어요. 요즘은 제품하나도 디자인 하나가 좌우하잖아요. 그만큼 내가 성공할 수 있는 가능성은 높다고 생각했어요. 남들이 하지 않는 분야에 도전한 것이 오늘날의 성공비결이라고 생각해요. 기회를 놓치지 않고 변화를 주도한 셈이죠." 길사장은 프랑스에서 공부하면서 유아용품과 유모차, 가구 등 아동용품 아이템이 다양하고, 시장이 상당히 발전되어 있다는 것을 실감했다.

84년 귀국후 결혼을 하고 사내아이를 낳았는데 청각장애를 가지고 있었다. 그녀는 아픔과 눈물로 세월을 보내어야 했다.

"엄마에게 아이가 어떤 존재인지 아시잖아요. 많이 울었죠. 세상도 많이 원망했죠. 하지만 나아지는 건 아무것도 없었어요. 마음을 다잡아야 했죠." 아들 한길이는 청각에 장애가 있어 위험을 인식하지 못했다. 그녀가 불러도 긴서랍에 달려가 얼굴을 찢는가 하면, 날까로운 모서리에 팔등이 찢어져 병원에 실려가는 일도 있었다. 당시 우리나라에는 중·고등학생용 책상이나 의자정도는 있었지만 아동용가구는 전무한 실정이었다.

**내가 변화의 주인공이 되는 거야!**

"내가 생활에 불편을 느낄 정도라면 다른 엄마들도 비슷한 경험을 가지고 있을 것이라고 생각했어요. 그래! 이 사업을 해보자. 아동용가구 시장에 뛰어들어가보자. 가능성이 보이지 않는가! 내가 먼저 변화의 주인공이 되는거야." 그녀가 가구사업에 진출한 이유였다. 그녀는 사업을 하기에는 많은 불리한 점을 가지고 있었다. 건장한 남자들도 목공일을 하는 목수들과 어울리기 힘든데 가냘픈 여자의 몸으로 이를 이겨내야 했다. 처음에 사업을 시작할 때 부모님의 반대도 엄청 심했다. 또 집에는 돌보아야 하는 청각장애 아이가 있었다. 그녀가 사업을 하기에는 모든 조건이 불리했다.

> "좋은 환경이 올 것이라고 기대만 하고 있다가는 죽도 밥도 안돼요. 내가 사업의 비전을 보았을 때는 과감하게 도전해보는 겁니다. 남들의 고정관념이 나를 정체시켜서는 안돼요. 어짜피 내가 사는 인생아닌가요. 기회라고 생각되면 과감히 도전하세요. 기회는 우리를 기다려주지 않아요."

91년 서울 학동에 40평 규모의 방을 임대해 사업을 시작했다. 경기도 양주에도 직원 5명을 고용해 공장을 세웠다. 당시 아동용가구는 일부 수입품이 들어왔지만 품질이 조잡해 제대로만 만들면 성장가능성은 높았다. 세계적인 화학업체인 듀퐁사를 찾아가 무독성 도료 공급계약을 맺었고, 국내 백화점에 입점도 시작했다.

하지만 96년 6월 삼풍백화점이 무너지면서 회사는 뿌리째 흔들리기 시작했다. "120평의 매장을 자랑했던 삼풍백화점 도도가구 매장은 황금알을 낳는 거위였어요. 매장 매출도 직영점중 제일 많았어요. 그래도 사고당시 우리 직원들의 인명피해가 없었던 것이 불행중 다행이었어요.

사업은 다시 하면 되잖아요."

## 부자들은 신용을 생명처럼 지킨다

길사장은 삶을 살아가는데 신용이 생명이라고 말한다. "삼풍백화점 측으로부터 돈을 못받을 것이라는 사실을 알면서도 기존 계약자들에게 제품을 보냈어요. 손님들은 삼풍백화점을 보고 제품을 산 것이 아니라 도도가구를 보고 구매를 한 것이잖아요. 손해를 봤지만 모두 제품을 보내주었습니다." 손해를 봤지만 오히려 손님들에게는 '도도가구는 믿을 수 있다' 는 인식을 심어주었다. 성공한 사람들은 위기일 때 적극적으로 대처했다. 최인호의 소설 '상도' 에서도 거상 임상옥이 중국사람들이 보는 앞에서 인삼을 태워버림으로써 더 높은 가격에 큰 계약을 따내지 않았는가!

97년 IMF때 그녀는 두번째 위기를 맞았다. 경기침체로 사람들이 주머니를 풀지 않게 되자 매출이 크게 줄어들었고, 급기야 18개에 달했던 직영점도 9개로 줄였다. 환율상승으로 외국에서 수입했던 원자재 가격이 3배 가까이 뛰면서 제품을 팔아도 손해를 보는 지경에 이르렀다.

"회사가 휘청거릴 정도였어요. 직원들이 월급의 반만 받겠다고 얘기하는데 눈물이 났어요. 그래! 이 사람들을 위해서라도 재기에 성공하고야 만다. 이를 꽉 물었죠." 길사장은 우리에게 실패에서 배우라고 말한다. 과거의 실패가 우리 인생을 좌우할 수 없는 것이다. 과거의 실패를 경험삼아 미래에는 더 좋은 결과를 이끌어낼 수 있는 것이다. 가장 나쁜 것은 실수를 범하는 것이 아니라 실수를 두려워해 아예 움직이지 않고 현실에 안주하는 것이다. 성공한 백만장자들은 실패를 결코 무서워하지 않았고, 이를 딛고 일어나는 강인한 정신을 가진 소유자들이었다.

길사장에게 또 하나의 꿈이 생겼다. 성공한 사람들은 하나의 꿈이 이루어지면 여기에 만족하지 않고 또다른 꿈을 만들어 실천해 나간다. 앞으로 3년 이내에 직영점을 50개로 확대하는 것이다. 이쯤되면 세계 어디에 내놓아도 손색이 없을 아동용가구 업체로 발돋움할 수 있을 것으로 보고 있다.

그녀는 아들의 청각장애, 삼풍백화점 붕괴사건, IMF 회사경영 악화 등 험난한 위기를 모두 극복하고 한국을 대표하는 아동용가구 회사를 꾸려나가고 있다. 그녀에게 물어 보았다. "당신을 성공으로 이끈 철학이 무엇이냐?" 고.

"변화를 두려워하지 말아야 합니다. 변화를 선도해 나가야 한다는 말이죠. 현실에 안주하다보면 몸은 편안하지만 미래가 보장되지 않아요. 변화속에 나의 경쟁력이 생기는 법이에요."

## 8 알부자들의 성공 X-파일

# 냉동되고 있는 뇌

교토삼굴(狡兎三窟)이라는 말이 있다. 교활한 토끼는 세개의 굴을 판다는 뜻이다. 하나의 굴이 무너지면 다른 굴로 피해야 하고, 이마저도 짓밟힌다면 세번째 굴로 피신한다는 의미이다. 여러분은 몇 개의 굴을 확보하고 있는가?

중국에서 가정부가 신종 유망직업으로 떠오르고 있다. 중국 현지인 집에 들어가는 것이 아니라, 중국에 진출해 있는 외국기업 주재원이나 신문, 방송사 특파원 집에서 일을 하는 가정부들의 인기가 급상승중이다. 외국인 집에서 일을 하려면 영어는 기본이다. 비즈니스맨의 집에서 일을 하는 가정부들은 영어로 문서를 작성해 팩스로 보내주고, 외국에서 걸려오는 전화도 영어로 받아 해결해 준다.

영어에 능통하고, 비즈니스 기초실력도 가지고 있는 가정부들은 1급으로 취급받는데, 그들은 대졸 초임보다 4배나 많은 월급을 받는다. 가정부라고 해서 빨래하고, 청소하고, 침대시트나 정리하는 허드레 살림꾼이 아니다.

### 가정부에도 3류가 있고 1류가 있다

가정부도 경쟁시대다. 고급 가정부 양성소에 등록해 영어회화는 물론 애완동물 사육, 서양문화와 예절, 자녀교육 등을 모두 배운다. 중국에 진출해 있는 한국회사 주재원의 집에서 일하기를 원하는 가정부는 김치담그는 법도 배워야 한다. 양성소에서는 매일 쪽지시험과 능력시험을 치른다. 이처럼 가정부도 이제는 경쟁시대에 접어들었다. 단순한 노무나 제공하는 시대는 지나가고, 모든 분야에서 멀티 플레이어(Multi Player)가 되어야 한다.

가정부도 이러한데 직장생활을 하는 대부분의 평범한 사람들은 어느 정도의 돈과 시간을 자신에게 투자하고 있는가? 평생배움(Life Time

Learning)의 길을 가고 있는가?

　우리나라의 평범한 보통사람들은 고등학교까지 정말 열심히 공부했을 것이다. 중학교 때에는 좀더 나은 고등학교에 들어가기 위해 정규수업이 끝나면 마지못해 자율학습이라는 명목으로 새벽까지 공부를 한다. 그리고 고등학교에 들어가서는 명문 대학교에 들어가기 위해 또 피 터지는 경쟁을 한다. 지금 직장생활을 하는 20대후반, 30대~40대 직장인들은 이런 경험을 모두 가지고 있을 것이다. 토요일도 없고, 일요일도 없고, 가족들이 휴가를 가더라도 공부방이나 독서실에서 책을 보았을 것이다.

　고등학교 3학년이 되면 그야말로 전쟁이다. 5시간 자면 합격이고 6시간 자면 낙방한다는 얘기가 나올 정도로 날밤을 새워가며 공부한다. 매달 모의고사, 월말평가, 중간고사 등의 이름으로 시험을 치른다.

　지금은 더하다. 강남의 돈 좀 있는 아줌마들은 서너살짜리 우리말도 제대로 모르는 아이들을 외국인 어학원에 매월 50만원 이상 쏟아부으며 공부를 시킨다. 정말 지독하게 공부하는 국민들이다.

　여러분은 대학생, 신입사원, 샐러리맨, 퇴직자, 가정주부 중 어느 하나에 속해 있을 것이다. 냉정하게 돌아보라. 대학생활을 하면서, 직장생활을 하면서, 아니면 집에서 일을 하면서 자기자신을 위해 얼마나 투자하고 있는지! 어쩌면 여러분들이 지금 아는 지식은 고등학교때까지 배운 것으로 끝은 아닌지 반성해보라! 고등학교 졸업이후 새로운 학식과 지식이 어느 정도 업데이트되었는지 돌아보라.

　5년전, 10년전, 20년전 고등학교에 다닐 때의 독자 여러분과 현재의 여러분을 한번 비교해 보라. 누가 더욱 총명하고 배움으로 가득차 있는지! 전자를 선택했다면 당신은 그동안 퇴보한 것이다. 전혀 노력을 기울이지 않은 탓이다. 영어, 일어 등 외국어의 경우에는 월등히 뒤쳐져 있는 당신을 발견하게 될 것이다. 대학을 나왔다고 해서 배움의 길이 끝나는 것은 아니다. 오히려 생존경쟁과 정글의 법칙이 존재하는 사회생활, 직장생활에서는 배움과 자기연마가 더욱 필요하다. 하지만 우리는 정반대의 길을 걷고 있다. 시간이 갈수록 자기계발은 더욱 소홀히 한다.

### 15분을 투자하라

공부해야 한다. 책을 옆에 두고 살아야 한다. 여러분도 지하철을 타고 가면서 경험했을 것이다. 대부분의 사람들은 손잡이를 잡고, 아무 생각없이 광고판을 보고 있거나, 따분하다는 듯이 연신 하품을 하며 빨리 자기가 내려야 할 역이 다가오기만 기다리며 시간을 보낸다. 30분 이상 이동시간 중 아무 일도 하지 않는다. 차라리 자리에 앉아 한숨을 곤히 자는 사람들이 더욱 뜻있는 일을 하고 있는 지도 모른다. 건강이라도 챙기고 있으니까.

우리는 책읽을 시간이 없다고, 공부할 짬이 나지 않는다고 말한다. 정말 그럴까? 하루에 15분만 투자하라. 책을 읽어도 몇 페이지는 읽을 수 있고, 어학공부를 해도 몇 개의 문장은 외울 수 있는 시간이다.

아침 출근길도 15분 이상 걸리고, 저녁 퇴근길까지 포함하면 30분은 확보할 수 있다. 자가용을 타고 다녀 책을 볼 수 없다고 말하는 사람도

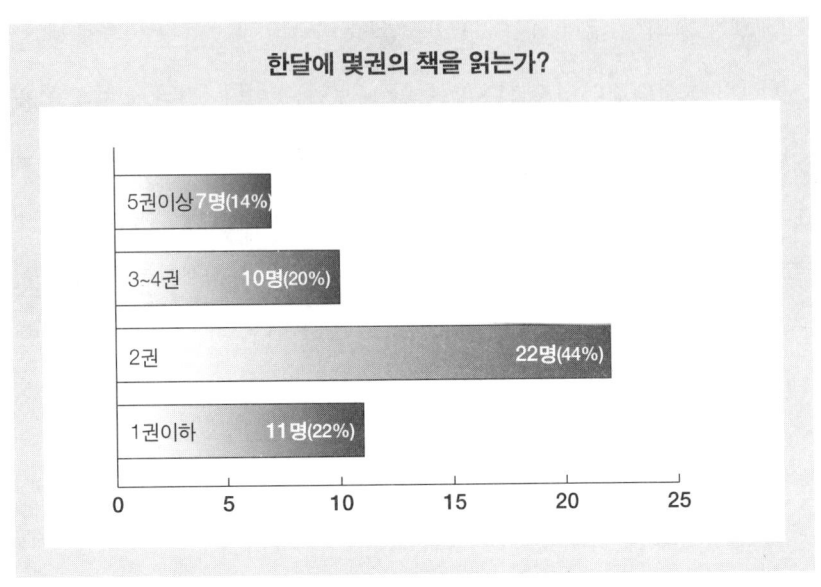

있을 것이다. 테이프를 들어라. 어학 테이프를 들어도 좋고, 성공한 사람들의 연설과 강의를 담은 테이프를 들어도 좋다. 이도 저도 아니라면 아침에 15분 일찍 일어나거나, 15분 늦게 잠자리에 들어라. 하루 15분 투자가 여러분의 가치를 다른 사람과 구별시켜 준다. 하루에 15분씩 1년동안 투자해 보자. 당신은 엄청나게 변화된 자신을 발견하게 될 것이다. 직장생활은 배움의 끝이 아니라 배움의 새로운 시작이고 평생교육의 장(場)인 것이다.

### 여러분은 몇 개의 굴을 가지고 있는가?

중국 고사성어에 교토삼굴(狡兎三窟)이라는 말이 있다. 교활한 토끼는 세개의 굴을 판다는 뜻이다. 하나의 굴이 무너지면 다른 굴로 피해야 하고, 이마저도 짓밟히다면 세번째 굴로 피신한다는 뜻이다. 여러분들은 몇 개의 굴을 확보하고 있는가? 현재 자리에서 밀려날 때 피신할 수 있는 능력을 가지고 있는가? 아무런 대책없이 현실을 살다보면 한 개의 굴에 만족해야 한다.

하지만 가까운 미래에 어떤 칼날이 당신을 위협할 지 모른다. 다른 굴을 미리 만들어 놓아야 한다. 그러기 위해서는 지금 공부해야 한다. 술파티나 낮잠으로 시간을 허비하기 보다는 자신있는 분야를 찾아 돈과 시간을 투자해야 한다. 지금은 보잘 것 없고, 별반 성과도 없는 것처럼 보이지만 나중에는 커다란 자산이 되어 돌아올 것이다.

### 한달에 몇권의 책을 읽으세요?

성공한 백만장자 50인에게 물었다. '한달에 몇권의 책을 읽으십니까(주간지, 월간지 제외)?' 라는 질문에 39명인 78%가 두권 이상의 책을 읽는다고 답했다. 이 중 2권이 22명으로 44%를 차지했고, 3~4권이 10명으로 20%를 나타냈다. 특히 7명인 14%가 5권 이상을 읽는다고 답해 높은 독서율을 보였다. '거의 안 읽는다' 고 답변한 사람은 11명으로 22%를 나타냈다.

필자가 만난 성공한 백만장자들은 대부분 비즈니스맨이기 때문에 회사를 방문하면 그들의 책상위에는 3~4권의 경제서적과 1~2권의 경제주간지가 놓여 있다. 피터 드러커나 빌게이츠, 워런버펫 같은 경제석

학이나 투자가들의 서적이 눈에 띈다. 그들은 시간이 날 때마다 책을 들춰내 하루에 15분~20분 가량 읽는다고 한다. 어떤 CEO들은 회사일이 끝나면 직원들과 함께 전문강사를 초빙해 영어와 중국어 회화를 공부한다.

영업과 마케팅을 하거나 수출협상을 전개하기 위해서는 꼭 필요하기 때문이다. 성공한 백만장자들도 이처럼 자기계발과 학구열에 불타고 있는데 여러분은 어느 정도의 투자를 하고 있는가?

필자는 길라씨엔아이 김동환 사장의 배움에 대한 정열과 자기계발 노력에 감탄하곤 한다. 앞에서도 언급했지만 그는 집이 가난해 정규교육을 제대로 받지 못했다. 그의 아킬레스건이다. 하지만 아르바이트로 모은 돈으로 방송통신 고등학교와 대학교를 다니면서 배움에 대한 갈증을 해결했다. 그는 한달에 5권 이상의 경영·경제 서적을 읽는다. "못배운 것을 만회하기 위해서는 책을 보는 수밖에 없어요. 공부를 하지 않으면 금방 도태되고 말아요." 그는 2년전부터 회계학원에 나가고 있다. 또 일주일에 한번 철학스터디 모임에 나간다. 대학생들과 같이 철학적인 이슈에 대해 열띤 논쟁을 벌인다. 김사장을 만날때마다 그는 올 라운드 플레이어(All Round Player)라는 느낌을 받는다.

> 평범한 사람들은 더욱 노력해야 한다. 성공한 부자들보다 더 열심히 자기 자신에게 투자해야 한다. 그래도 따라잡을 수 있을까 말까다. 직장인이거나, 가

정주부거나, 학생이거나 배움을 중단하면 우리의 뇌는 냉동되어 시들고 만다. 내일은 하루 15분 일찍 일어나 자기자신에게 투자하는 시간을 가져보면 어떨까. 아내나 남편이나 자식들이 깜짝 놀랄 것이다.

9

알부자들의
성공 X - 파일

# 밭갈면서 글 읽어라

우공(愚公)은 그를 비웃는 사람들을 향해 말했다. "조금씩, 조금씩 옮기다 보면 변화가 있을 것이다. 내가 다 못한다면 내자식이, 내 손주가 할 것이다."

— 우공이산(愚公移山)의 고사성어

고등학교 2학년때는 신문을 돌렸다. 서울신문 태평보급소에서 새벽 4~5시에 신문을 받아서 돌리고, 월말이면 허리춤에 주머니를 차고 수금을 했다. '성냥팔이 소녀'가 아니라 '신문팔이 소년'이었다. "학비를 마련하기 위해서는 아르바이트를 하지 않으면 생활이 힘들었어요. 부모님은 농사를 지었고, 저는 다섯명의 동생들을 돌봐야 하는 집안의 가장 아닌 가장이었어요. 일이 바쁠 때는 동생들이 새벽같이 일어나 신문일을 거들어 주었죠." 코리아나화장품 유상옥(70) 회장의 얘기다. 지금은 국내 굴지의 화장품회사 회장이지만 시작은 초라하기 그지 없었다. 궂은 일을 마다 않고 이런 저런 아르바이트로 돈을 모았고, 일을 하면서도 죽어라 공부했다.

유회장은 기회있을 때마다 젊은이들 앞에서 "밭갈면서 글을 읽어라"고 말한다. 삶이 불공평하다고, 가정환경이 좋지 않다고, 돈이 없다고 불평하기 보다는 주경야독(晝耕夜讀)의 정신으로 일하고 공부하라고 당부한다. 어린시절 자신이 그렇게 했더니 달콤한 열매가 기다리고 있더라고 말한다.

그는 59년 대학을 졸업하고 경제적인 어려움에서 벗어나기 위해 은행원이 되기로 했다. "산업은행과 조흥은행에 원서를 냈지만 보기좋게 낙방했어요. 이전까지 실패를 모르고, 젊음과 도전정신으로 살아왔는데 처음 맛보는 패배감이었죠. 사회생활 시작부터 일이 꼬이기 시작했어요." 그러던 중 동아제약 사원모집 공고를 보았다. 동아제약은 당시 새로운 직원을 뽑기 위해 처음으로 공개채용을 했다. 그는 당시 인기직종이었던 은행원의 꿈을 벗어던지고, 매출 4억원 규모의 그리 크지 않은 회사에서 직장생활을 시작했다. 내가 하는 만큼 반드시 성과가 있을 것이라는 확신을 가지고, 동아제약 공채1기로서 사회에 첫발을 내디던 것이다.

**경리과 말석에서 잡다한 일을 마다않고 했어요**

"경리과 말석에서 잡다한 일을 마다않고 했어요. 복사도 하고, 심부름도 하고, 영수증을 챙기고 '내가 이짓 할려고 대학공부했나' 하는 회의감마저 들기도 했죠. 그래도 꾹 참았어요. 새로운 것이 올 것이라고 굳게 믿었죠."

그는 가끔씩 이런 얘기를 들려준다. "어느날 고향후배가 사무실을 찾아와 취직을 부탁한 일이 있어요. 남들이 부러워하는 좋은 직장에 다니고 있었는데, 입사 6개월 만에 그만두었다는 거예요. 이유를 물어 보았죠. 분위기도 좋지 않고, 윗사람 잔소리도 심해서 그만두었다고 하더군요. 어이가 없었어요. 당장 돌려보내고 자리를 떴습니다." 단지 고달프다고 해서 신입사원이 직장을 옮기는 것은 기본이 안되었다는 말이다. 2~3년 열심히 일 해보고 적성에 맞지 않으면 새로운 기회를 찾아 떠나는 것은 괜찮지만 단지 힘들다고 옮기는 사람은 다른 직장에서도 똑같은 일을 반복한다는 것이다. '정말 이 회사에서는 가능성이 보이지 않는다'고 생각하면 나중에 떠나도 늦지 않다는 얘기다.

## 노력의 대가는 반드시 돌아온다

그는 사소한 일이지만 열심히 땀을 흘렸다. 여기저기 시장에 가서 덜덜거리는 시발택시에 약재를 싣고 회사로 돌아왔으며, 퇴근길에는 분식점에서 간단히 저녁을 먹고 회사 사무실로 다시 들어갔다. 남들은 집에 가는데 그는 회사로 들어갔다. 공인회계사 시험준비를 한 것이다. 아무도 없는 사무실을 지키며 혼자서 회계책을 보며 밤을 지새웠다. 정말 밤갈면서 글을 읽었다.

"노력의 대가는 반드시 돌아오는 법이에요. 입사동기중 가장 먼저 과장으로 승진했고, 기획관리 이사로 빠르게 임원대열에 합류했어요. 일부에서는 경계의 눈초리를 보냈지만 개의치 않았죠. 내가 할 일만 최선을 다해 하면 되니까요." 호사다마(好事多魔)라고 했던가? 좋은 일 뒤에는 나쁜 일이 뒤따랐다. 60년대 국내 경기환경이 악화되면서 62년 동아제약은 극도의 부실에 시달렸다. 어음지불 업무를 담당한 그는 친하게 지낸 채권자들로부터 부실채권에 대한 책임을 지라는 막무가내식 욕설을 들어야 했다. 분하기도 했지만 어쩔 수 없었다.

훗날 그는 여기서 얻은 뼈아픈 경험을 코리아나화장품 경영에 활용했다. 무채(無債)경영이 그것이다. 재무구조 건전성이 얼마나 중요한지 이때 깨달았던 것이다. 얘기가 잠깐 벗어났는데 동아제약 시절로 다시 돌아가자.

61년 출시된 내복용 박카스 판매가 호조를 보이면서 동아제약은 다시 정상을 찾아갔다. 선풍적인 인기였다. 샐러리맨이었던 그도 가내수공업 공장을 만들어 박카스에 사용하는 빨대를 만들어 납품했다. "할머니와 노모, 아내, 저를 포함한 6남매가 함께 이 일에 매달렸어요. 낮에는 회사에서 박카스를 만들어 팔고, 저녁에는 집에서 빨대를 만들었죠."

**새로운 도전이 필요했고 탈출구가 있어야 했다**

유회장이 화장품과 인연을 맺은 것은 지난 75년 동아제약이 라미화장품(이전 리리화장품)을 인수하면서부터다. 능력을 인정받아 부사장에 선임된 것이다. 23억원의 적자를 기록했고, 직원들은 사기를 잃어 곧 침몰할 것 같은 회사였다. 동아제약 직원들이 600%의 보너스를 받았던 것과 비교하면 천지차이였다.

그는 실망하지 않았다. 도전하고픈 정열이 불타 올랐다. 유회장은 우리에게 말한다. "비록 자신이 월계관을 쓰지 못한 마라톤 경기라고 할지라도 숨이 턱에 차오르도록 뛰었을 때는 승자의 월계관이 부럽지 않다"고.

직원들과 한마음으로 마라톤경주를 뛴 결과 매년 50% 성장세를 보였고, 81년에는 100억원의 매출과 흑자전환에 성공했다. 그는 87년 10년간 몸담았던 라미화장품을 뒤로 하고 50세의 나이에 동아유리 대표로 자리를 옮긴다.

"동아유리는 동아제약에 박카스를 공급하는 회사였는데, 고정 거래처를 가지고 있었던 만큼 연간 100억원의 매출을 올렸어요. 관리만 하면 되는 땅짚고 헤엄치기 경영이었죠." 그의 생리하고는 맞지 않았다. 책상에 앉아 사인만 하는 허수아비가 싫었고, 몸이 근질근질했다. 새로운 도전이 필요했고 탈출구가 있어야 했다.

## 55세에 창업하다

백방으로 사업을 알아보던 중 세계적인 화장품회사인 이브로셰사와 연결이 되었다. 본사를 찾아가 맡겨달라고 며칠간이나 회사앞에서 진을 쳤고, 마침내 88년 합작서에 도장을 찍었다. 자기 사업을 시작한 것이다. 그의 나이 55세였다. 회사명은 사랑스화장품. 훗날 코리아나화장품으로 이름이 바뀐다. 그의 아파트가 사업장 주소가 되었다. 비좁은 공간이었지만 가슴만은 꿈으로 가득찼다. 동아제약, 라미화장품, 동아유리 등 3개 회사의 임원과 대표를 거치면서 쌓은 지식과 경험이 좋은 밑거름이 되었다. 89년 한해동안 14억원 매출에 5,100만원의 흑자를 기록했고 10년 후인 99년에는 3,000억원의 매출과 200억원 이상의 순익을 달성했다.

유회장은 경리직 말단의 샐러리맨으로 출발해 3개 기업의 임원과 대표이사를 거쳤고, 남들이 휴식을 생각하는 55세에 새로운 회사를 차려 국내 화장품 대표기업으로 일구어냈다.

그가 샐러리맨에게 던지는 메시지는 간단하다. "밭갈고 글읽어라" 평범하게 들릴지 모르지만 실천하기는 대단히 어려운 말이다. 옛날 그는 동아제약 입사 2년만에 공인회계사(당시 계리사) 시험에 합격하기도 했다.

그는 우공이산(愚公移山)의 중국 고사성어를 좋아한다. 우공이라는 사람이 있었다. 산이 바다를 가리고 있어 바다를 제대로 볼 수가 없었다. 삼태기로 흙을 치우기 시작했다. 지나가는 사람들은 어리석은 놈이라고 비웃었지만 개의치 않았다. 우공은 그들을 향해 말했다. "조금씩 조금씩 옮기다 보면 변화가 있을 것이다. 내가 다 못한다면 내자식이, 그 다음에는 내 손주가 할 것이다." 유회장이 끊임없는 도전정신을 강조하는 이유가 여기에 있다.

# 2부

# 평범한 사람과 부자들은 종이 한 장 차이
― 알부자들의 성공비결

10. 2개의 CH
11. 눈송이의 법칙(Snow Flake Principle)
12. 트로이에 들어간 목마(木馬)
13. 느슨한 프로보다 정열적인 아마추어가 낫다
14. 허리를 굽히지 않으면 돈을 주을 수 없다
15. 경로석을 거부하라
16. '안될지도' 보다는 '될지도'
17. 이제 이 산을 올랐으니 다음 산은 어디있지?
18. 저수지가 마르면 물고기가 한 곳으로 모인다

**10** 알부자들의 성공 X-파일

# 2개의 CH

---

행복과 성공을 쟁취한 백만장자들은 기회(Chance)가 왔을 때 이를 놓치지 않았고, 자신의 길을 선택(Choice)한 사람들이다.

---

성공한 백만장자들은 2개의 CH 과정을 어김없이 거쳤다. 기회(Chance)가 왔을 때 이를 놓치지 않았고, 자신의 길을 선택(Choice)했다. 그들은 기회를 알아차리고 자신만의 길을 택한 사람들이다. 여기에 눈물어린 노력이 덧보태어지면서 그들은 성공의 성문으로 들어갈 수 있었다.

필자가 만난 성공한 백만장자들은 정규교육을 못 받아 사회생활을 일찍 시작했건, 직장에서 월급쟁이로 있었건, 학생신분이었건 그들이 속한 위치에서 능력을 쌓기 위해 노력했다. 자신의 위치에서 노력을 다한다는 것은 언뜻 보기에 진부하고, 쉬운 얘기처럼 들리지만 상당히 힘든 일이다. 인간은 쉬는 것을 좋아하고, 어려운 일을 피해 현실에 안주하려는 본능이 있기 때문이다. 성공한 사람들은 이것을 거부했다. 자신을 계발하고 맡은 일에 최선을 다했다. 그러면 언제가는 기회는 찾아오게 된다. 다른 직장에서 스카우트 제의도 해오고, 전문분야를 살려 자신만의 창업을 할 수도 있고, 여러 사람들과 같이 공동창업을 할 수도 있다. 이도 저도 아니면 회사 내에서 인정이라도 받게 된다. 맡은 일에 최선을 다하라. 손해볼 것은 하나도 없다.

기회를 잡고 자신의 열정을 불태울 수 있는 분야라고 생각한다면 머뭇거리지 말고 과감하게 선택해야 한다. 평범한 사람들은 기회를 잡을 수 있는 능력도 없거니와 기회가 온다고 하더라도 선택할 수 있는 용기와 도전정신이 없다. 이들과 성공한 부자들은 여기서부터 차이가 난다.

기회는 가만히 있으면 오는 것이 아니다. 나의 위치가 위험하다고 느

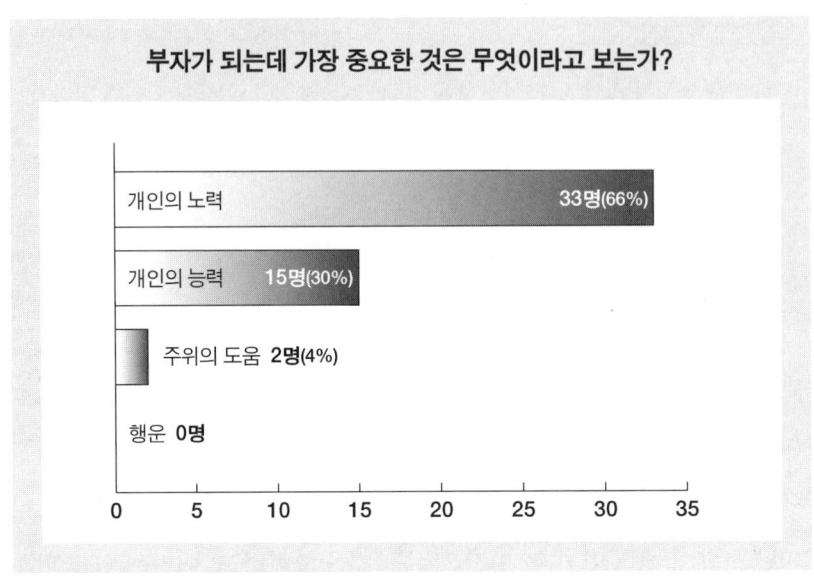

끼고, 항상 준비하는 사람들에게 찾아온다. 이대로 앉아있으면 도태될 수 밖에 없다는 긴장감을 가지고, 나만의 장점을 계발하고 노력하지 않으면 절대 우리 곁에 찾아오지 않는다. 항상 긴장하고 노력해야 기회는 찾아오고, 우리는 그 길을 선택할 수 있는 것이다.

### 부자가 되는데 가장 중요한 것은 무엇인가요?

'부자가 되는데 가장 중요한 것은 무엇이라고 생각하십니까?' 라고 50명의 백만 장자에게 물었다. 응답자의 33명인 66%가 단연코 '개인의 노력' 이라고 답했다. 이어 '개인의 능력' 이 15명으로 30%를 차지했다. '주위의 도움' 은 2명으로 4%에 그쳤고, 행운이라고 답한 사람은 아무도 없었다. 능력보다는 노력이 중요하다. 그들은 그렇게 백만장자의 대열에 합류했다. 그들은 노력을 발판으로 자신들에게 다가온 기회를 잡았고, 이를 인생의 목표로 선택했다.

국내 최대 컴퓨터통신통합(CTI) 업체인 로커스 김형순(41) 사장도 마찬가지다. 그는 학자가 되기를 바랐던 부모님의 기대를 뒤로하고, 자신만의 길을 선택해 벤처업계의 선두주자가 된 인물이다. 올해 중순 노무현 대통령을 수행해 미국과 중국 방문을 잇따라 갔다 왔다. 비록 소규모였지만 그는 미국에서 사업을 시작했으며, 중국에서는 CTI 분야에서 선두업체로 평가받고 있다. 김사장이 들려주는 성공노트를 찬찬히 읽어보자.

그는 영화감독이 꿈이었다. "대학교에서도 방송국 활동을 했으며, 거의 방송국으로 출근하다시피 했어요. 사진과 연극, 영화 서클에 가입해 대학생활을 보냈어요. 영화감독이 되기 위한 과정이었죠." 그의 학생수첩에는 공부 스케줄이나 시험날짜, 강의내용 보다는 서클모임약속이 더 많았다. 남들이 그의 수첩을 보고서는 전문 직장인으로 착각할 정도였다. 하지만 집에서 반대가 심했다. 부모님은 박사가 되어 교수가 되거나 교단에 남기를 원했다. "어느날 부모님이 저를 앉히고는 여권과 비행기표를 주시면서 미국에 가라고 하더군요. 추방이었죠. 하라는 공부는 안하고 영화감독이 되겠다고 이리저리 뛰어다녔으니까요." 미국에 가서도 2년동안 영화공부를 했다. 물론 부모님이 알지 못하도록 해놓고서.

### 시대의 흐름을 읽어라

"대학교 3학년때 저는 시대의 흐름을 읽었어요. 당시 컴퓨터와 디지털혁명이 미국에서 가파른 속도로 전개되고 있는 것을 보고 저의 인생항로를 바꾸었어요. 사업을 하기로 마음을 먹었죠. 분명 미국에서의 생활은 저에게 사업에 대한 기회를 주었어요." 그의 관심도 영화감독이 아니라 사업가로 변했다. 경제학과 통계학을 복수전공하면서 지금까지 공부하지 않았던 새로운 분야에 매달렸다. 기회가 온 것을 확인하고서는 머뭇거릴 시간이 없었다. 140점만 들어도 되는 수업을 210점이나 들었고, 결국 경제과 수석으로 졸업했다. "당시 저는 식당에 가더라도 한 테이블에 사람이 얼마나 앉나? 이 정도면 얼마의 돈을 벌까? 온통 사업생각 뿐이었어요."

그는 결국 29살의 젊은 나이로 자신에게 다가온 찬스에 도전하기로 했다. 친구 2명과 책상 3개를 마련해 친척집의 작은 사무실에서 사업을 시작했다. "초라했죠. 제대로 된 사무실도 없었으니까요. 돈을 빌리러 미국에 진출해 있는 국내은행을 찾아갔는데 단번에 퇴짜를 맞았어요. '돈도 없고, 공장도 없고, 담보도 없는데 무슨 대출이냐?' 고 문전박대를 당했어요. 그렇게 미국 로커스는 시작했어요." 곧이어 그는 정보통신 (IT) 혁명을 예감하고 바로 귀국해 한국로커스도 세웠다. 친구들에게 돈을 빌리고, 아내의 돈도 사업자금으로 썼다. "10평 작은 임대건물에서 5,000만원으로 시작했어요. 미국 로커스는 친구들이 운영을 했고, 저는

IT 혁명이 예상되는 국내에서 승부수를 걸었죠. 당시 IT혁명은 저에게 큰 기회로 다가왔어요. 그리고 저는 이 길을 선택한 거예요." 그도 다른 성공한 백만장자처럼 기회(Chance)를 놓치지 않았고, 과감하게 그의 길을 선택(Choice)했다.

음성사서함(보이스메일)과 소프트웨어 개발, 팩스검색 등의 사업을 했는데, 어느날 700만원짜리 수주를 받고서 전 직원들이 너무나 기뻐서 깡소주를 마신 날도 있었다. 자신들의 선택이 결코 잘못된 것이 아니라는 것을 확인했기 때문이다. IMF 외환위기 때는 대기업과 중견기업들이 인력을 줄이는 대신 로커스가 제공하는 서비스를 이용해 경비절감을 꾀하려고 했기 때문에 오히려 로커스는 더욱 더 성장할 수 있었다.

이 회사는 현재 중국과 태국에 현지법인을 설립했으며, 태국의 경우 은행과 금융권에서 선두업체로서의 입지를 확고히 다지고 있다. 29살의 젊은 사나이가 IT혁명을 예상하고 세운 회사가 국내는 물론 아시아 최고의 컴퓨터통신통합 회사로 성장하고 있는 것이다.

### 화이부동(和而不同)의 지혜

"요즘 젊은이들은 군중심리에 휘둘리고 있어요. 증권분야가 뜬다고 하면 바로 애널리스트나 펀드매니저가 선호도 1순위 직업이 되잖아요. 짧게 보아서는 안되요. 5년, 10년 이후를 생각해야 합니다. 10년 뒤에도 내가 할 수 있는 일을 찾아야 해요. 그런 기회는 반드시 옵니다. 그리고 그때 제대로 된 선택을 해야 합니다.

머뭇거리다가는 기회는 날아가 버려요."

경기에는 흐름이 있다. 미국의 경우에도 70년대에는 메디슨가를 중심으로 한 광고사업이 인기였고, 80년대에는 컨설팅, 90년대에는 월스트리트(Wall Street)로 대표되는 주식시장, 그리고 2000년대에는 IT기술이 세상을 지배했다.

자신이 속한 분야에서 열심히 노력하고, 미래를 준비하다 보면 반드시 기회는 오게 되어 있다. 우리가 마냥 감나무 아래에서 감이 떨어지기를 기다리기 보다는 자신만의 노력을 기울여야 하는 이유가 여기에 있다.

> 성공한 알부자들은 화이부동(和而不同)의 지혜를 알고 있다. 직장에서건, 이웃이건, 학교에서건, 남들과 어울려 같이 화목하게 살아가지만 자기의 중심과 목표는 결코 흔들리지 말아야 한다. 그렇게 차별화하는 과정속에서 기회(Chance)와 선택(Choice)이라는 두개의 CH가 우리에게 다가오는 것이다.

# 11

알부자들의
성공 X-파일

# 눈송이의 법칙
(Snow Flake Principle)

성실은 성공의 어머니. 이는 만고불변의 진리다.

**집안이 가난했다.** 아버지는 농사를 지으셨는데 그가 초등학교 6학년 때 뇌출혈로 쓰러지셨다. "가장이 누워있다 보니 집안은 말이 아니었어요. 식구들은 '중학교를 가지 말라'고 했어요. 집이 이 모양인데 학비 마련도 힘들다고 했어요. 그때는 모두 힘든 시기였죠." 그의 마음도 찢어졌지만 남몰래 눈물을 흘리시던 어머니 마음은 천 갈래 만갈래 찢어졌다고 그는 말한다.

대성파인텍 김병준(46) 사장의 얘기다. 자동차부품을 생산하는 대성파인텍은 지난해 85억원의 매출을 기록했고, 올해에는 수출시장 본격화로 110억원의 매출을 겨냥하고 있다. 김사장이 10년간 키운 대성파인텍은 자동차부품 금형설계 분야에서 국내 선두기업으로 인정받고 있다. 그의 성공 X파일을 들추어보자.

"저녁이면 시골집 마루에 홀로 앉아 하늘을 보며 수없이 눈물을 흘렸어요. 교수가 되고, 공무원이 되는 것이 꿈이었어요. 아버지에게 빌고 어머니에게 매달려 고등학교까지만 다니게 해달라고 졸랐어요." 어려운 살림에 이부자리를 펴고 누우신 아버지를 대신해 어머니가 학자금을 마련해 주셨다. 중학교를 가까스로 마치고, 고등학교에 진학했다. 인문계는 꿈도 못꾸고, 사회에 일찍 나가 돈을 벌기 위해 공고를 지원했다. "열심히 공부했어요. 남들보다 형편이 어려웠던 만큼 코피나게 공부했죠. 장학금으로 학비를 대신했어요."

## 눈송이 2~3개로는 눈이 만들어지지 않는다

그는 고3때 사회에 나왔다. 공업고등학교에서 닦은 실력을 인정받아 금성사(현 LG전자)에 들어갈 수 있었다. 샐러리맨의 인생이 시작된 것이다. 대학교를 다니는 친구들을 보고 신세를 한탄하지는 않았다. 어디에 있든지 성실하게 일하면 반드시 기회는 올 것이라는 확신이 있었다.

"금성사에 다니면서 공부가 하고 싶어 부산 동아대 야간대학에 다녔어요. 회사일이 끝나면 동아대에서 젊음과 정열을 불태웠죠. 2년동안 등이 휠 정도로 공부했어요. 남들이 술 마시고 놀러갈 때 집에 돌아와 남몰래 공부를 했습니다." 김사장은 말한다. 공부를 하든, 회사일을 하든, 뭐든지 열심히 해야 한다고. 지금 내가 하고 있는 일이 나중에 나를 지탱해줄 수 있는 버팀목이 되고, 나를 비상시킬 수 있는 발판이 된다고.

금성사 금형설계부에서 일하는 동안 그는 이미 그 분야의 전문가가 되어 있었다. "선배들보다 먼저 일본과 스위스 연수를 갔다 왔어요. 다른 회사에서 고액의 월급을 줄테니 오라고 스카우트 제의도 수없이 받았어요. 땀의 결과인 셈이죠."

김사장은 '눈송이의 법칙(Snow Flake Principle)'을 인생철학으로 삼고 있다. 눈송이 2~3개로는 눈이 만들어지지 않는다. 최소한 7개 이상이 되어야지 가능하다. 하루 이틀 실력이 쌓이면 전문가가 되는 것이다.

드디어 그는 기회를 잡았다. 당시 냉장고, 세탁기, 선풍기 등 전자제품

금형설계를 맡고 있었던 그는 자동차부품도 일반금형이 아닌 정밀 프레스 금형을 사용하는 날이 올 것이라고 직감했다. 이미 금성사 금형 프로젝트 팀장을 맡으면서 설계와 판매, 제조 등의 일을 해왔던 터라 개인사업을 해도 무리가 없었다.

그는 30살때 인생 항로를 놓고 고민했다. 과장, 부장의 자리가 보장되고, 고액 봉급을 받을 수 있고, 정년이 약속되는 대기업에 남을 것인가! 회사를 차려 자신의 꿈을 실현해 볼 것인가! 인생의 승부수를 던졌다. "20살에 들어와 10년간 근무한 대기업을 뒤로 하고 30살때 창업을 했어요. 사무실이 없어 책상하나 달랑들고 선배 사무실에서 시작했죠. 물론 돈도 없었어요. 하지만 기술과 내가 만든 제품만은 자신이 있었죠." 자동차부품 회사들이 소문을 듣고 찾아오기 시작했다. 2년 뒤 1,000만원을 마련해 10평 사무실로 옮겼다. 쉴새 없이 일했다. 휴일도 없었다. 오늘 흘린 땀이 나중에 더 큰 보상을 줄 것이라고 굳게 믿었다.

다시 2년 뒤에는 2,000만원 오피스텔로 옮겼다. 돼지 저금통에 동전이 쌓이듯 사무실도 점점 넓어졌고, 김사장의 얼굴에도 웃음꽃이 피기 시작했다. 드디어 마산 봉암공단에 100평 규모의 자가공장을 차렸다. "5년 동안 고생했던 설움이 한꺼번에 북받쳐 올랐어요. 공장매입 계약을 하던 날, 눈물이 흐르더라구요. 뇌출혈로 쓰러진 아버지가 스쳐 지나갔고, 농사일로 허리가 굽은 어머니 얼굴이 아른거렸어요."

## 기업의 승진사다리를 오르기 보다는 소유하라

젊은이들에게 조언을 해달라고 부탁하자 김사장은 이렇게 말한다. "기업의 승진 사다리를 오르기보다는 소유하라." 어떤 조직에서건 오랫동안 근무하다 보면 타성에 젖어 내가 어디로 가고 있는지 모를 때가 많다. 시간이 지나면 대리, 과장, 부장, 임원의 자리가 보장되어 있다고 생각하고 그냥 시간을 보내는 것이다. 미지근한 냄비속에서 개구리가 서서히 익어 죽어가는 것처럼. 김사장은 조직생활에서 단조롭게 생활하기 보다는 기술과 지식을 습득해 기회가 되면 활용하라고 말한다.

다시 이야기를 이어가자. 김사장은 마산공장에서 처남 등 4명의 직원과 새출발을 했다. 주야로 일했다. 35도를 오르내리는 한여름에도 자동차부품 금형개발에 매달렸고, 하얀 런닝은 언제나 땀이 뚝뚝 떨어졌다. 사무실에서 숙식을 해결하며 공장을 집이라고 생각했다.

성실성과 높은 품질력을 인정한 고객들의 주문이 잇따랐다. 2000년에는 1,000평 규모의 공장을 마련해 창원산업단지로 옮겼다. 샐러리맨이었던 김사장의 꿈이 영글어가고 있었다.

그를 두고 주위에서는 운이 따르는 사람이라고 한다. 운이 따르니까 사업이 탄탄대로를 달린다고 얘기한다. 하지만 그는 절대 운이란 없다고 잘라 말한다. 로또 복권으로 수백억원의 당첨금을 받는 사람들은 극소수에 불과하다. 이를 기대하고 일확천금을 위해 시간을 허비하기 보다는 현실에 충실하라고 말한다. 운도 결국은 실력이 있어야 하고, 준비가 되어 있어야지 따라오는 것이다.

김사장이 93년에 차려 10년 이상 운영하고 있는 대성파인텍은 어떤 회사일까? 대성파인텍은 자체 설계한 금형을 통해 자동차부품을 생산하고 이를 해외시장에 수출하고 있다. 많은 자동차부품 회사들이 자체 금형을 제작하기 보다는 아웃소싱을 하고 있는 것과 달리 대성파인텍은 자체 금형을 만들어 차부품을 생산하고 있다.

이전에는 일본과 스위스로부터 자동차 금형을 거의 수입했지만 대성파인텍은 이를 국산화시키고, 국내 하청업체들에게 기술을 이전할 정도로 품질력을 인정받고 있다. 이미 말레이지아 국민차에 부품을 수출했으며, 지난해 10월에는 일본 자동차회사가 공장실사를 마치고 주문을 내고 있다. 김사장의 기술이 해외시장에서도 통하고 있다는 증거다.

### 실력을 키우고 큰 꿈을 가져라

그는 해외 바이어들이 공장을 찾을 때마다 '내가 올바른 선택을 했구나' 하는 생각이 든다고 말한다. '젊은이들이여! 실력을 키우고 큰 꿈을 가져라' 김사장이 던지는 메시지다. 큰 꿈을 가지는 것, 자체만으로는 아무 의미가 없다. 사상누각에 불과하고, 부질없는 욕심에 지나지 않는다. 반드시 큰 꿈을 실현할 수 있는 실력과 능력을 갖추고 있어야 한다.

지난 7월, 토요일 어느 오후. 창원에 있는 김사장에게 안부전화를 걸었다. 오후 3시였다. 주5일 근무로 쉬는 회사도 많고, 오전근무로 직원들은 퇴근한 상태였지만 김사장은 제품개발로 정신이 없다며 회사를 지키고 있었다.

김사장에게는 고1과 중3 사내아이가 둘 있다. 지금 미국에서 공부하고 있다.

중3 아이 왈 : "방가방가. 나 공부안할래. 아버지는 그렇게 공부하고도 쉬지도 못하고 불쌍하잖아!"

김사장 : "그나마 공부를 해서 매출액 100억원 이상의 회사를 일구어 낸 거야. 공부든 뭐든 너가 하고 있는 분야에서 열심히 도전하고, 큰 꿈을 가져야 돼."

김사장은 아이들과 이메일을 통해 채팅하는 시간이 제일 즐겁다고 한다. 인생의 선배로서 그들이 걸어가야 할 길을 가르쳐주는 것이 재미있다고 한다. 정작 김사장에게서 가르침을 배워야 하는 것은 우리들이 아닌가 하는 생각이 자꾸 든다.

알부자들의
성공 X - 파일

# 12

# 트로이에 들어간 목마(木馬)

우리가 지금 어디에 있느냐보다 어느 방향으로 향하고 있느냐가 더 중요하다.

고대 그리스와 트로이는 서로 영토를 빼앗기 위해 10년간이나 치열한 전쟁을 벌였다. 하지만 결국에는 그리스가 위험한 모험을 감행하면서 전쟁을 승리로 이끌었다. 트로이에 목마(木馬)가 들어간 것이다. 그리스 군대는 거대한 목마를 만들어 그 속에 창과 칼로 무장한 병사들을 숨기고 트로이로 들어갔다. 그리고 일부러 철군하는 것처럼 가장을 했다. "우리들은 고향으로 돌아간다. 당신들의 승리를 축하한다. 여기 있는 목마를 당신들의 신에게 바친다"라고 외치면서.

그리스 군대는 목마를 내버려 둔 채 퇴군하는 것처럼 꾸몄다. 트로이에 남겨진 목마 속에 있는 병사들은 목숨을 건 모험을 하고 있었던 것이다. 발각되는 날이면 몰살될 것이다. 그들은 위기에 놓여 있었고, 과감하게 도전했다.

트로이 군대는 승리의 나팔을 울리며 목마를 아무런 의심없이 끌고 들어와 그들의 신에게 제물로 바쳤다. 그리고 밤이 되자 거대한 축하파티가 벌어졌다. 창과 방패를 내던지고 술을 마시며 노래를 불렀다. 병사들은 비틀거리며 걸음도 제대로 걷지 못했고, 술에 곯아 떨어져 코를 골며 자는 병사들도 늘어났다. 축하파티는 난장판이 되어가고 있었다.

밤이 으슥해지면서 목마에서 그리스 병사들이 나오기 시작했다. 그들은 창과 칼을 들고 트로이 병사들을 손쉽게 제거했고, 성문을 열어 밖에서 기다리던 지원군을 불러들여 트로이를 함락시켰다. 그리스 군대는 10년간이나 끌어온 전투에서 승리를 거두었다. 그들이 승리한 원인은 어디에 있을까?

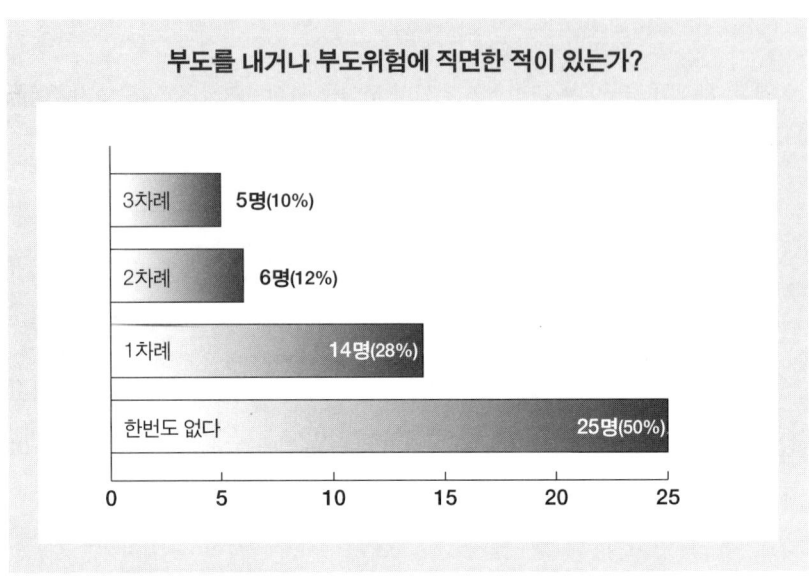

## 위기속에는 성공의 씨앗이 숨어 있다

그것은 위험을 무릅쓰고 과감히 도전했기 때문이다. 그리고 그 위험은 그들에게 커다란 기회와 가능성을 주었다. 위기와 성공은 태생이 같은 형제들이다. 위기 속에는 성공의 씨앗이 숨어있는 법이다.

필자는 성공한 백만장자들을 만나면서 위기에서 오히려 더욱 강해지고, 사업이 번창해진 경우를 많이 보았다. 특히 IMF 외환위기 때 하루아침에 기업들이 문을 닫고, 도산을 하고, 종업원을 잘라야 하는 상황에서 오히려 사업이 더욱 잘 된 케이스가 많았다. 위기에는 개인적인 위기도 있지만, 우리 모두에게 같이 오는 위기도 있다. IMF 위기가 후자에 속할 것이다. 이 때에는 나만이 아니라 모든 사람들이 실직의 위험에 시달리고, 월급을 깎이고, 구조조정의 대상이 되었다.

하지만 모든 사람들이 어렵다고 하는 현실속에서 가능성을 찾고 도전하는 사람들이 성공하고, 정상의 계단에 서 있는 경우를 많이 경험했다. 그들은 극한 상황속에서도 용기를 잃지 않았으며 '이 위기만 잘 넘기면 더욱 크게 성공할 수 있을 거야' 하며 자기암시를 주었다. 그리고 그들의 예상처럼 그들은 정상의 자리에 서있다. 우리는 삶을 살아가면서 여러 차례의 위기와 선택의 갈림길에 놓이게 된다. 시험에 떨어질 수도 있고, 직장에서 밀려날 수도 있고, 재취업의 꿈이 멀어질 수도 있다.

하지만 시련속에 자신을 방치해서는 안된다. 지금까지 자기계발을 하지 않고 시간을 허비한 탓이라고 신세타령을 해서는 안된다. 지금이라도 늦지 않았다. 과감하게 다시 도전하는 것이다. 먼저 깨닫고 도전하면 된다. '우리가 지금 어디에 있느냐보다 어느 방향으로 향하고 있느냐'가 더욱 중요하다. 지금은 나의 인생 항로가 거대한 파도를 만나 항구에 정박해 있지만 시간이 지나면 돛을 올리고 출항의 나팔소리를 다시 울려야 한다.

### 최악의 상황에서도 탈출구는 열려 있다

성공과 행복을 얻은 백만장자 50명에게 물었다. '부도를 내거나 부도위험에 직면한 적이 있습니까?' 이에 대해 25명인 50%가 한번도 없다고 대답했다. 하지만 나머지 50%는 1차례 이상 이러한 경험이 있다고 답했다. 1차례가 14명으로

28%를 차지했고, 2차례가 6명으로 12%, 3차례 이상이 5명으로 10%를 차지했다. 많은 성공한 알부자들도 한 두차례 큰 위기를 겪은 적이 있다.

필자가 만난 성공한 알부자들은 IMF때가 가장 힘들었다고 한다. 주문은 들어오지 않고, 재고는 쌓이고, 직원들은 회사를 떠나고 모든 것이 최악의 조건이었다고 한다. 하지만 그들은 그런 극한 상황에서도 버티어 냈다. 최악이라고 생각하는 상황속에서도 탈출구는 열려 있었다.

이는 꼭 비즈니스에만 적용되는 것이 아니다. 이 글을 읽는 독자들도 수많은 위기를 경험했을 것이다. 우리는 성공한 알부자들의 경험을 겸손하게 배우고 우리의 생활에 적용시키는 용기를 가져야 한다. 그들에게는 우리가 배울 것이 분명히 있다. 다만 우리가 애써 무시하고 있을 뿐이다.

위기 속에 성공의 씨앗이 숨어 있다. 하지만 모든 사람들에게 이러한 원칙이 적용되는 것은 아니다. 여기에는 두가지 기본적인 요소가 필요하다. 위기가 오기 전에 먼저 이 두가지 요소를 갖추고 있어야지 위기에서 평상심을 찾고 태연해 질 수 있다. 성공한 알부자들은 반드시 이 두가지 요소를 갖추고 있어야 한다고 우리들에게 주문한다. '능력을 갖추고 있어야 한다' '신용을 쌓아야 한다' 그들은 이 두가지를 우리에게 요구했다. '능력' 과 '신용' 을 갖추고 있으면 우리에게 닥쳐온 시련과 역경을 극복하는데 큰 도움이 될 것이라고 말한다.

뒤편에서 설명하겠지만 휴대폰 본체를 생산해 해외에 수출하는 텔레원 곽방삼(49) 사장은 올해 400억원의 매출을 겨냥하고 있다. 설립 6년만의 일이다. 텔레윈은 경기도 소사역 주변에 공장이 있다. IMF때 소사역 주변공장은 100개 회사중 90개가 쓰러질 정도로 최악의 상황이었다. 경쟁사들이 쓰러지면서 휴대폰 메이커들이 기술력이 뛰어난 텔레윈으로 주문을 몰아주었다. "자신의 분야에서 최선을 다해야 합니다. 소리소문없이 평판이 좋아지게 되지요. 내가 위기에 처해 있을 때 나를 일으켜 세워주는 자산이 되지요." 능력을 키우는 데는 기업과 개인간 차이가 없다. 이 글을 읽는 독자들도 극한 상황을 대비해 자신만의 능력을 다듬어야 한다.

### 누구나 희생양이 될 수 있다

창투사에 다니는 S씨는 올초 회사가 구조조정을 단행하면서 회사를 나왔다. 말이야 '구조조정' 이지 속된말로 '잘린 인생' 이었다. 어느 술자리에서 그가 필자에게 말했다. "정말 열심히 일했어요. 하지만 정리해고 인원을 정해놓고 통보를 하는데 방법이 없었어요. 창투사 업계 전체의 경영환경이 악화되다 보니 희생양이 된 셈이죠. 지금은 억울하지만 반드시 다른 기회가 올 거라고 생각해요." 그는 자신의 경험과 능력을 인정하는 다른 회사가 있을 것이라는 확신을 가지고 있었다.

그리고 몇 달이 지난후 S씨로부터 전화가 왔다. "서기자. 새직장 구했어요. 동종업계 회사인데 같이 일하자고 제안이 왔거든요. 지금은 이사

직으로 있어요. 한번 놀러와요. 소주나 한잔 합시다." 그는 이전 직장에서도 아까운 존재였다. 하지만 조직전체가 구조조정의 회오리에 말리면서 그도 짐을 꾸려야 했던 아픈 기억이 있었다. S씨는 자기분야에서 최선을 다한 결과가 결국에는 인정을 받는다는 것을 실감하고 있다고 말했다. 위기를 기회로 만들기 위해서는 위기 이전에 자기자신의 역량과 능력을 키워놓아야 한다.

반도체 분야에 30년 동안 종사했던 윤정세(59) 사장도 같은 경우다. 그는 지난 70년 대한마이크로를 시작으로 한국전자기술연구소(현 전자통신연구원) 연구원으로 일했고, LG반도체와 하이닉스반도체 등에서 관리담당 임원을 지냈다. 30년동안 반도체 외길을 걸어오면서 인적 네트워크와 기술력을 두루 갖춘 반도체 분야의 산증인으로 인정받고 있다. 그에게도 정년퇴직이라는 위기가 몰려오고 있었다. "57세의 늦은 나이로 PR대행사를 세웠어요. 주요 고객들은 반도체 장비나 재료회사들이에요. 처음에는 2명으로 시작했지만 어느정도 성공을 이룰 수 있었던 것은 위기에 맞서서 정면승부를 했기 때문이에요. 물론 전문지식과 인적 네트워크 등 저의 개인적인 역량이 큰 도움이 되었죠."

이 글을 읽는 독자들도 항상 구조조정이나 정년퇴직의 위험에 노출되어 있다. 그때 가서 허둥지둥 새길을 모색하기 보다는 위기가 오기 전에 철저하게 준비를 해야 한다. 행복과 성공을 일군 알부자들은 이를 실증적으로 보여주고 있지 않은가!

성공한 백만장자들이 들려주는 위기에 대처하는 또 하나의 원칙은 '신용을 지켜라' 는 말이다. 여기서 말하는 신용이라는 것은 사소한 약속을 포함해 '저 사람이라면 믿을 수 있어' 라는 확신을 다른 사람들에게 심어주어야 한다는 것을 뜻한다. 물건을 만들어 파는 사람이라면 '저 회사 제품은 믿을 수 있어' 라는 인식을 심어 주어야 하고, 월급쟁이라면 '저 사람에게 일을 시키면 똑 부러지게 처리해' 라는 믿음을 불어넣어야 한다.

이들은 위기가 닥쳐오더라도 다른 사람들이 '일을 같이 해보자' 든지 '우리 회사로 옮겨오라' 등의 제안을 받는다. 그들에게는 위기가 새로운 기회고 도전이 된다. 남들이 그들을 가만히 놓아두지 않고 서로 데려가려고 안달한다.

국내 KS 거울시장의 30%를 장악하고 있는 보오미거울은 지난 98년 1월 부도를 내고 침몰하고 말았다. "IMF 한파가 닥치면서 주요 거래처였던 건설사들이 줄도산을 했어요. 물품대금으로 받은 어음이 휴지조각이 되면서 두달동안 20억원의 어음이 부도가 나더라구요. 참담했죠." 이용덕(58) 사장은 앞이 깜깜했다.

" '이제는 모든 것이 끝났구나' 생각하고 있는데 기존 원자재 업체들이 물품공급을 끊지 않았어요. 보오미거울 직원들의 성실성과 신용을 보고 도와준 거예요. 그들이 없었다면 오늘날의 보오미거울도 없었을 거예요."

## 나의 신용을 보여주어라

누가 부도난 회사를 도와주겠는가? 못받은 돈이라도 받아 내려고 아우성을 치는 것이 일반적이지만 보오미거울은 예외였다. 납품업체들이 그의 신용과 성실성을 믿고 기회를 준 것이다. 부도 3년만에 화의를 종결하고 이제는 정상기업으로 탄탄대로를 걷고 있다. 지난해에만 247억원의 매출을 달성했다. "저는 위기에서 많은 것을 배웠어요. 결코 세상은 혼자 살아가는 것이 아니에요. 위험에 처할 때는 남들의 도움이 필요해요. 남들과 더불어 살아가기 위해서는 남들에게 '나의 신용'을 보여주어야 해요. 그리고 위기는 또다른 기회가 될 수 있다는 인식을 가지는 것이 중요합니다."

> 성공한 알부자들은 위기에 대비하고, 위기를 또 다른 기회로 활용하라고 주문한다. 비단 비즈니스 세계에서만 적용되는 것이 아니다. 이 글을 읽는 여러분이 샐러리맨이라면 정리해고라는 인생 최고의 위기에 대비해 역량과 자기계발에 눈을 돌려야 한다. 또 '그 사람은 쓸만해. 같이 일해도 좋을 사람이야!' 라는 평가를 받을 수 있도록 신용을 쌓아야 한다. 성공한 알부자들이 경험적으로, 실증적으로 보여주고 있지 않은가! 우리가 어디에 있느냐보다 어느 방향으로 향하고 있느냐가 더욱 중요하다는 간단한 철학을 결코 잊어서는 안된다.

## 13

알부자들의
성공 X-파일

# 느슨한 프로보다 정열적인 아마추어가 낫다

대나무 순은 4년이나 정성스레 가꾸어도 땅 밖으로 나오지 않는다. 하지만 순이 돋아나고 90일만 지나면 키가 20미터 이상 빠르게 자란다.

**대나무를 키우는** 농부의 마음을 아는가. 농부는 제일 먼저 대나무순을 땅속에 심는다. 이어 마른 풀로 땅위를 덮는다. 매일 아침이면 농부는 보이지도 않는 대나무 순에 물을 주고 잡초를 제거해주고 바닥을 부드럽게 만들어 준다고 한다. 4년간 쉬지않고 매일 물을 주어야 한다. 아파트 베란다에 있는 난초 하나도 제대로 키우지 못해 고사시키고 마는 필자에게는 힘들고 귀찮은 일인에 틀림없다. 대나무순은 4년을 그렇게 보살피고 애정을 쏟아도 순이 돋아나지 않는다.

### 4년동안 땅속에 묻혀 있어야 대나무 순은 돋아난다

사람들의 애간장을 녹인다고 한다. 인내심이 부족한 사람들은 어느날 갑자기 물주기를 그만둔다. 애써 공들인 노력이 수포로 돌아가고 말 것이다. 하지만 꾸준히 쉬지 않고 대나무순 키우기를 하면 4년 가량이 지나면 순이 땅을 뚫고 돋아난다. 순이 막 돋아난 대나무는 90일이 지나면 20미터 이상 빠른 속도로 자란다. 울창한 대나무 숲을 지나가다보면 곧게 뻗은 자태와 높은 키에 시원함을 느끼곤 한다. 그러기 위해서는 사람들이 보지도 않는 땅속에서 4년동안이나 묻혀 있어야 한다.

이 얘기는 모 청와대 비서실장의 강연회에 참석해 들은 것인데, 애정을 가지고 노력을 기울이다 보면 결국에는 열매를 맺게 되고, 이후에는 더 빠른 성장을 하게 된다는 것을 실증적으로 보여주고 있다. 우리는 4~5년간 법률책과 씨름하면서 결국 변호사나 판사가 되는 사람들을 볼 수 있다. 계급상승을 위해 지독하게 매달린 인간들이라고 그릇된 시각으로 보기 보다는 그들의 노력과 정열에 박수를 보내는 용기를 가져야 한다.

우리는 직장생활 속에서도 굼벵이나 거북이처럼 보이지만 나중에는 빠른 적응력을 보이며 더욱 능력을 발휘하는 친구들을 볼 수 있다. 처음에는 답답하다가도 나중에는 그들의 뛰어난 업무처리 능력에 놀라기도 한다. 느슨한 프로보다 정열적인 아마추어가 낫다는 것은 이를 두고 하는 말이다. 필자가 만난 성공한 백만장자들은 하나같이 정열과 일에 대한 집념으로 똘똘 뭉쳐 있었다. 그들에게는 보통사람들과는 다른 분위기가 있다.

이레전자산업 정문식(41) 사장이 그 중 한 사람이다. 해외수출 비중이 높은 회사라 출장도 많고 해서, 약속시간 정하기가 힘들었지만 잠시 국내에 머무르고 있는 동안 인터뷰를 가졌다. 허겁지겁 사무실로 들어오는 정사장은 작업복을 입은 상태였고, 수더분한 인상에 매출액이 560억원에 달하는 제조회사의 사장이라고는 생각되지 않을 정도로 소탈한 모습이었다. 그리고 그는 겸손했고 차분했다. 목소리가 크지도 않았고, 강물에 물 흐르듯이 조용히 말을 이어갔다. 정사장의 굴곡많은 인생스토리를 알고 나서야 왜 그가 그렇게 겸손하고 자기를 내세우지 않는지 알았다.

## 성적은 꼴찌 언저리

석간신문 배달부, 이발사, 파출소 사환, 잡상인, 공장의 공원. 그가 인생을 살아오면서 생존을 위해 했던 일들이다. 빵과 배고픔을 해결하기 위해 해야만 했던 일이다. 고등학교 3학년 동안 그의 성적은 57~58등. 한반에 61명이 있었으니 거의 꼴찌 언저리에서 놀았다. 빵을 구하는 것이 급했기 때문에 학교에서 제대로 학업을 할 수 없었고, 어린 그에게는 학교공부는 사치에 불과했다.

정사장은 그렇게 어린 시절을 보냈다. 집안도 가난했고 공부도 뒤에서 엎치락 뒤치락했던 그가 매출액 500억원을 넘어서는 전자제품 회사의 최고경영자라니! 이 글을 읽는 독자들은 이쯤에서 호기심과 함께 용기를 얻을 것이다. 과연 어떻게 살았길래 그가 백만장자의 자리에 올라섰으며, 성공한 비즈니스맨으로 자리 잡을 수 있었을까? 그의 성공노트는 눈물과 노력의 결정체로 가득 차 있다는 것을 알게 될 것이다.

정사장이 10살때 아버지가 돌아가셨다. 전남 해남이 고향이었는데 아버지가 돌아가시고 생존을 위해 어머니와 가족들은 서울로 이사했다. 어머니는 보따리 장사를 하며 아침부터 저녁까지 물건을 팔러 돌아다니거나, 공장의 공원으로 취직해 생계를 가까스로 꾸려나갔다. 일이 없을 때는 남의 집 식모살이를 했다. "하루하루가 힘든 나날이었어요. 어머니는 그렇게 궂은 일을 하시며 집안살림을 하셨고, 초등학생이었던 저는 청계천옆 앰프공장에서 기술보조자로 일했어요. 속된말로 '시다바리'죠. 친구들은 끼리끼리 모여 놀거나 놀이동산을 갈 때 저는 공장에서 울먹이며 일을 했어요." 그는 한때 고구마장사를 하시던 어머니가 학생들에게 고구마를 팔 때는 너무 부끄러워 숨었다고 한다. 그럭저럭 중학교에 들어간 그는 다시 석간신문을 배달했다. 겨울이면 꽁꽁 얼어붙은 손으로 신문을 돌렸고, 수금을 제대로 못한다고 욕설을 밥먹듯이 먹었고, 심지어 발길질까지 당하며 악착같이 일했다.

### 바리깡으로 친구들 머리를 깎다

"세상을 너무 일찍 알아버렸어요. 내성적이고 소극적인 성격도 그때부터 적극적으로 변하더라구요. 환경의 힘이 그렇게 무서운 줄 처음 알았죠." 그는 신문배달한 돈으로 청계천에서 속칭 '바리깡' 이라는 이발기계를 사 친구들 머리를 깎아 용돈을 벌었다. "당시 이발소에서 깎으면 200원이었는데 저는 50원으로 해 주었어요. 친구들도 용돈을 아낄 수 있어 저한테 오더라구요. 그 돈으로 용돈도 하고 생활비도 했어요. 머리 깎을 일이 없는 방학때는 공장 공원으로 일했죠. 성적은 말 안해도 알겠죠."

중학교 생활도 그럭저럭 넘기고 78년 한양공고 전자과 야간에 들어갔다. 파출소 사환일도 했고, 전자제품 공장에 취직하기도 했다. 제대로 공부한 적이 별로 없었다. 공부는 하고 싶어도 시간이 없었다. 돈을 벌어야 했기 때문에. "고등학교 3년 통틀어 61명 정원중 57등~58등 했어요. 상상이 안가실 거예요. 친구들은 학교를 졸업하고 대학교를 간다고 야단법석이었지만 저는 지켜볼 수 밖에 없었어요." 고등학교 졸업후 그는 특전하사관에 입대지원했다. 낙하산을 탈 때마다 위험수당으로 1만원을 주었는데 그것이 목적이었다고 한다. 당시 그가 일을 해서 받는 월급이 4만원 정도였으니 구미가 당기는 일이었다.

**이웃돕기 성금도 주더라구요!**

"군생활 5년을 마치고 바로 결혼을 했어요. 전세방을 얻었고 조그마한 전자회사에 출근하게 되었지요. 당시 돈이 없어 교회에서 구제미를 받아 생활했어요. 반상회에서 이웃돕기 성금도 주더라구요. 지금 생각하면 참 부끄러운 일이죠." 그는 대걸레 서너개를 어깨에 지고 거리를 돌아다니며 팔기도 했다. 잡상인 취급도 받았다. "완전 밑바닥 인생이었어요. 더 이상 추락할 곳이 없었어요. 갈 데까지 가본 거예요." 정사장은 '이렇게 해서는 가망이 없다'고 판단했다. 선배 돈을 빌려 5평짜리 지하창고를 얻었고, 구리철사 압착기 몇대를 들여놓고 사업이라고도 할 수 없는 사업을 시작했다. 천정이 낮아 허리를 굽혀 일어나야 할 정도였다. 일은 신통치 않았고 부채만 쌓여갔다. 연매출은 10억원 가량 했지만 60만원 가량을 팔면 80만원 정도의 비용이 들어갔다고 한다. 거래처와의 신용을 지키기 위해 불량품을 버리고 다시 생산하면서 비용이 더 들어갔던 것이다.

"해외전시회를 한번 갔다 오고 생각이 완전히 바뀌었어요. 내가 너무 우물안에서만 놀았구나! 업종을 바꾸어야겠다고 생각했고 결국 휴대폰 충전기를 만들기로 했지요." 금형을 만들어 팔기 시작했는데 주요 수요

처였던 용산전자상가에서 대박을 터뜨렸다. 핸즈프리로 사업을 넓혔다. 밤을 세워가며 회로 전문서적과 설계도면, 금형 공부를 했다. 낮에는 일하고 밤에는 책과 씨름을 했던 것이다.

"오더를 따내기 위해 대기업 연구소를 3개월간 꼬박꼬박 방문한 적이 있어요. 신생기업을 누가 알아나 줍니까? 오기로 깡으로 밀고 나갔죠. 연구소 직원들도 3개월간 찾아가니까 손을 들더라구요. 샘플을 공급했는데 OK 사인이 난거예요."

97년 충전기로만 80억원의 매출을 달성했다. 밤낮으로 기술개발에 매달렸고 '하고야 만다'는 도전정신이 있었기에 정사장은 성공의 기반을 마련할 수 있었던 것이다. 5평 지하창고에서 시작한 회사는 17평, 30평, 50평으로 넓어졌고, 지금은 서울디지털산업단지에 2,400평의 부지를 마련해 공장을 가동하고 있다.

이레전자산업은 LCD모니터와 이동전화기용 충전기, 이동전화 단말기, PDP모니터 등을 생산해 40% 가량을 해외시장에 수출하고 있다. 지난 99년 257억원의 매출을 올렸고 2001년 376억원, 지난해 568억원을 달성하는 등 가파른 성장세를 나타냈다. 13살 때 앰프공장에서 일을 시작해 굴지의 전자부품 회사를 일구어 낸 사람, 그를 보면 대나무 순 같은 삶을 살고 있다는 생각이 들지 않는가? 가난하고 배운 것 없지만 묵묵히 자신의 자리를 지키며 결국에는 성공하는 그의 모습은 대나무 순과 비슷하다는 생각을 하게 된다.

지난해 한 TV방송국에서 70~80년대의 청계천을 배경으로 한 벤처사업가의 성공을 그린 '신화'라는 드라마를 방영한 적이 있는데 그 주인공이 바로 정사장이다. 그는 최고경영자가 된 지금도 4~5시간 잔다고 한다. 평범한 우리들은 성공한 백만장자가 되기 위해 어떤 노력을 기울이고 있는가? 어떤 인생의 계획을 세우고 있는가? 성공한 백만장자 '신화'는 결코 우연히 만들어지는 것이 아니다.

알 부 자 들 의
성 공 X - 파 일

# 14

# 허리를 굽히지 않으면
# 돈을 주을 수 없다

부자가 되기 위한 계획을 세우고 있지 않았다면 당신은 부자되기에는 실패한 계획을 가지고 있는 것과 같다

필자는 어린 시절 장생포라는 어촌마을에 살았다. 장생포는 고래고기로 유명한 동네로 지금도 고향에 가면 고래고기를 먹을 수 있다. 지금은 포경금지 국제협약에 따라 고래를 잡는 것이 불법이지만 어망이나 그물에 걸리는 고래는 잡을 수가 있다. 어부들은 고래라도 한마리 그물에 걸릴라 치면 3,000만원~4,000만원의 횡재를 하게 된다.

어린 시절 우리동네 가장 큰 축제는 포경선들이 고래를 잡으러 출항하는 날이었다. 농악대가 풍악을 울려대고, 남녀노소 할 것 없이 모든 동네사람들이 나와 포경선들이 만선으로 돌아오기를 기대했다. 지금은 이런 풍경들이 사라져 아쉽지만 돌이켜보면 참 그리운 시절이었다. 나는 그런 어촌마을에서 자라났기 때문에 바다고기 낚시를 좋아했다.

### 뱀장어를 낚는 마음으로 인내한다

특히 밤에 뱀장어를 낚는 재미는 일품이다. 포경선이나 나룻배 맨뒤로 가서 먼저 손전등(속칭 후라시)을 배 밑으로 비춘다. 불빛이 바다속으로 내려가면 뱀장어들이 배밑으로 몰려들기 때문이다. 칠흑같이 어두운 바다위에서 손전등 하나를 의지해 고기잡이를 하는 재미는 경험하지 못한 사람들은 결코 알지 못할 것이다. 봉돌(무거운 추)을 꿰고 낚시바늘에 지렁이 미끼를 끼어 바다속으로 던진다. 그리고 나서 기다릴 뿐이다. 요놈의 뱀장어란 놈은 좀처럼 입질을 하지 않는다. 입질을 해도 얕게 하기 때문에 입질을 했는지 안했는지 손으로 감을 잡기가 힘들다. 10분이 지나고, 20분이 지나도 감감무소식이다. 그래도 끈질기게 버티고 앉아 있으면 입질을 하기 시작한다.

얕게 입질을 하기 때문에 금방 도망가고 만다. 이러한 과정을 3~4번 거쳐야 그때서야 한마리 겨우 잡을 수 있다. 부지런하게 줄을 들어올려 미끼를 갈아주고, 다시 몇십분을 기다려야 고기를 잡을 수 있는 것이다. 웬만한 고래심줄이 아닌 사람은 화딱지가 나서 중간에 그만두고 만다. 그만큼 부지런히 손을 움직여야 하고 끝까지 기다리는 인내가 필요한 작업이다.

### 노후대책을 세우는 직장인은 30%에 불과

필자가 어린시절 뱀장어 낚시를 떠올리는 것은 미래를 준비하는 우리들의 마음이 뱀장어를 낚는 강태공의 마음과 같아야 한다는 것을 느끼기 때문이다. 준비도 제대로 해야 되고, 노력도 그만큼 기울여야 한다.

지난 7월 대한상공회의소가 서울지역 직장인 1,000여명을 대상으로 노후대책을 물어본 결과 직장인들은 노후걱정을 많이 하면서도 실제 준비를 하는 사람은 별로 없는 것으로 나타났다. 평균적으로 샐러리맨은 퇴직후 노후자금으로 4억~5억원의 자금이 필요하다고 답했고, 국민연금만으로는 불충분하다고 걱정을 하면서도 정작 노후대책을 세우는 직장인은 10명중 3명에 불과했다고 한다.

또 연령대별로는 20대가 59세, 30대는 60세, 40대는 62.8세, 50대는 64.2세까지 일하고 싶어했다고 한다. 평균 60세까지는 일을 하고 싶어한다는 얘기다. 하지만 현실과 너무 동떨어진 희망사항이 아닌가? 경기가 좋을 때도 대기업들은 상시 구조조정 시스템을 구축해 언제든지 사람을 자를 수 있는 체제를 만들어 놓았다.

불경기일 때에는 정리해고나 명예퇴직이란 이름으로 거침없이 직장인들을 집으로 돌려보낸다. 과연 60세까지 일을 할 수 있을까? 불시에 회사에서 밀려나면 제대로 된 노후생활을 꾸려나갈 수 있을까?

서랍속에 있는 계산기를 꺼내들고 연봉을 계산하고 지출내역을 비교해보라. 나는 노후준비가 제대로 되어 있는가? 아슬아슬하다는 사람도 있을 것이고, 아주 모자란다고 생각하는 사람들도 있을 것이다.

이런 상황인데도 우리는 지금 현실이 계속 지속될 것으로 착각하고 있다. '나와는 별개의 딴 세상일이다' '설마 내가 회사에서 밀려 날려구' 이런 식이다. 노후대책을 생각하다 보면 머리가 지끈지끈 아파오고 만사가 귀찮아진다. 결국 현실에 안주하며 그런 자신을 합리화하며 그렇게 대책없이 살아가는 자신을 발견하게 된다.

### 강태공의 마음이 필요하다

우리에게 필요한 것은 어쩌면 강태공의 마음일지도 모른다. 뱀장어를 잡기 위해 고기가 달아났는지, 미끼가 제대로 끼어져 있는지 수시로 줄을 들어 확인해야 하고, 오랜시간 동안 입질을 기다려야 한다. 그런 노력이 있어야 뱀장어를 잡을

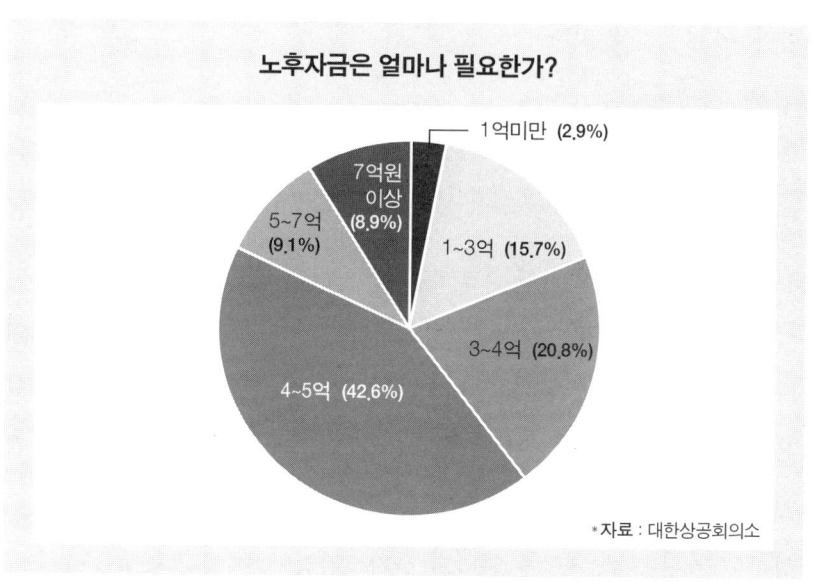

수 있다. 놀고 있다간 뱀장어에게 지렁이만 헌납할 뿐이다.

허리를 굽히고 부지런히 일하지 않으면 돈은 모을 수가 없다. 돈을 모은다는 게 결코 나쁜 것이 아니다. 성실하고 부지런하게 모은 돈은 축복해 줄 일이다. 돈을 결코 무시해서는 안된다. 국내 최대 시계회사인 로만손 김기문(49) 사장은 젊은 시절 암에 걸려 앓고 계시는 어머니를 치료할 돈이 없어 자신이 그렇게 한심스럽게 보였다고 한다. 돈은 그런 것이다. 자식이 큰병에 걸렸다고 생각해보라. 돈이 없는데 어떻게 할 것인가? 서서히 병실에서 죽음의 날을 기다려야 하는 부모의 마음을 생각해보라.

그런데도 필자는 퇴직후의 일을 전혀 생각하지 않는 사람들을 많이 본다. 뱀장어를 낚는 강태공의 마음처럼 지금부터 부지런히 준비해야 한다. 아직 늦지 않았다.

서전 육동창(74) 회장은 국내 최고의 안경회사를 일으킨 사람이다. 지금도 아침 7시면 가장 먼저 회사에 출근한다. 고희(古稀)를 훌쩍 넘긴 나이인데도 하루의 영업전략을 세우고 팩스로 들어온 해외바이어들의 주문사항을 체크한다. "머리좋은 게 무슨 소용 있어요. 열심히 하는 사람한테는 못 당해요. 나는 젊은 사람들한테 정말 주문하고 싶은 것이 있어요. 빨리 자기의 목표를 세우고 부지런히 그 목표를 위해 일하라는 거예요. 나중에는 달콤한 열매가 돌아올거예요." 육회장은 하루에 미팅을 4~5번은 한다고 한다. 영업팀, 해외팀 팀장들이 수시로 사장실로 들어가 업무보고를 하고, 육회장은 필요한 내용을 지시한다. 그의 왕성한 일 욕심이 그를 성공한 백만장자로 만들지 않았나 생각된다.

이레전자 정문식(41) 사장은 하루에 잠을 4~5시간만 잔다. 매출액 500억원 이상의 회사를 경영하고 있지만 조금도 흐뜨러짐이 없다. "어린시절 고생을 많이 했는데 일을 하는 습관이 몸에 배어 있어요. 일손을 놓으면 나 자신이 한심스러워져요. 일할 때가 가장 즐겁습니다." 정사장은 직원들에 대해서도 부지런히 일할 것을 요구한다. 서울 가리봉동에 있는 이레전자산업 본사를 들어가면 정돈된 칸막이 부스에 이리저리 열심히 오가며 연구에 몰두하는 직원들을 쉽게 볼 수 있다. 긴장되어 있는 분위기가 역력하다.

### 노력하면 반드시 열매가 열린다

"열심히 노력하면 상응하는 성과가 있다는 것을 보여주고 있어요. 땀의 가치를 인정해주어야 해요. 10년 이상 장기근속한 직원의 경우 자녀들을 해외로 어학연수시키고 있어요. 여행비와 숙박비 등 개인당 300만 원 이상을 지원하고 있고, 지난해에도 10명 이상이 어학연수에 참여했어요." 정사장은 노력하면 반드시 열매가 열린다는 평범한 사실을 직원들에게 확인시켜주고 있다.

"저도 참 어렵게 자랐어요. 허리를 굽히지 않으면 돈을 벌 수 없다는 것을 알게 되었죠. 직원들에게 땀을 흘리라고 주문하고 있고, 그에 대해서는 반드시 반대급부를 주고 있어요" 성공한 백만장자들의 성공노트에는 허리를 굽히지 않거나 손발을 움직이지 않고서는 결코 미래를 보장받을 수 없다고 적혀 있다.

알부자들의
성공 X-파일

# 15

## 경로석을 거부하라

최악의 사태는 나이를 먹는 것이 아니라 애초에 아무런 도전도 하지 않는 것이다.

'에이 무슨! 지금 이 나이에!' 우리 주변에서 흔히 들을 수 있는 말이다. 새로운 사업을 시작하거나, 대학에서 다시 공부를 하거나, 자격증을 따거나 '지금 이것을 해서 뭐해, 고생만하지!' 하며 쉽게 포기해 버리고 만다. 내가 꼭 하고 싶은 일이고, 제대로 하면 성공할 수 있을 거라고 생각은 하지만 결국 그만둬 버리는 경우가 많다.

직장인이라면 영어, 일어, 중국어중 하나는 마스터해야 한다는 강박관념을 가지고 있으면서도 포기하게 되고, 가정주부라면 그 흔한 운전면허 하나라도 따야 한다고 생각하지만 결국 유야무야되고 만다. '다른 사람도 안하는데. 이 나이에 이거 해서 뭐하나' 하며 자기합리화를 시켜 버린다.

나이는 문제가 아니다. 우리에게 필요한 것은 정열과 의지와 하고자 하는 도전정신이다. 어느 이동통신사 광고처럼 정말 나이는 숫자에 불과하다. 늦었다고 생각하는 순간에 시간은 그냥 지나간다. 우리에게 필요한 것은 지금 당장 결정을 내리고, 실천에 옮기는 의지이다. 내가 판단해서 옳은 것이면 바로 실천할 수 있는 결단력이 필요하다. 포드가 자동차회사를 만든 것은 40세였다고 한다. 평범한 사람들이라면 기업에서 부장이나 임원자리를 꿰차고 안락의자에 앉아 부하직원이 올리는 기안서류에 사인을 하고 있을 나이다.

### 맥도날드, KFC도 노인들이 세운 회사다

샘월튼이 월마트 1호점을 개업했을 때는 44세 였다고 한다. 보통사람이라면 고정적으로 나오는 월급에 의지해 직장생활을 하고 있을 때이다. 레이크룩은 53세에 맥도날드 체인점 사업을 시작했다. 평범한 사람이라면 한가한 오후 시간에 손자를 데리고 공원을 산책할 나이다. 켄터키 후라이드치킨(KFC) 창업자인 할랜드 샌더스가 체인점을 모집하러 미국 전력을 누비고 다녔을 때, 그의 나이는 65세였다고 한다. 일반인이라면 직장에서 은퇴해 바다가 바라다보이는 한적한 전원주택에서 편히 쉴 나이다.

이들은 모두 경로석을 거부했다. 경로석에 앉아서 차창을 바라보며 한적하게 쉬기 보다는 젊은이 못지않게 열정적으로 살았다.

경기침체가 지속되고 대기업들의 구조조정이 거세지면서 사오정, 오륙도 라는 말이 샐러리맨들의 가슴에 비수를 찌른다. 나는 한창 일하고 싶고, 일할 능력도 있는데 회사에서는 그만 나오라고 한다. 가만히 계산해 보자.

평균수명을 75세로 잡으면 나머지 30년은 직장을 떠나 놀아야 한다는 얘기가 된다. 45세까지 벌어들인 돈으로 나머지 30년을 지탱할 수 있을 거라고 생각하는가. 절대 늦었다고 포기하지 말아야 하는 이유가 여기에 있다.

필자는 서전 육동창 회장(74)을 4번이나 만났다. 육회장을 기다리는 건 항상 필자 차지였다. "아이구, 미안합니다. 미팅이 길어져서요. 많이 기다렸죠." 활짝 웃으며 악수를 건네는 그를 보면 '작은 탱크' 라는 인상을 지울 수 없다. 고희(古稀)를 훌쩍 넘긴 나이에도 저렇게 정열적으로 일을 하다니! 가끔씩 육회장의 타고난 건강이 부러워지기도 한다. 국내 최고 안경업체인 서전 육동창 회장의 성공 X파일을 들여다보자.

### 그냥 호흡만 한다고 사는게 아니에요

육회장은 지난 85년 서전을 설립했다. 31년 출생이니까 그의 나이 55살 때의 일이다. "말도 마요. 그때 주위에서 반대가 심했어요. 그동안 모아놓은 돈으로 남은 여생을 편하게 여행이나 다니지 그 나이에 무슨 회사를 만드냐며 수근거렸지요. 산다는게 뭡니까? 그냥 호흡만 한다고 사는게 아니에요. 자기 일이 있어야 돼요. 미칠 정도로 하고 싶은 일이 있어야 제대로 사는 거예요. 기자양반도 미래를 준비해야 돼요." 그는 우리 인생에서 늦은 때는 없다고 강조한다.

그는 유교집안의 유복한 가정에서 어린시절을 보냈다고 한다. 아버지는 교육계에 몸 담으셨고, 시청공무원도 지냈다. 그는 당시 최고 명문이었던 경성사범대학교 부속초등학교(소학교)와 서울대사범대 부속중학교, 서울대 사대부고를 나왔다. "선생님이 되는게 그때 꿈이었어요. 아버님 영향도 있었지요. 그런데 고등학교를 졸업하던 때에 6·25전쟁이 터져 버렸어요. 바로 군대에 들어가서 군인의 길을 걷게 되었죠." 6·25전쟁을 지휘하던 중 다리에 무릎을 관통하는 총상을 입어 위험한 고비를 넘겨야 했다. "그때는 시대상황이 그랬어요. 혼란스러웠지요. 지금은 참 좋은 세상이에요. 노력여부에 따라 얼마나 많은 기회가 있습니까? 매사에 감사하면서 살아야합니다."

그는 지난 80년 현역은퇴를 했다. "건설협회 상임감사로 잠시 일했지요. 군생활을 오래 하다보니까 탱크처럼 밀어붙이는 추진력이 있잖아요. 그것을 높이 샀나봐요. 요즘말로 스카우트된거지요." 그는 83년에는 건설회사인 삼환기업에서 전무이사로 일하기도 했다.

그러던 차에 일본 이시야마(石山) 안경회사를 경영하는 김병용씨가 한국시장 진출을 위해 그에게 합작제의를 했다. "아내는 한사코 반대를 했어요. 나이가 몇인데 이제 모험을 하느냐구요." 그는 주위의 반대를 무릅쓰고 창업을 단행했다. "당시 국내 안경산업은 대단히 낙후되어 있었어요. 무턱대고 내가 55세의 나이에 회사를 세운게 아니에요. 철저히 시장조사를 하고, 성장가능성을 따져보니까 될 것 같아서 결정을 내린 거예요."

## 부자들은 고정관념을 뒤집었다

그는 사업방식에 있어서도 기존 고정관념을 뒤엎으며 독창적인 방식을 고집했다. 당시 200개의 안경업체가 위치해 있는 대구지역을 선택하지 않고, 전북 정읍에 공장을 세웠다. 또 일반화되어 있었던 저가제품을 취급하지 않고 10만원 이상의 고가정책을 고수했다.

"퇴직금과 집사람이 빌린 돈을 밑천삼아 공장을 세웠지요. 아들까지 보증을 세워 은행대출을 받았어요. 가능성을 보고 투자한 겁니다. 당시 한국제품은 5~6달러를 받았는데 우리는 해외시장에서 20달러 이상 받았어요. 이탈리아 조지알만, 오스트리아 실루엣 등 세계 굴지의 기업과 비교해 꿀릴 것이 없었지요."

현재 서전은 해외시장 공략에 박차를 가하고 있다. 미국과 유럽, 중동, 아시아 등 30개국에 대리점망을 구축하고 있고, 베이징·상하이·광저우 등 중국 시장에서 중고가 브랜드로 이미 정착단계에 있다. 올해에 수출만 500만달러를 겨냥하고 있다.

뉴욕 맨해튼이나 일본 긴자(銀座), 이탈리아 밀라노의 중심가 안경점 진열대에는 '코레이' 브랜드의 안경테가 세계적인 상표와 나란히 놓여 있는 것을 발견하게 된다. 코레이는 서전이 만들어낸 순수 국산상표로 200달러~300달러의 고가품으로 인정받고 있다. 일본의 정상급 가수인 스노다히루와 미국 헤비급 권투선수인 홀리필드도 코레이 안경테를 애용한다.

작은탱크 육회장에게 넌지시 물어보았다. "직장다니는 샐러리맨들도 성공할 수 있나요?" "보통사람들은 성공 그 자체만 보고 있어요. 그 과정을 봐야 합니다. 누구든지 돈을 모을 수 있고, 백만장자가 될 수 있어요. 단지 우리들 마음에 숨겨져 있는 능력을 우리가 제대로 발휘하지 못하고 있을 뿐이에요. 여기에 노력이 보태져야 합니다. 길은 가지 않으면 도달하지 못하고, 일은 하지 않으면 이루지 못하는 법 아닙니까? 이건 만고불변의 진리입니다. 부정하지 마세요." 그의 성공 X파일에는 '나이가 들었다고 경로석에 앉기 보다는 자신의 길을 찾고 도전하라'는 암호가 들어 있었다.

알 부자들의
성공 X - 파일

# 16

## '안될지도' 보다는 '될지도'

가난한 사람들에게는 이유가 있다. 하지만 부자들에게는 더 큰 까닭이 있다.

'생각하는게 곧 팔자' 라는 말이 있다. 애당초 이것은 내가 이룰 수 없는 것이라고 생각하고 살아간다면 정말로 이루어지는 것이 없다. 성공은 우리의 머리속에 내가 꿈꾸는 것만큼 가능하다. 꿈이 없거나 있어도 실현가능성은 없다고 여긴다면, 그 꿈은 절대 이루어지지 않는다. 생각이 부자를 만들고 성공을 이끌어낸다. 먼저 생각하라. 꿈을 품어라. 어린시절 가슴속에 간직했던 꿈을 다시 꺼내 보자.

아름다운 정원이 있는 집을 꿈꾸기도 하고, 멋진 자동차를 타고 주말이면 여행을 가는 꿈을 가졌을 수도 있고, 퇴직후 여유로운 전원생활을 상상하기도 했을 것이다.

이 같은 꿈들이 이제는 불가능하다고 포기하고 있는 것은 아닌가? 생각부터 바꾸어보자. '안될지도' 보다는 '될지도' 라고 생각해보라. 생각을 바꾸면 우리의 라이프스타일이 변한다. 점점 더 바뀌어져 가는 나 자신을 발견하게 된다.

보통 사람들은 재산이 10억원은 넘어야 노후를 편안하게 지낼 수 있다고 생각한다. 또 10억원을 부자가 되는 경계선으로 인식한다. 우리는 직장생활을 하면서 월급을 받고 인생 가계부를 쓰면서 10억원 저축은 불가능하다고 말한다. 불가능하다고 생각하고 있으니 이 꿈은 이루어지지 않는 것이다.

**나도 10억원을 벌 수 있다**

중소기업 부장인 O씨. 그는 평범한 40대 후반의 샐러리맨이다. 맞벌

이를 하고 있다. 하루라도 빨리 성공하고 은퇴후 편안하게 생활하기 위해 맞벌이를 고집하고 있는 것이다. "아내와 결혼초부터 인생가계부를 짰는데 은퇴후 10억원을 모으는 것이 꿈이었어요. 꿈이 있다 보니까 씀씀이도 헤프지지 않고 계획표를 세워서 생활하게 됩니다. 꿈이 있는 생활과 꿈이 없는 생활은 돈을 바라보는 시각부터 차이가 나요." 그는 지금은 연봉 5,000만원을 받고 있다. 평범한 40대 샐러리맨 수준이다. 하지만 그는 지금 재산이 10억원에 육박한다. 재테크를 위해 부동산과 임대건물 공부를 하고, 이리저리 뛰어다니면서 재산을 불려나갔다.

"꿈이 있으면 몸이 움직이게 되요. 주말이면 이곳 저곳 매각으로 나온 부동산과 건물을 보러 다녔어요. 일과 관련이 없는 부동산 공부도 많이 했구요. 자신이 길을 찾으면 방법은 있더라구요. 생각보다 빨리 부자의 꿈을 이룰 수 있을 것 같아요." 생각이 부자를 만들고 성공한 삶을 만들어주는 것이다.

구본형씨의 책 '내가 직업이다' 라는 책 속에 다음과 같은 역사적 사실이 나온다. 생각의 차이가 얼마나 무서운 것이고 이것이 우리를 어떻게 변화시키는지 느껴보기 바란다.

### 섭씨 19도에서도 죽을 수 있다

1950년대에 있었던 일이다. 영국의 컨테이너선 하나가 스코틀랜드의 한 항구에 정박해 있었다. 포르투갈산 포도주를 운반하는 배였다. 배가 항구에 도착하고 짐이 내려진 이후에, 선원 하나가 짐이 다 부러졌는지 확인하기 위해 냉동 컨테이너 안으로 들어갔다. 이때 다른 선원이 그 안에 사람이 있는 것을 모르고 밖에서 냉동실 문을 닫아버리고 말았다. 안에 갇힌 선원은 있는 힘을 다해 문을 두드리고 고함을 질렀지만 아무도 그 소리를 듣지 못했다. 배는 다시 포르투갈을 향해 출발했다. 냉동실 안에는 먹을 것이 많이 있었다. 하지만 선원은 그 자신이 곧 얼어죽게 될 것이라고 생각했다. 그는 바닥에서 쇠꼬챙이 하나를 집어들고 날짜별로, 시간별로 자신이 겪은 죽음의 고통을 적어나갔다.

먼저 손가락과 발가락이 얼어갔다. 이어 코가 얼기 시작했고 냉기가 폐부를 찌르기 시작했다. 온몸이 하나의 얼음덩어리로 변해가는 과정을 낱낱이 기록했다.
배가 리스본에 도착했을 때 그 선원은 얼어 죽은 상태로 발견되었다. 사람들은 벽에 빽빽이 써놓은 고통의 기록들을 읽었다. 그러나 정말 놀라운 일은 그 기록이 아니었다.
사람들은 컨테이너 안이 꽤 따뜻하다는 것을 알게 되고 온도를 재어 보았다. 온도는 섭씨 19도였다. 스코틀랜드에서 회항하는 동안 컨테이너안에 아무것도 적재하지 않았기 때문에 냉동장치는 가동되지 않았던 것이다. 그러나 그 선원은 섭씨 19도에서 얼어죽었다. 자신이 춥다고 느꼈기 때문에 얼어 죽은 것이다. 그는 상상속에서 죽어 갔던 것이다.

혹시 우리들 자신이 섭씨 19도의 냉동 컨테이너에 갇힌 그 선원은 아닐까? 자기에게 주어진 환경이 너무나 혹독하고 고달프다고 생각해 어떤 노력도 기울이지 않고, 하루하루를 무의미하게 살아가고 있는 것은 아닐까? 생각의 차이가 엄청난 결과를 가져오는 것이다. 그 선원은 '나는 살아나갈 수 없을 거야. 얼어 죽을거야!' 라고 생각했기 때문에 19도의 온도에서도 결국 죽고 말았다. 보통사람들은 '나는 부자가 될 수 없어. 성공은 남들의 얘기야' 라고 생각하고 있기 때문에 부와 성공이 그들을 비켜간다. 부자와 가난한 사람들은 생각에서 벌써 차이가 난다. '안 될지도' 보다는 '될지도' 정신이 중요한 것은 이 때문이다.

한국세라스톤 이병채(43) 사장도 생각하는 것이 일반사람과 달랐다. 대학을 졸업하고 대기업에 들어가기 보다는 소규모 생활정보지 사업을 시작했고, 지금은 매출액 300억원을 넘어서는 의료기기 회사를 경영하고 있다. 성공한 백만장자 이병채 사장의 성공 노트에는 '달리 생각하라. 그리고 도전하라' 라는 메시지가 진한 잉크로 쓰여져 있다.

그의 집은 농사를 지었다. "군대에 가 있는 동안 저에게는 많은 변화가 있었어요. 3개월 사이에 어머니와 아버지가 모두 세상을 떠나고 말았어요. 생활이 어려웠죠. 형님이 간신히 생계를 꾸려나갔어요." 그의 대학생활은 고난의 연속이었다.

이후 그는 대학에서 야학을 했다. 돈이 없어 공부를 제대로 하지 못하는 아이들을 가르쳤다. 등사잉크를 밀어 학습지를 만들고, 학교수업이 끝나면 피곤한 몸을 이끌고 아이들이 기다리고 있는 곳으로 달려가 희미한 전등불 아래에서 아이들을 가르쳤다. "저도 힘들었지만 남을 돕는 것이 좋았어요. 비록 몸은 힘들고 돈도 없었지만 아이들을 보면 힘이 났어요."

## 남들과 같아서는 안된다

그는 대학을 졸업하면서 현실적인 고민에 빠지게 되고 대기업에 취직하기보다는 자신만의 일을 하기로 마음을 정했다. "남들과 같아서는 안된다고 이전부터 생각했어요. 대학을 졸업하자마자 광주에서 생활정보지 사업을 시작했어요. 남들은 신문이 있는데 무슨 생활정보지 사업이냐고 비아냥거렸지만 저는 사업의 성공가능성을 보고 실행에 옮겼어요." 그의 나이 27살 때였다. 4~5명이 모여 작은 다락방에서 월세로 시작한 것이다. 비가 오는 날에도 생활정보지를 들고 아파트 사물함에 넣었으며 전봇대에 붙어있는 광고물 전화번호를 그대로 생활정보지에 넣기도 했다. 일단 생활정보지 '사랑방'을 알리는 것이 급선무였다.

"당시만 해도 광주지역에는 제대로 된 생활정보지가 없었어요. 그래서 친구와 선배들과 얼마의 돈을 모아 조그맣게 시작했어요. 틈새시장을 공략하기로 생각한 거죠." 일은 일사천리로 진행되었고 성과도 좋았다. 처음 8페이지로 시작한 사랑방은 지금 매일 130페이지씩 발행되고 있다. 생각의 차이가 사랑방이라는 광주 제일의 생활정보지를 탄생시킨 것이다.

그의 도전은 계속 이어진다. 사랑방을 통해 모은 돈은 실버랜드 백화점 사업에 재투자했다. "노후문제가 사회이슈로 등장하면서 노인들을 대상으로 하는 실버산업이 활성화될 것으로 직감했어요. 96년 실버랜드라는 작은 백화점을 세웠어요. 집사람도 경리일을 보며 불철주야 열심

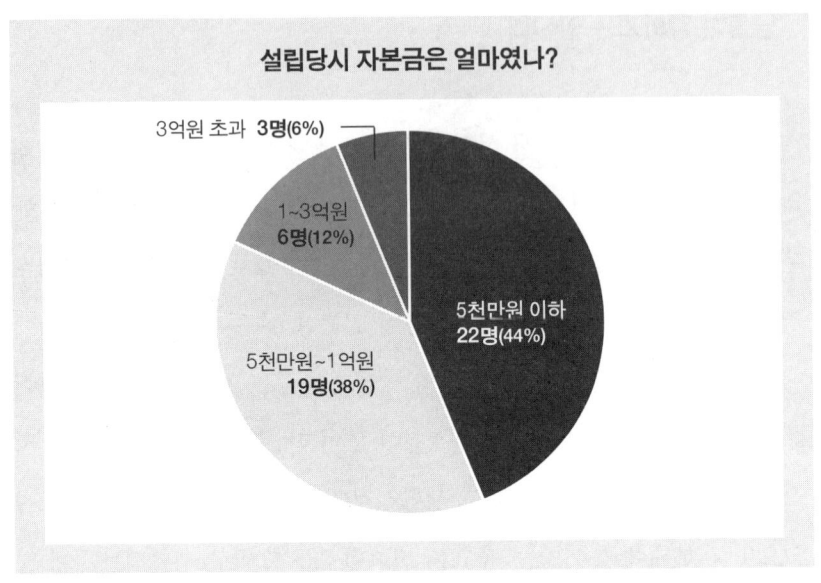

히 뛰었어요. 선택은 힘들었지만 한번 선택했으면 어떻게 해서든지 성공시켜야 돼요." 그는 이후 실버산업 유통으로 얻은 노하우를 바탕으로 백화점을 매각하고 의료기 제조로 방향을 돌리게 된다. 한국세라스톤은 이렇게 탄생했다.

직원 4명과 자본금 1억원으로 초라하게 시작했다. 처음에는 원자재는 현금결제 해주고 제품판매 대금은 어음으로 받아 자금융통에 어려움을 겪었다. 주위 사람들은 이미 큰 기업들이 시장을 독차지하고 있는데 무모하게 사업을 한다고 극구 말렸다. 하지만 한국세라스톤은 우리나라를 대표하는 온열치료기 회사로 성장했다. 탤런트 강부자씨가 광고하고 있는 온열치료기를 생산해 해외시장에까지 수출하고 있는 것이다.

"당시만 해도 굵직굵직한 기업들이 이미 의료기 분야에서 시장을 장악하고 있었어요. 하지만 저는 자신이 있었어요. 되는 사업이라고 저 자신에게 최면을 걸었어요. 처음에는 경험미숙으로 자금운영도 어려웠고, 영업을 어떻게 하는지도 제대로 몰랐어요." 한국세라스톤은 지난해 300억원의 매출을 달성했고 올해에는 400억원의 매출을 겨냥하고 있다. 현재 지점이 120개 이며, 올해안에 200개로 늘릴 계획이다. 미국에 38개의 홍보관을 보유하고 있고 홍콩과 중국에서도 교포들을 대상으로 영업을 강화하고 있다.

27살에 직장생활의 길을 선택하지 않고 자신만의 사업영역을 구축한 이사장은 지금 성공한 백만장자가 되어 있다.

### 자본금은 얼마로 시작했나요?

성공한 알부자들에게 설립당시 자본금은 얼마였나요(현 시세로 전환해서)? 라고 물어보았다. 대상자 50명중 '5,000만원 이하'라고 대답한 사람이 22명으로 44%를 차지했다. 또 '5,000만원 초과~1억원'이라고 응답한 사람도 19명으로 38%로 나타났다. 전체 응답자의 82%가 1억원 이하의 돈을 가지고 사업에 도전했고, 결국 부자들의 대열에 합류한 것이다. '1억원 초과~3억원'은 6명으로 12%, '3억원 초과'는 3명으로 6%에 지나지 않았다.

필자의 선입견과는 많은 차이가 있었다. 이 글을 읽는 독자들도 사업은 돈있는 사람들이 하는 것이라고 고정관념을 가졌을 것이다. 보통 파

파이스나 맥도날드 같은 체인점을 내는데도 4억~5억원의 자금이 들어가고, 김밥전문점이나 치킨점 프랜차이즈를 오픈하는데도 큰 금액이 들어간다. 필자는 성공한 백만장자를 만나기 이전에 사업은 돈을 가진 사람들이 하는 전유물이라고 생각했다.

하지만 성공한 백만장사들은 그리 큰 돈으로 시작하지 않았다. 일부 사람들은 몇백만원으로 단칸방에서 전화 1대 놓고 시작했다. 그럼 무엇이 그들을 부자의 대열에 합류시켰을까? 생각의 차이다. 내가 도전하는 일이 '안될지도 모른다' 고 생각하기 보다는 '될지도 모른다' 는 확신이 있었기에 그들은 성공할 수 있었던 것이다.

### 성공과 부를 가져다주는 ABC

> 이사장은 성공에는 ABC공식이 있다고 말한다. "사물을 보는 자세(Attitude)와 성공에 대한 믿음(Belief), 그리고 행동(Commitment)이 한데 어우러져야 성공의 길을 걸을 수 있어요. 이중에서도 사물을 대하는 자세와 생각의 차이가 우리의 미래를 완전히 다른 방향으로 끌고나가죠." 그는 남들과 달리 생각하라고 다시 한번 강조했다.

# 17

알 부 자 들 의
성 공 X – 파 일

# 이제 이 산을 올랐으니
# 다음 산은 어디있지?

새로운 것에 도전하는 삶속에 성공이 있다.

알에서 깨어난 새끼 독수리는 어미 독수리가 물어다 주는 먹이를 먹으며 자랐다. 포근한 둥지에서 어미 독수리가 건네주는 먹이를 삼키기만 하면 생존은 해결되었다. 그러던 어느날 어미 독수리가 자신을 절벽의 낭떠러지로 자꾸 밀고 나가는 것을 알아차렸다. 발을 앞으로 버팅기며 밀려나지 않으려고 안간힘을 썼지만, 어미 독수리는 아랑곳하지 않고 절벽의 낭터러지까지 새끼 독수리를 밀고 나갔다. 새끼 독수리는 다리가 후들후들 떨리고 눈앞이 깜깜했다. 무섭다고 생각한 순간, 어미 독수리는 새끼 독수리를 입으로 밀어버렸다. 그때서야 새끼독수리는 자신에게 날개가 있고 하늘을 향해 비상할 수 있다는 사실을 깨달았다. 어미는 새끼에게 그렇게 도전정신을 불어넣은 것이다.

**우리 삶도** 이와 같지 않을까? 평범하게 살아가는 우리들도 이미 비상할 수 있는 잠재능력을 가지고 있다. 우리 몸 세포속에는 도전이라는 유전인자가 살아있다. 하지만 우리에게 비상할 수 있는 날개가 있다는 사실을 망각한 채 절벽에서 뛰어내리려는 시도조차 하지 않는다. 처음부터 날개가 없었다는 듯이.

새로운 것에 도전하는 삶 속에 성공이 있다. 새끼독수리가 보금자리에서 떠나 절벽에서 날갯짓을 하지 않았다면 약육강식의 정글법칙에서 그는 낙오자가 되었을 것이다. 여러분이 직장 샐러리맨이나 가정주부, 실직자, 퇴직자 등 어디에 속하더라도 새로운 목표를 향해 도전하고 노력한다면 삶의 결과는 엄청나게 달라질 것이다.

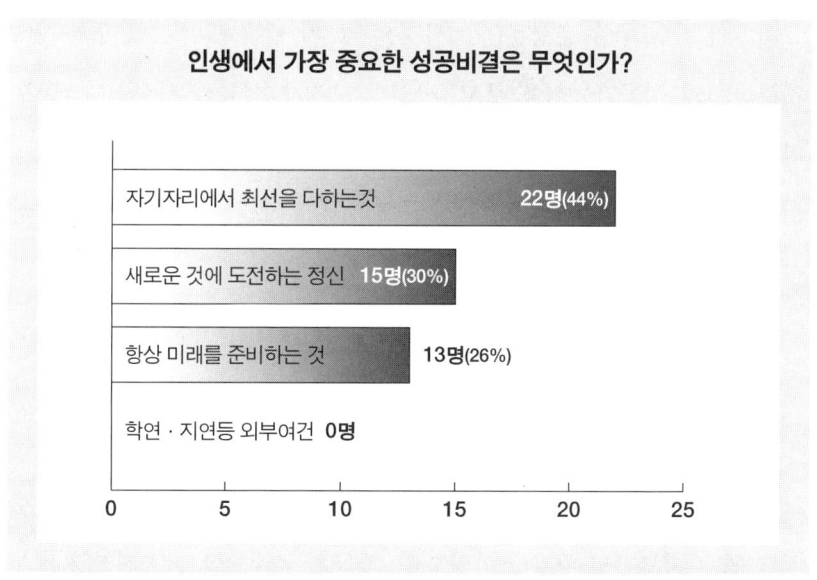

## 백만장자들의 성공비결은?

성공한 백만장자들의 성공비결을 알아 보기 50명을 대상으로 '인생에서 가장 중요한 성공비결은 무엇이라고 생각합니까?' 라고 물었다. 가장 많은 22명(44%)이 '자기자리에서 최선을 다하는 것' 이라고 답했고, 15명(30%)이 '새로운 것에 도전하는 정신' 이라고 답했다. 또 13명(26%)이 '항상 미래를 준비하는 것' 이라고 응답했다. '학연과 지연, 인연 등 외부여건' 이라고 답한 사람은 아무도 없었다. 결국 그들은 자신이 맡은 분야에서 최선을 다하고, 기회가 오면 새로운 것에 도전하고, 미래를 준비하면서 운명을 개척한 사람들이었다. 이 글을 읽는 독자들은 어떠한가?

필자가 만난 두손 추광문(46) 사장은 해외유학을 하던 도중 곡물건조저장장치의 성공가능성을 보고, 사업에 도전해 성공한 사람이다. 공부만 했던 사람이 도전정신으로 사업에 뛰어들어 성공한 케이스다. 그는 자신있게 말한다. "인생에서 가장 중요한 성공비결은 새로운 것에 도전하는 것." 이라고.

그는 외국에서 유학을 한 엘리드지만 보통 사람들이 선택하는 대기업을 뒤로하고 중소기업에서 사회생활을 시작했다. 남들이 가는 길을 가지 않고, 자신만의 인생계획표를 짜고 도전한 사람이다. 그리고 그것은 성공이라는 열매를 얻었다. 자기가 선택한 곡물건조저장장치 분야에서 국내 최고 전문가로 평가받고 있으며, 지금은 국내 곡물건조저장장치 시장의 30%를 차지하는 중소기업 사장이 되었다.

### 부자중에는 자수성가한 사람이 많다

그는 자수성가로 일어선 사람이다. 유학시절 생계를 위해 아르바이트를 하며 생계를 꾸려나갔고, 그런 생활중에 병을 얻어 외국에서 2번이나 수술도 받았다. 그의 성공 X파일에는 어떤 내용이 들어 있는지 들여다보자.

그는 지방에서 농사를 짓는 부모님 아래에서 평범하게 어린 시절을 보냈다. 부자도 아니었고 그렇다고 그렇게 가난한 편도 아니었다. 초등학교 때는 전교에서 1등을 할 정도로 똑똑하다는 소리를 들었고, 1년 재수를 하고 들어간 대학교에서는 반에서 1등으로 졸업할 정도로 학구열이 높았다. 그만큼 남에게 지기 싫어하는 성격이었다. "시골이라 초등학교도 1년 늦게 들어갔고, 고등학교 졸업후 재수를 했기 때문에 동년배 친구들에 비해 항상 뒤지고 있다는 위기의식을 가지고 있었어요. 또 제 자신이 원하는 대학과 학과를 못갔기 때문에 다른방법으로 인생에 승부를 걸고, 뒤진 부분을 만회해야 겠다고 생각했어요." 그는 대학교 3학년 때 남몰래 토플과 GRE 공부를 하면서 호주 유학을 결심했다.

87년 호주 국립 NSW대 대학원 전기전자 공학부에 들어갔다. 학비는 면제였다. 당시만 해도 외국에 유학을 간다는 것은 부유층의 전유물이었다. "지금은 대학생들이 아르바이트를 하거나, 집에서 용돈을 받아 어학연수를 가는 것이 일반적이지만 당시만 해도 서민 신분으로 유학을 가서 공부를 한다는 것은 쉬운 일이 아니었어요. 그때 저에게는 돈도 없었고, 유학비도 없었고, 결혼자금으로 모아둔 500만원이 전부였어요. 하지만 저는 유학에서 인생의 승부수를 걸기로 했어요. 제가 선택한 길이었기 때문에 후회는 안했어요."

고생길이 시작되었다. 호주 현지의 교포 자녀들을 대상으로 영어와 수학을 가르쳤다. 이마저도 생활에 쪼들려 사무실과 빌딩건물을 청소해 주면서 돈을 벌었다. "당시 집사람과 같이 유학생활을 했어요. 유학을 오기 전에 결혼을 했는데, 결혼비용으로 유학자금을 비축하려고 제대로 된 결혼반지도 아내에게 건네주지 못해 항상 미안한 마음이었어요. 호주여성들의 개인 사무실까지 청소를 했었는데 이런 것이 도전인가 싶더군요. 그런 만큼 꼭 성공해야겠다는 정열과 의지는 강해졌어요."

호주에서 두 아이의 아빠가 되었다. 돈이 절대 부족했다. 고국의 양가 부모님에게 손을 벌릴 입장도 아니었다. 아이들 분유와 옷도 사주기 힘들 정도로 경제적으로 빠듯하고 고달픈 생활이었다. 낮에는 대학교에 가서 공부를 하고, 수업이 끝나면 저녁에 아이들을 가르치거나, 빌딩청소를 하면서 생계를 꾸려나갔다. 결코 후회는 하지 않았다고 한다. 자신이 도전한 길이고 분명 대가가 있을 것이라는 확신과 자신감이 있었기에.

**기회는 준비한 자에게만 찾아온다**

"무리한 도전에 몸에 이상이 오고 말았어요. 하루에 4~5시간 밖에 못자다 보니까 만성 축농증이 생겼어요 호주에서 2차례 수술을 받았죠. 몸도 쇠약해졌구요." 그러던 차에 그는 잠시 한국으로 귀국하게 된다. 곡물건조저장장치를 생산하는 중소기업에서 우연히 아르바이트를 하게 되었는데, 여기서 그의 인생은 180도 바뀌게 된다. "20명 가량이 일하는 작은 회사였어요. 미국 록히드사로부터 곡물건조저장장치를 들여와 국내에 공급하는 회사였죠. 제가 영어도 하고 외국에서 생활한 것이 계기가 되어 공장책임자로 일하게 되었죠. 당시만 해도 우리나라에는 제대로 된 곡물건조저장장치가 없었기 때문에 열심히 배우면 언젠가는 좋은 사업 아이템이 될 것으로 판단했어요. 그리고는 정말 열심히 일했죠. 기회는 준비하는 자에게 주어진다고 믿어 왔으니까요."

필자가 만난 성공한 부자들과 마찬가지로 그도 기회를 놓치지 않고 도전했다. 평범한 사람은 자기에게 찾아온 기회와 가능성을 아무일도 없었던 것처럼 무시해 버린다. 하지만 성공한 사람들은 기회를 알아차리고, 자신의 모든 것을 투자하는 지혜와 결단력을 보였다. 성공의 가능성이 보인다면 현실의 고정관념을 과감하게 깨뜨리고 자신의 길을 선택하는 도전정신을 보였다. 그도 마찬가지였다.

"자신이 어떠한 분야에 있더라도 최선을 다하고 꿋꿋하게 일하다 보면 반드시 기회가 올 거라고 생각해요. 남들과 같아서는 남들보다 앞서 나갈 수 없잖아요. 저는 작은 중소기업이었지만 전력을 다했습니다. 그리고 곡물건조저장시스템 사업을 하는 계기를 마련하게 되었어요." 이후 그는 곡물건조저장시스템 사업의 성공가능성을 확인했고, 반드시 성공하고야 말겠다는 집념으로 인생계획표에 도전장을 냈다. 그러던 차에 우연하게 동종업계의 한곳이 경영상황이 악화되어 사업을 접게 될 위기에 처했고, 그는 과감히 사업을 맡는 결단을 내렸다.

"처음에는 반대가 많았어요. 계속 공부를 하거나 좋은 기업에 가서 편안하게 직장생활하라고 주위에서는 야단이었죠. 하지만 저는 준비해 온 저의 길을 선택했어요. 이 길을 선택하지 않으면 나중에 두고두고 후회할 것 같았어요. 결국 나의 길을 가게 되었지요." 그는 직원 2명과 출발했다. 초라하기 짝이 없었다.

당시만 해도 미국 곡물건조저장시설은 미국 실정에 맞게 밀과 옥수수 등 곡물을 저장할 수 있도록 기계가 설계되어 있었다. 우리나라 쌀 문화권과는 차이가 있었고, 우리실정에 적용하기에는 문제점이 있었다. 또 곡물건조저장장치라는 하드웨어는 있었지만 우리나라에는 이를 체계적으로 관리 운영하는 소프트웨어는 전무한 실정이었다.

사업시작후 얼마 지나지 않아 그에게도 최대의 시련이 찾아왔다. 98년 IMF 외환위기가 오면서 미국에서 수입했던 제품 가격이 급등했다. 환율이 900원에서 1,900원으로 뛰어올랐으니 제품 수입가격이 폭등했다. 수입은 불가능한 일이었다. 또 거액의 환차손을 입고 있었던 터였다. 정부에서는 외환위기인 만큼 설비자재는 수입품을 쓰지 말라는 권고까지 내렸다. 수입기계를 들여올 돈은 없었고, 조만간 파산할 것이라고 암울한 소문도 나돌았다.

"이대로 주저앉을 수는 없었어요. 저의 꿈이 무너지는 것을 가만히 보고 있을 수 만은 없었어요."

### 풍파는 언제나 도전하는 자의 친구다

기계에 문외한 이었던 그는 설계도면과 제작실험을 거듭하면서 설비 전부를 국산화하기 위해 밤낮으로 연구를 했다. 반드시 미국제품을 대신해 우리나라 제품을 국산화하고, 우리 실정에 맞는 소프트웨어를 개발해 쌀 문화권인 동남아에 수출한다는 구체적인 계획을 수립했다. 그리고 실행에 옮겼다. 머뭇거리거나 주저하지 않았다. 노력한 만큼 가능성이 있었다. 그래서 뒤도 돌아보지 않고 도전한 것이다.

98년 그는 드디어 국산 곡물건조저장장치 개발에 성공했다. 제품이 완성되는 순간 삶을 살아오면서 좀처럼 눈물을 보이지 않았던 그의 눈에서 뜨거운 눈물이 흘러내렸다고 한다. 위기라는 극한 환경속에서 살아남을 수 있다는 확신과 나의 도전이 옳았다는 감격이 밀려왔다.

그는 곡물건조저장 분야의 최고 권위자이자 전문가로 알려져 있다. 농협과 영농법인의 30%이상이 추사장이 만든 국산품을 사용하고 있다. 수출협상을 하기 위해 경기도 시화공단의 두손 공장을 찾아오는 동남아 바이어들이 크게 늘고 있다. 그는 해외유학생 신분에서 성공가능성을 보고 과감하게 도전해 알짜기업 경영자가 되어 있다.

> 그는 말한다. "우리들의 삶은 야망과 도전의 연속이다. 가난한 자에게는 가난할 수 밖에 없었던 이유가 있듯이 도전하지 않는 자에게 성공이 주어질 수는 없는 법이다. 먼곳으로 항해하는 배가 풍파를 만나지 않고 조용히 갈 수는 없다. 풍파는 언제나 도전하는 자의 친구다."라고.

## 18

알 부 자 들 의
성 공 X - 파 일

# 저수지가 마르면 물고기가 한 곳으로 모인다

성공이라는 신(神)은 위기라는 형태로 우리에게 다가온다. 위기를 어떻게 맞이하느냐에 따라 승리자가 될 것인가, 패배자가 될 것인가가 결정된다.

가뭄이 들면 저수지가 마르고 물고기들은 저수지중 물이 고인 곳으로 모여들게 된다. 어부는 손쉽게 물고기를 잡을 수 있다. 가뭄이 들었다고 하늘만 보고 탄식할 것이 아니라 어망을 손질하고 저수지에 있는 물 상태를 살피며 준비하면 반드시 기회가 오게 되어 있다.

필자가 지방산업단지와 생산공장을 돌며 만난 중소기업 사장중에서도 지난 97년 IMF 외환위기를 잘 이용해 매출과 순익을 오히려 늘린 사람들이 많았다. 유압실린더를 생산하는 S사 P사장은 외환위기때 환율이 인상되는 것을 잘 활용해 오히려 미국과 일본 등에 제품을 수출해 큰돈을 벌었다고 한다. 환율이 900원 언저리에서 1,900원대로 폭등하자 오히려 해외시장으로 눈을 돌려 회사를 더욱 키운 것이다. 제품 하나를 팔아도 3배 가량 비싸게 팔 수 있었던 것이다.

### 부자들은 위기에 강하다

평소에는 있는둥 없는둥 조용하다가 위기에 강한 사람들이 있다. 직장생활 동료중에서도 위험이 닥쳐오면 일사분란하게 일을 처리해 주위를 놀라게 하는 사람들을 종종 보게 된다. 위기관리를 잘하는 친구들이다. 이들은 위기 뒤에 반드시 기회가 있다는 단순한 진리를 알고 있다. 남들이 모르게 노력을 하며, 내공을 쌓고 있는 점이 남들과 다르다. 성공한 백만장자중 하나투어 박상환(47) 사장이 이에 해당되지 않을까 생각한다.

지난 97년 IMF가 터지면서 여행업계는 줄초상을 맞았다. 경기가 불황이다보니 국내외 여행객수가 급격히 줄어들었고, 이에 대비하지 않은 대형 여행사들도 부도의 칼날을 피하지 못하고 쓰러지고 말았다. O사, S사 C사 등 톱 10개 기업중 5개가 쓰러졌고, 나머지 회사들도 감원을 하는 등 구조조정을 단행했다. 하나투어(당시 국진여행사)도 IMF 한파에 휘둘렸지만 다른 회사들과 차별화된 전략을 구사하며 살아남기에 성공했다.

현재 하나투어는 국내 1위 여행사로 우뚝 섰으며 여행사중 유일하게 코스닥시장에 등록되어 있다. 지난해에만 527억원의 매출과 69억원의 순익을 달성할 정도로 가파른 성장세를 구가하고 있다. 박상환 사장을 만나 그의 성공노트에 쓰여져 있는 성공스토리와 위기를 어떻게 활용해 성공으로 이끌었는지 엿들어 본다.

"어릴적 저는 실패를 참 많이 했어요. 중학교 시험에도 떨어졌고, 고등학교 시험에도 낙방했어요" 그의 어머니는 농사일도 하고 지서(파출소)옆에서 말 2마리를 키우며 말 운송비를 받으며 생활했다고 한다. 그리 넉넉한 살림은 아니었고 어머니가 어렵게 가계를 꾸려나갔다. 그때는 시대가 못먹고 굶주린 시절 아니었던가! 중학교 시험보러 가는 날 아침. "시험장으로 갔는데 입장이 허용되지 않았어요. 한 15분정도 지각했는데 못 들어가게 하더라구요. 당시에는 시계가 없어 시간개념이 없었어요. 황당했죠. 울분을 삼키며 발길을 돌려야만 했어요." 고등학교 시험에도 떨어졌다. 지방공무원(현 9급공무원) 생활을 하다 21살이 되어

서야 대학교에 들어갈 수 있었다.

### 실패는 누구나 하는 것이다

"요즘 대학교 시험에서 1번 떨어졌다고 목숨을 끊는 젊은이들이 많아요. 인생을 길게 보아야 해요. 지금은 내가 조금 뒤쳐질지 몰라도 조금만 노력하면 금방 역전할 수 있죠. 자기전문 분야에서 두각을 나타낼 수 있도록 노력만 하면 돼요." 박사장은 학창시절에 시험과 관련해서는 실패를 많이 한 편이다. 대학교에서는 영어를 공부한 만큼 이를 살릴 수 있는 분야로 직장을 구했다. "당시 대기업은 영어사용자를 찾으려고 안달이었어요. 하지만 저는 대기업보다는 전문분야를 살릴 수 있는 곳을 직장으로 구했죠." 81년 고려여행사에 입사했다. 공채1기였다. 여행사로는 꽤 유명한 회사였다.

보통 대학생들은 대기업을 선호한다. 삼성이나 현대그룹에 들어가야 체면이 서고 중소기업에서는 체면이 깎인다고 생각하는 경향이 있다. 취업 재수생이 사회문제가 되고 있는 것도 이와 무관치 않다. 박사장은 중소기업에서 시작해 어떻게 국내 최고의 여행사 대표가 될 수 있었는지 몸으로 말하고 있다.

직장에 들어가서는 자기계발을 소홀히 하지 않았다. "여권과 비자업무를 담당했어요. 여행분야에서 전문가가 되기 위해서는 영어통역 라이선스가 있어야 한다고 생각했어요. 국외여행안내원(Tour Conductor) 1

기 시험에 당당히 합격했죠. 회사에서 저를 포함해 겨우 2명이 합격할 정도로 희소성이 있었어요." 그는 여행사업이 미래성장 분야로 가파르게 발전할 것이라는 것을 직감했다고 한다. 멀리서 성공의 불빛이 보이는 것을 확신하고 이후 여행사업에서 승부수를 걸었다.

81년에는 정부가 여권발급 요건을 크게 완화하면서, 해외여행을 가는 사람들이 급증했고 박사장도 여행안내원으로 중남미, 호주, 뉴질랜드, 중동 등 전세계를 누비며 여행사업과 관련한 실무와 경험을 쌓아나갔다. "당시에는 해외여행을 나가는 것이 부의 상징으로 여겨졌어요. 고급 술집에서 여권을 보여주면 돈을 안내고 외상으로 술을 먹을 수 있을 정도로 높게 평가해 주었죠."

돈이 된다고 판단한 박사장은 89년 드디어 이전 직장 사람들과 함께 회사를 세웠다. 모두 1억1,000만원을 모았는데 박사장도 집을 담보로 1,000만원을 냈다. 국일여행사였다. 비록 박사장 혼자서 세운 회사는 아니지만 훗날 하나투어가 탄생할 수 있는 기반이 되었고, 그는 국일여행사에서 사업의 기초를 탄탄히 닦아 나갔다. "물론 가족들의 반대가 심했죠. 잘 나가는 직장 나두고 왜 불길속으로 뛰어 들어가느냐는 반응이었죠. 하지만 직장생활 샐러리맨으로 하루하루 살아가는게 무의미하다는 생각이 들었어요. 가능성이 보이는데 기회를 놓칠 수는 없었어요."

### 남들과 다르게 생각하고 행동한다

국일여행사는 상품 차별화에 나섰다. 기존 선두업체와 같이 경쟁해서는 승산이 없다고 판단했기 때문이다. 중남미, 지중해, 남태평양, 캐나다 등 당시 경쟁회사들이 손을 놓고 있었던 시장을 집중 공략했다. 또 소비자들을 대상으로 직접 영업을 하는 것이 아니라 여행사를 대상으로 상품을 기획하고 판매하는 이른바 도매업(Wholesale)에 치중했다. 해외시장과 상품을 기존회사와는 완전히 다르게 가져갔던 것이다.

"대박이었어요. 첫해 3억원 이상의 흑자를 기록했어요. 특히 89년 여행자유화가 되면서 고객은 더욱 늘어났고, 여행사들도 1년에 몇백개나 생길 정도로 과열양상이 빚어졌어요. 그 와중에 국일여행사가 여행업계 기린아로 성장할 수 있었던 것은 철저한 차별화에 있었죠. 남과 다르게 생각한다는 것은 그만큼 중요해요."

그는 93년 중대결단을 내린다. 제2의 승부수를 건 것이다. 하나투어의 전신인 국진여행사를 설립하고 인생에서 2번째 도전에 나섰다.

"개인적으로 1억원을 투자하고 전직원이 종업원지주제로 참여하는 형태로 회사를 세웠지요. 저는 인생의 목표가 뚜렷이 세워져 있었어요. 도매업으로 여행사를 운영하고, 종업원지주제로 회사이익을 직원들에게 돌려주고, 기업을 상장하는 것이 목표였죠. 결국에는 모두 이루게 되었죠."

주식을 하는 사람들은 '산이 높으면 골이 깊다'는 말을 자주 사용한다. 주가지수가 고점을 높여가며 지수가 상승하지만 결국 지수가 꺾일 때는 바닥을 모르고 추락한다는 말이다. 우리들의 인생을 '새옹지마'라고 하는데 이 말과 비슷할 듯 싶다. 97년 IMF 삭풍이 몰아친 것이다.

"당시 톱10 여행사중 5개가 부도를 내고 대부분의 기업들이 감원을 단행했어요. 생존을 위해 사람들을 마구 잘랐죠. 하나투어는 사람을 줄이지 않고 대신 회사경영상태를 그대로 직원들에게 오픈하고 월급을 줄이는 쪽으로 의견을 모았어요." 여행자수가 80% 이상 줄어들었다. 여행사들이 아우성을 친 것은 당연한 일이었다.

"위기였죠. 하지만 정신을 똑바로 차렸어요. 당시 남은 돈이 3억원 있었는데 6개월만 견뎌보자고 입을 악물려 매달 5,000만원 한도내에서 월급을 주었죠. 허리띠를 졸라맬 수 밖에 없었어요. 직원들이 참 고생많이 했죠. 우리는 6개월만 버티면 살아남을 수 있다고 판단했어요. 경쟁회사들이 나가 떨어지는 상황에서 살아 남기만 해도 승리하는 것이었어요. 위기를 어떻게 받아들이고, 어떤 방법으로 대처하느냐가 승자와 패자를 가르게 되지요."

### 6개월만 버티어 내자

가뭄이 들면 저수지가 마르고 저수지가 마르면 물고기가 모이는 것이 이치다. 불황이 오고 위기가 닥쳐오면 사람들은 한곳으로 몰리는 경향이 있다. 하나투어는 이를 십분 활용한 케이스다. 호랑이에게 잡혀가도 정신만 차리면 산다는 말처럼 위기에 대처하는 강인한 정신력을 가지고 있어야 한다. "6개월만 버티어 내면 살아남을 수 있을 것이라고 확신했어요. 여행업뿐 아니라 항공사 발권으로 추가 수익을 냈어요. 생명을 연장해 나간 거죠. 매달 회사사정이 나아졌고, 삭감된 월급도 높여 줄 수 있게 되었고, 결국 98년 6월부터는 100% 정상월급을 주게 되었어요."
이후 하나투어는 탄탄대로를 달리게 된다. 98년 하반기부터 경기가 회복되었고 경쟁사들은 IMF를 겪으면서 대부분 문을 닫거나 영업규모가 대폭 줄어들었기 때문이다. 99년 155억원의 매출을 이룩했고 2000년 261억원, 2001년 344억원, 2002년에는 527억원의 매출과 69억원의 순익을 달성하면서 국내 대표 여행사가 되었다.

> "위기에 대처하려면 능력이 있어야 해요. 살아 남아야겠다는 의지만으로는 부족해요. 하루라도 빨리 목표의식을 가지고 자신의 능력을 키워야 해요. 준비된 사람은 위기에서도 살아남고 결국 강자가 될 수 있어요." 박사장의 성공 노트에는 '위기를 극복할 수 있는 노하우'가 실려 있었다.

# 3부

# 부자들은 이렇게 다르다
### -알부자들의 자기 관리

19. 서 기자(記者), 제목부터 달아봐!
20. 일본여행에서 얻은 아이디어
21. 우리의 적은 빈곤이 아니라 게으름이다
22. Just Do It(저스트 두 잇)
23. 일을 즐겨라 그러면 돈은 소리없이 당신을 찾아온다
24. 덤불속의 열쇠
25. 내가 CEO 이어야 하는 이유
26. 대나무에 매듭이 있는 이유
27. 달을 향해 쏴라

## 19

알부자들의
성공 X-파일

# 서 기자(記者), 제목부터 달아봐!

> 목표를 향해 나아가는 사람들에게는 뒤에서 부는 바람이 순풍이 되지만 목표가 없이 떠다니는 사람들에게는 모든 바람이 역풍이 된다.

경제신문 기자생활도 7년을 넘어섰다. 중소기업과 코스닥기업을 취재하면서 많은 성공한 백만장자들을 만났다. 코스닥기업 최고경영자 갑부도 만났고, 공단에서 사출이나 염료를 생산하며 땀흘리는 전통 제조업체 사장과도 이야기를 나누었다. 지금은 경력이 붙고 경험이 있다보니 대화가 자연스럽고 중단없이 인터뷰가 진행되지만 돌이켜보면 초창기에는 실수도 많이 했고, 인터뷰 기술도 많이 서툴렀다.

누구나 사회생활 초창기에는 이런 경험이 있을 것이다. 보험왕을 차지한 보험설계사 일지라도 처음 보험설계사의 길에 접어들었을 때에는 사람 만나는 것이 부끄러웠을 것이다. 또 자동차판매왕도 처음에는 남들 앞에서 물건파는 것이 쑥스러웠을 것이다. 시작은 원래 불완전하고 불안정해 보이기 마련이다.

필자도 초창기 기사작성 방법을 몰라 부장이나 선배들에게 많은 꾸중과 핀잔을 들었다. "서기자! 제목부터 달고 기사를 써야지. 제목을 정해 놓으면 본문내용은 쓰기가 쉽잖아. 똑바로 못해!" 아직도 고개를 숙이고 아무말없이 꾸지람을 들었던 기억이 어제처럼 선명하게 남아있다. 기자생활은 도제식이라 처음부터 체계적인 교육이나 프로그램이 마련되어 있는 것이 아니다. 자신이 발로 뛰어 노하우를 배워야 하고, 선배들 어깨 너머로 기사작성하는 기술을 익혀야 한다.

필자도 이제는 기사를 쓸 때 제목부터 먼저 달아놓는 버릇이 생겼다. 그리고 나서 세부적인 내용을 수치를 넣어가면서 쓴다. 제목이 있으면 방향을 잡기가 쉽고 글의 줄거리가 옆으로 빠지거나 앞뒤가 전도되는 실수를 막을 수 있다. 제목을 먼저 잡고 세부적이고 구체적인 내용을 써가다 보면 문장이 한결 매끄러워진다.

## 계획은 구체적이어야 한다

인생이라는 게임도 똑같다. 성공한 사람들은 한결같이 목표를 먼저 정해놓고 연차적인 계획을 세운다. 그리고 계획은 아주 구체적이고 실현가능성이 높은 것들이다. 예를 들어 5년안에 집을 마련키로 했다고 하자. 1년의 소득과 지출이 얼마인지, 부업으로 어느 정도의 소득을 추가적으로 올릴 수 있는지, 3년 후에는 얼마정도의 돈을 마련할 수 있는지 철저하게 계획을 세운다. 그리고 나서 머뭇거리거나 한눈을 팔지 않고 곧장 실천에 옮긴다.

직장생활도 마찬가지다. 어느 정도까지 내가 이 회사에서 일을 하다가 독립할 것인지, 아니면 어느 자리까지 목표를 정하고 승진할 수 있을 건지, 경력을 쌓아 다른 회사로 언제쯤 옮겨갈지, 장기적인 목표를 세우고 그 목표를 향해 자기자신을 계발하고 능력을 키워야 한다. 기초실력이 없이 큰꿈을 꾸는 것은 망상에 불과하다. 기초실력은 기본적으로 우리 몸에 배어 있어야 한다.

수술실의 의사들을 보라. 집도를 하는 그들의 손놀림에 거침이 없는 것은 수술실에 들어오기 전에 환자의 수술부위에 대해 다각도로 검토하고, 수술순서를 정해놓았기 때문이다. 밑그림이 제대로 그려져 있기 때문에 막힘이 없는 것이다.

초고층 건물이 들어서는 것을 보자. 철저한 사전설계와 청사진을 그려놓고 이것을 기초로 해서 지반공사를 하고 콘크리트로 기초를 다지고 철심들을 세우게 된다.

### 부자들은 자신만의 인생계획서를 가지고 있다

성공한 부자들은 잘 짜여진 자신만의 인생계획서를 가지고 있다. 남들이 휴가계획서를 만들고 해외여행 플랜을 만들 때 그들은 그들만의 인생경영 전략을 수립했다. 지금부터라도 내가 지향하고 나아가야 할 인생계획서를 연차별로, 아니면 월별로 작성해야 한다. 계획서대로 살아가는 삶과 아무런 나침반없이 방향을 모르고 살아가는 삶과는 근본적인 차이가 있다.

목표를 향해 나아가는 사람들에게는 뒤에서 부는 바람이 순풍이 되지만 목표도 없이 떠다니는 사람들에게는 모든 바람이 역풍이 된다. 그만큼 풍랑을 만나 좌초하기 쉬운 것이다.

이제 목표를 세우고 돛을 올려야 한다. 도전해야 한다. 바람이 분다고 출항을 포기해서는 안된다. 어느 정도의 바람은 순풍이 된다는 사실을 항상 명심하자.

어느 책에 다음과 같은 시가 있어 독자 여러분에게 소개한다. 에드거 앨버트 게스트의 작품이라고 한다. 천천히 읽어 내려가며 음미하기 바란다.

〈불가능한 일〉

누군가는 불가능한 일이라고 말했지만
그는 껄껄 웃으며 대답했다.
"그럴지도 모르지" 하지만 그는
자신이 해보기 전에는 그리 말하지 않는 사람.

그래서 그는 일에 착수했다.
얼굴에 여전히 희미한 미소를 띤 채.
근심이 있다 해도 숨겨버렸다.
그는 노래를 흥얼거리며, 다들 못한다던 일에 착수했다.

누군가는 코웃음을 쳤다. "자넨 절대로 못해.
적어도 지금까지는 다들 실패했으니."
하지만 그가 웃옷과 모자를 벗는 것을 보고, 우리는 그가 일을 시작했음을 알았지.
의기양양하게 턱을 치켜들고 미소 띤 얼굴로, 일말의 의심도 억지도 없이, 그는
노래를 흥얼거리며, 다들 못 한다던 일에 착수했다

불가능이라 이르는 사람이 수천명.
실패를 예견하는 사람도 수천명.

위험이 앞에 도사리고 있다고
수천명이 차례차례 경고하겠지.
하지만 미소 띤 얼굴로 그냥 시작하는 게지.
그냥 웃옷을 벗어 놓고 뛰어들어
노래를 흥얼거리며 일하다 보면
'불가능' 이라던 일도 이루어진다.

남들은 불가능이라고 못박지만 성공한 사람들은 웃옷과 모자를 벗고 일을 했다. 자신들만의 인생계획표대로 일을 추진한다. 폭풍을 만나 휘청거릴 때도 있고, 한파를 만나 주춤할 때도 있지만 그들의 행진곡은 멈추지 않는다. 인생이라는 백년대계(百年大計)를 먼저 세워놓고 실천사항을 구체적으로 열거해보라. 계획과 실천사항이 정해졌으면 지금 바로 실천하라. 에드거 앨버트 게스트의 시처럼 노래를 흥얼거리며 일하다 보면 불가능이라던 일도 결국 이루어지고 만다.

### 보통사람들도 부자가 될 수 있을까?

50명의 성공한 사람들에게 '일반 평범한 사람들도 성공한 부자가 될 가능성이 높다고 보십니까?' 라고 물어보았다. 일반 사람들이 부자가 될 가능성을 그들은 어느 정도로 보고 있는지 궁금했다.
이에 대해 46%인 23명이 '충분히 가능하다' 라고 답했고 15명인 30%가 '가능하지만 확률은 낮다' 라고 응답했다. '힘들다고 본다' 와 '거의 없거나 불가능하

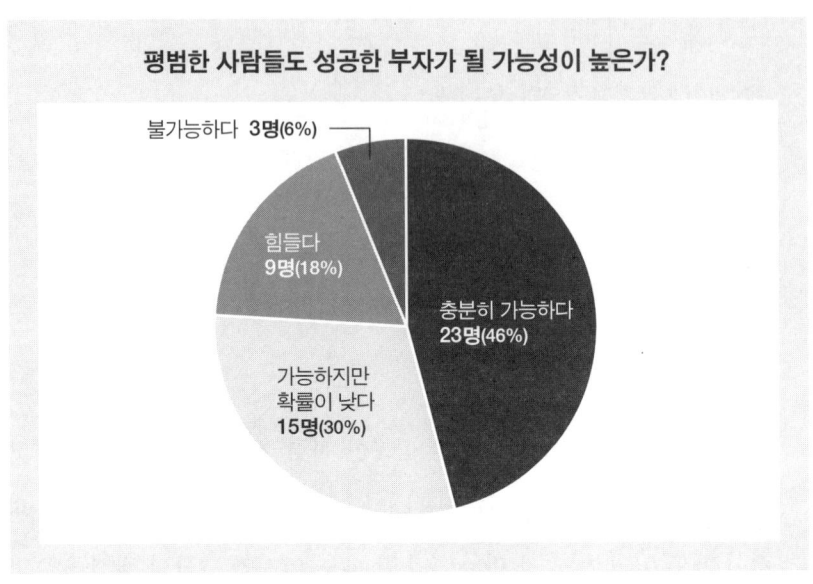

다' 가 각각 9명(18%), 3명(6%)로 나타났다.

응답자는 거의 샐러리맨이거나 학생신분으로 사업을 일으킨 자수성가형 비즈니스맨들이다. 가난했고, 부도를 맞아 휘청거렸고, 수많은 시련과 아픔을 겪고 다시 일어나 성공한 부자들이다. 자신들의 경험으로 볼 때 노력만 한다면 충분히 가능하다고 말하는 사람이 46%에 달했다.

어떤 응답자는 '평범한 사람들은 절대 부자가 될 수 없다'고 잘라 말했다. 그 응답자는 이런 얘기를 들려 주었다. "제가 아는 한 친구는 6시 퇴근시간이 되면 집에 일찍 들어가는 것이 싫어서 동료들과 당구를 치거나 기원에서 바둑을 둡니다. 집에 들어가서는 소파에 누워 TV 리모컨을 끼고 산다고 해요. 주말에는 그동안 못 잔 잠을 실컷 잔다고 합니다. 그는 방향감각을 상실하고 그냥 하루를 보내는 삶을 살고 있어요. 저는 이런 사람들이 평범한 사람들이라고 봐요. 결코 성공하거나 부자가 될 수 없어요." 응답자는 하루를 무계획적으로 살아가는 일반 사람들에게는 성공과 부는 결코 보장되지 않는다고 말했다.

앞에서 소개한 것 처럼 국내 최고의 여행업체인 하나투어 박상환(47) 사장은 여행사 신입사원으로 출발해 결국 자신만의 여행사를 세우고 자수성가에 성공한 사람이다. "고려여행사에 공채 1기로 입사했죠. 여행안내원 자격증도 따고 열심히 일하다 보니까 여행사업의 성공가능성이 눈에 보이더라구요. 그래서 저의 인생목표를 여행사를 세우는 것으로 정했어요. 그리고 구체적인 플랜을 만들어 한차례 회사를 만들었고, 다시 개인적으로 회사를 세워 오늘날의 하나투어를 키웠어요." 그에게는 남들과 다른 목표가 있었다. 반드시 회사를 세워 다른 회사와 차별화된 상품을 취급하고, 코스닥시장에 회사를 등록시키고, 회사이익을 직원들에게 나누어 주는 시스템을 구축하는 등 세가지 인생경영 전략을 항상 마음에 품고 있었다. 그리고 그는 자신의 인생 계획서대로 실천했고, 지금은 이 세가지를 모두 이루었다.

하나투어는 현재 코스닥시장에 등록되어 있는 유일한 여행사다. 하나투어 직원들은 우리사주를 가지고 있어 자신들이 주인이라는 정신으로 직장생활을 하고 있다. 또 하나투어는 일반소비자가 아닌 다른 여행사를 대상으로 영업을 전개하는 차별화 전략으로 승승장구하고 있다.

인생목표를 세우고 삶을 살아가는 것과 무계획적으로 '어떻게든 되겠지' 하고 살아가는 것 사이에는 엄청난 차이가 있다. 전자에게는 성공과 부가 모이지만 후자에게는 후회와 한숨만이 남게 된다.

> 에드거 앨버트 게스트의 시를 다시 한번 읽어보자. '불가능하다' '실패할 것이다' 라고 예견하는 사람이 수천명에 달하지만 웃옷과 모자를 벗어던지고 과감하게 도전하면 '불가능' 이라던 일도 결국은 이루어진다고 하지 않던가.

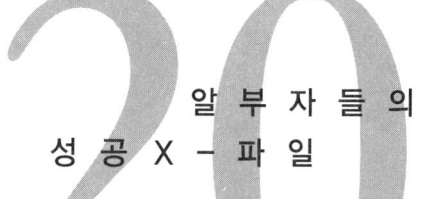

# 20 일본여행에서 얻은 아이디어

알부자들의
성공 X – 파일

부자들은 오늘이 가장 바쁘고, 가난한 사람들은 내일이 가장 바쁜 날이다. 오늘 할 일을 내일로 미루니까.

'회사를 그만두어야 하나' 월급쟁이인 그는 지난 82년 중대한 결단을 내려야만 했다. 몸이 극도로 쇠약해지면서 10년동안 몸담았던 회사를 그만두어야 할 처지에 놓이게 되었다. 한 가정의 가장으로서 회사를 떠난다고 생각하니 앞날이 깜깜해 질 뿐이었다. 몸이 허락하지 않으니 방법이 없었다. 아내와 가족들 앞에 약한 가장의 모습을 보이기 싫었지만 일단 쉬기로 하고 머리도 식힐 겸 일본여행을 떠났다.

홀가분하게 온천도 가고, 저녁에는 이자까야(선술집)에서 니혼슈(일본술)도 마셔보고, 그렇게 시간을 보냈다. 아니, 빨리 시간이 흘러가기를 바랄 뿐이었다. 하지만 일본 거리를 이리저리 돌아다닐 때마다 눈길을 사로잡는 것이 있었다. 이 길을 지나치면 저쪽 길에서 그를 끌어 당기는 것이 있었다. 예쁘게 디자인되어 매장에 전시되어 있는 가구들. 까사미아 이현구(54) 사장이 가구와 인연을 맺게 된 것은 일본 여행을 통해서였다. 현실의 고달픔을 피해 머리를 식힐 겸 떠난 일본 여행길에서 사업 아이디어를 찾은 것이다.

### 귀여운 아이에게는 여행을 시켜라

일본에는 '귀여운 아이에게는 여행을 시켜라' 라는 속담이 있다. 여행을 통해서 세상의 이치를 알고, 사리분별을 제대로 하고, 객관적인 자아를 찾아갈 수 있다는 뜻에서 일 것이다. 이사장은 일본 속담처럼 여행 속에서 사업아이템을 발굴한 것이다. 필자는 여기서 말하는 여행이 가방을 둘러메고 가는 사전적인 의미의 여행에 국한된다고 생각하지 않는다. 이것 저것 많은 것을 보고 듣고 배워서 자신의 능력과 사회를 보는 시각을 넓혀라는 의미까지 포함하는 것으로 본다. 사업가라면 시장을 보는 눈이고, 샐러리맨이라면 자신의 능력을 높일 수 있는 눈이고, 가정주부라면 재테크를 통해 돈을 불려나가는 눈이 될 것이다.

81년~82년 당시 일본은 인테리어 시장이 급성장하고 있었다. 건물외형뿐 아니라 삶의 질이 풍요로워지면서 실내공간, 가구배치 등에 관심을 가지는 부부들이 늘어나고 있었다. 인테리어 매장과 숍(Shop)이 우후죽순처럼 생겨나고, 인테리어 매장을 전문적으로 소개하는 책자도 나올 정도였다. 선풍적인 인기였다.

"기회를 잡았으면 도전해야 합니다. 가능성을 보았다면 뛰어 들어야죠. 일본에서 보고 들은 인테리어 사업을 한국에 적용시킬 마음에 흥분되었어요. 우리나라 경제성장이 일본의 전철을 밟아가고 있는 점을 감안해 분명히 인테리어사업이 성공할 것이라는 확신을 가졌어요." 그는 말한다. "우리 주위의 사물과 현상을 그냥 가볍게 봐서는 안되요. 주위를 둘러보면 우리와 다른 것을 발견하게 되고, 이것은 우리에게 새로운 기회를 줄 수 있어요. 까사미아는 일본여행에서 나온 창조물입니다." 그는 일본에서 돌아오자 마자 시장조사에 들어갔다. 관련서적을 모조리 찾아 읽었고, 주위 사람들에게 궁금한 것은 일일이 물었다. "당시 디자인일을 하고 있었던 아내(현 까사미아 디자인연구소장)도 힘을 보태주었어요. 부부가 뭉치니까 일은 일사천리로 진행되더라구요. 10년간 정들었던 회사에 사표를 던지고 창업을 단행했어요." 시작은 초라하기 그지 없었고, 고생의 나날이었지만 후회는 없었다.

　퇴직금을 밑천삼아 7평 매장에서 시작했다. 걸어 다니기에도 좁은 공간이었다. 하지만 꿈을 실현시킬 수 있는 기회의 공간이기도 했다. 매장은 좁았지만 마음만은 바다처럼 넓었다. 돈이 없어 직원을 마음대로 뽑을 처지도 아니었다.

　"아침일찍 출근해 매장을 청소하고, 회계장부를 기록하고, 제품을 고객들 안방까지 배달하는 일 모든 것이 제 일이었어요. 발이 부러터지도록 아침부터 밤까지 돌아다녔지만 다음날 아침에는 새로운 힘이 저를 일으켜 세웠어요."

### 도전 초기에 열정과 땀을 쏟아부어라

　성공한 백만장자들은 사업초기에 남다른 정열과 땀을 쏟았다. 자기 사업이라는 책임감도 있었겠지만 '여기서 밀리면 더 이상 갈 데가 없다' 는 절박감이 더욱 컸다고 한다. 성공과 행복을 달성한 그들은 말한다. "여러분이 새로운 분야에 도전한다면 초기에 모든 역량과 열정을 쏟아부으세요. 그렇지 않으면 좌절이라는 악마에게 금방 굴복당하고 말아요" 비행기가 날기 위해서는 이륙할 때 가장 많은 동력과 에너지가 든다고 한다. 우리의 삶도 같다. 처음에 온 힘을 쏟아부으면 나중에는 일이 저절로 굴러간다. 성공한 부자들은 이를 먼저 깨우친 사람들이다.

　성공한 백만장자 50명에게 '창업초기 하루에 잠은 몇시간 잤습니까?

라고 물었다. '4시간'이 18명(36%)로 가장 많았으며, '6시간'이 15명(30%), '5시간'이 12명(24%)을 나타냈다. 7시간 이상은 5명으로 10%에 불과했다. 대부분 매일 6시간도 자지 않으면서 일을 했고, 주말과 휴일도 없었다. 앞에서 소개한 대성파인텍 김병준(46) 사장은 요즘도 4~5시간 잠을 자고 있으며, 토요일도 오후 7시쯤 회사에서 가장 늦게 퇴근한다. 성공한 백만장자들은 그렇게 창업초기에 모든 열정과 에너지를 쏟아부은 것이다.

평범한 사람들에게 일년중 가장 바쁜 날은 언제일까? 연인을 위해 이벤트를 준비하는 크리스마스일까? 이사짐을 옮기는 날일까? 성대한 결혼식을 올리는 날일까? 바이어를 만나러 해외로 출장가는 날일까? 아니다. 내일이다. 오늘 할 일을 내일로 미루다 보니까 언제나 내일이 가장 바쁜 날이 된다. 내일하면 되겠지. 그러다가 우리는 바쁜 일상의 다람쥐 바퀴놀이에서 벗어나지 못한다.

까사미아 이사장에게는 내일이 없었다. 당장 오늘 모든 일을 처리해야 했다. "사업초기 어려웠죠. 외주(아웃소싱)를 주지 않고 공장에서 직접 제품을 만들었어요. 직원들이 파업을 하거나 태업을 하면 회사운영에 치명타를 입었죠" 88년 전국적으로 노사문제가 불거지면서 생산과 납기일 준수에 차질이 빚어졌다. 까사미아도 직원들의 잇단 파업으로 막대한 손실을 입었다. 이대로 나가다간 바이어들이 떨어져 나갈 처지에 놓이게 되었다. 사업은 아무나 하는 것이 아니라는 나약한 마음이 들기도 했다.

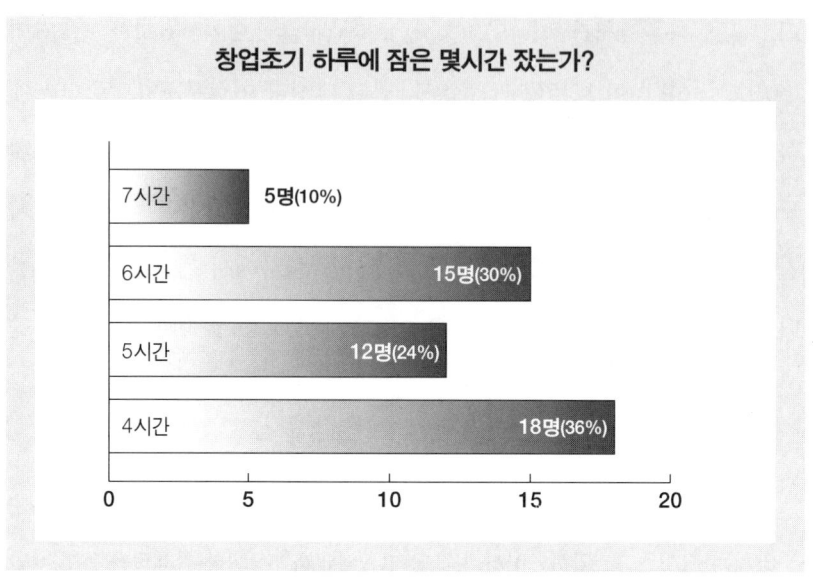

### 외로운 보안관 정신을 버려라

환경이 변하면 원칙을 바꾸라고 했던가. 그는 그동안 고수했던 자체 생산 방식을 버리고 모든 제품을 외부에서 조달하는 아웃소싱 전략을 택했다. 내가 아니면 안된다는 생각을 버리고 제품생산을 아웃소싱하면서 노사문제로부터 자유로울 수 있었다. 단지 까사미아는 관리자 입장에서 품질관리만 철저히 하면 되었다.

"내가 모든 범죄인을 잡아야 한다는 '외로운 보안관' 정신을 버리고 남한테 도움이 필요하면 외부자원을 활용하는 전략이 유리할 수 있어요. 보통 사람들도 폭넓은 인적네트워크를 만들어 내가 필요할 때에는 이들 자원을 활용하는 지혜가 필요해요." 까사미아가 자랑하는 아웃소싱 전략은 이러한 필요에 의해 만들어진 것이다.

이와 함께 그는 일반 샐러리맨들에게 미래의 꿈을 위해 직장을 옮기거나 창업을 할 계획을 가지고 있더라도 현재 직장생활에 최선을 다하라고 당부한다. "제일합섬에 10년간 근무하면서 삼성의 경영방식에서 많은 것을 얻었어요. 사업을 하면서 인재를 관리하고, 철두철미하게 원칙을 준수하고, 고객을 관리하는 기법은 이전 직장에서 배운 것이에요. 현재 위치에서 쌓은 노하우와 경험이 나중에 큰 밑천이 되고 힘이 될 거예요."

### 부자는 오늘 바쁘고, 가난한 자는 내일 바쁘다

평범한 월급쟁이가 일본 여행에서 힌트를 얻어 시작한 까사미아는 어떤 회사인가? 까사미아는 직장여성이나 신세대 부부들 사이에서는 고급 브랜드로 인식되고 있다. 침대와 옷장, 서랍 등 가구를 비롯해 목욕용품, 생활용품 등 3,000개 이상의 제품을 취급하고 있다. 지난 2001년 600억원의 매출에 72억원의 순익을 달성했고, 지난해에는 680억원의 매출을 기록했다. 내수침체가 우려되는 올해에도 760억원의 매출은 가능할 것으로 보고 있다.

한샘과 에넥스, 리바트 등 내로라하는 가구회사들과 경쟁하면서도 고급브랜드로 승부수를 걸고 있는 것이다. 중국 현지법인을 통해서는 '가시아(家是雅)'라는 고유 브랜드로 중국인들의 가정을 공략하고 있다.

이사장의 성공 X파일에는 '오늘이 바쁜 사람이 되어라'고 적혀 있다. 부자들은 오늘이 바쁜 사람들이다. 반면 가난한 사람들은 내일이 바쁜 사람들이다. 부자들은 일을 미루지 않고 당장 실천하지만, 가난한 사람들은 이런 핑계, 저런 이유로 일을 미룬다.

오늘과 내일은 시간적으로 24시간 밖에 차이가 나지 않지만 그 성과물은 엄청난 결과를 초래한다.

# 21

알부자들의
성공 X-파일

## 우리의 적은 빈곤이 아니라 게으름이다

꿈은 이루어진다. 하지만 게으른 사람은 절대 꿈을 이루지 못한다.

대기업 총수의 아들 딸들이 신문에 자주 오르내린다. 유치원 때부터 관리된 교육을 받고, 미국 유명대학의 경영학석사(MBA)과정을 마치고 아버지가 가지고 있는 그룹 관계사에서 고속승진을 한다고 한다. 입사 몇 년만에 임원의 자리를 꿰차고 경영권을 물려받는 공부를 하고 있다는 뉴스가 신문에 대문짝만하게 실린다. 아니면 외국에서 공부를 하다가 만난 배우자와 대기업 그룹과 그룹간 결혼으로 세간의 화제를 모으기도 한다.

대기업 총수 아들 딸이 아니더라도 돈많은 부모를 만나 사업자금을 지원받고, 기업을 세우거나 편안하게 직장생활을 하는 사람들을 흔히 볼 수 있다.

보통사람들은 이들처럼 '태어날 때부터 은스푼을 물고' 인생을 시작하는 사람들을 부러워한다. 나에게는 '처음부터 이 세상은 불공평하고 불공정한 게임이었다' 고 한탄하는 사람들이 있다. '이렇게 타고난 사람도 있는데 나는 안돼!' 하면서 자포자기하고 별다른 도전도 하지 않고 인생의 귀중한 시간을 허비하는 사람들이 많다. 그냥 하루하루 편안하게 사는 것이 즐거움이라고 여기는 사람들을 자주 보게 된다.

## 갑부가 되라는 말이 아니다

간단하게 정리해 보자. 이들은 물론 태어날 때부터 선택된 사람들이다. 돈도 있고 명예도 있고 자기인생을 계획하는데 별다른 무리가 없는 사람들이다. 거대 부자들이다. 우리가 이들처럼 될 필요는 없다. 보통사람들에게 필요한 것은 수백억원, 수천억원의 돈과 주식이 아니라 자녀를 공부시키고 출가시키고 노후에 편안하게 생을 즐길 수 있는 자금이 필요한 것이다. 일반사람들은 평균 10억원 가량 있으면 직장생활에 시달리지 않고 일을 할 수 있고 퇴직후에도 별다른 어려움없이 남은 생을 즐길 수 있다고 한다.

높은 꿈을 꾸는 것도 중요하지만 실현가능성이 있어야 한다. 수백억원 이상을 가진 거부가 되는 것을 꿈꾸기 보다는 남들에게 알려지지 않은 알부자가 되는 것이 우선 우리가 도달해야 할 목적지다. 남들이 부자 되었다는 얘기를 부러워하며 동네방네 떠들고 다니기 이전에 내가 저렇게 되기 위해서는 어떻게 해야 할까 고민해야 한다. 그리고 그것은 반드시 실현될 수 있다는 자기암시와 자신감이 있어야 가능하다는 것도 알아야 한다.

우리는 주위에서 '나는 물려받은 재산이 하나도 없어' '밑천이 없어 다른 일을 할 수가 없어' '돈이 있어야 김밥장사라도 하지' 하며 자신의 능력을 제한하고, 불평 불만을 늘어놓는 사람들을 본다. 하지만 필자가 만난 성공한 백만장자들은 소수를 빼고는 거의 집안이 가난한 사람들이었다. 계란장사를 하거나, 대걸레를 들고 다니며 외판원을 하거나, 신문을 돌리거나, 심지어 13살의 나이에 학교에 갈 형편이 되지 않아 세공일을 한 사람도 있다. 가난이 싫어 무작정 집을 나와 10년 동안 고향에 돌아가지 않고 죽어라 고생한 사람도 있었다. 하지만 그들은 가난을 원망하거나 좌절하지 않았다고 한다. 어떤 백만장자는 모진 시련을 준 환경과 하늘에게 오히려 감사하는 마음을 이제는 가지게 되었다고 말한다.

그러한 어려움과 고생이 없었다면 그를 강철같이 단련시킬 수 없었을 것이라고 한다. 그들은 가진 것 없고, 부모로부터 물려받은 것 하나 없었지만 결국은 인생의 정상에 섰다. 성공한 백만장자들은 입을 모아 말한다. '우리의 적은 가난과 빈곤과 못배운 것이 아니라 게으름과 자신감의 상실'이라고.

## 지금 재산은 얼마쯤 됩니까?

지난해말 기준 우리나라에는 100만달러(12억5,000만원 가량) 이상을 가진 부자들이 5만5,000명으로 추정되고 있다. 자신이 거주하는 집을 제외한 금융, 부동산 자산을 기준으로 한 것이다. 우리나라 인구를 4,000만명 이상으로 잡으면 얼추 800명중에 1명 정도가 100만달러 이상의 부자에 속한다는 계산이 나온다.

필자는 성공한 알부자들의 재산상태를 알아보기 위해 50명을 대상으로 '지금 재산은 얼마쯤 됩니까?(집은 제외)'라고 물었다.
 '20억원 이상'이 20명(40%)으로 가장 많았으며 '10억원 초과~20억원 미만'이 13명(26%)으로 뒤를 이었다. '5억원 이상~10억원 미만'이 12명(24%)으로 나타났고, '5억원 이하'는 5명(10%)에 불과했다. 50명의 응답자중 66% 가량이 10억원 이상의 백만장자였다.

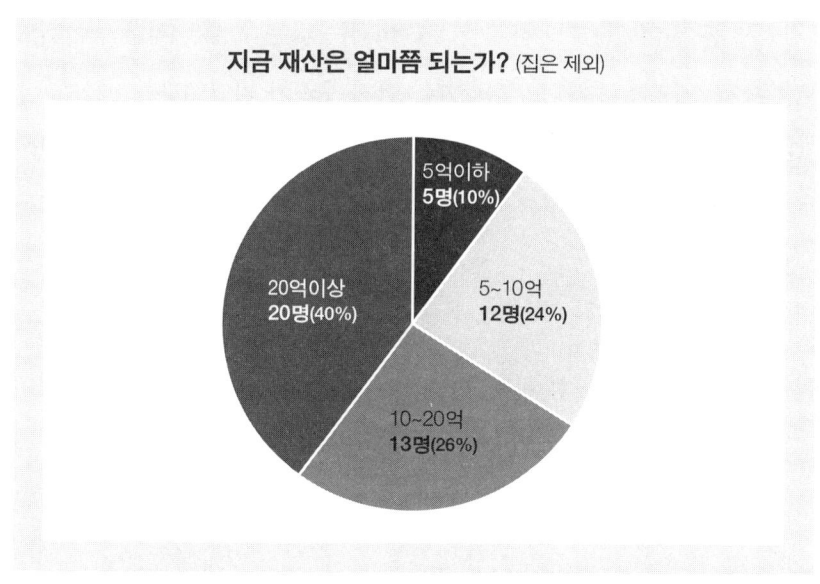

　일부는 주식과 부동산, 채권 등을 합해 수백억원의 재산을 가지고 있는 사람들도 있었다. 다만 일부는 10억원 이하의 돈을 가지고 있다고 대답했는데 그들은 아직도 자신의 돈을 회사를 키우는데 재투자하고 있었다. 개인 재산명세서 상에는 10억원 미만으로 표시되어 있을 지라도 그들도 엄밀히 말해 공장과 땅을 가지고 있는 만큼 100만달러 이상의 부자들인 셈이다. 단지 그들은 돈이 있다는 사실을 밝히기 보다는 보수적으로 재산상태를 말했을 뿐이다.

　평범한 사람들은 언제쯤 800대 1의 경쟁을 뚫고 백만장자 대열에 합류할 수 있을까? 또 방법은 어떤 것이 있을까? 경쟁률이 800대 1이다 보니 쉽지 만은 않을 것이다. 우리가 살면서 800대 1이란 경쟁률을 과연 경험해 본 일이 있는가? 하지만 우리에게는 너무나 많은 시간이 아직도 남아있고, 수많은 기회도 열려있다. 단지 우리가 가난이라는 현실을 그대로 받아들이거나, '이만하면 할만큼 했어' 하는 자기만족에 취해 있어 힘들어 보일 뿐이다. 이글을 읽는 여러분들에게 성공의 가능성은 언제나 열려 있다.

지금부터라도 가난한 아빠나 별볼일 없는 샐러리맨의 현실에서 벗어나 부자아빠, 당당한 샐러리맨으로 나가는 노하우를 찾아야 한다. 우리의 적은 가난이 아니라 게으름이라는 단순한 사실을 인식하는 데서 출발해야 한다. 쉬운 것처럼 보이고 충분히 할 수 있을 것처럼 보이지만 절대 그렇지 않다. 조금이라도 쉬고 싶은 것이 인간의 본능이기 때문이다. 그래서 성공한 백만장자들은 인간의 본능을 넘어선 사람이라고 얘기할 수 있을 것이다.

앞에서 소개한 이레전자산업 정문식(41) 사장을 보자. 어머니가 보따리장사와 가방공장 공원, 파출부 생활을 하면서 어렵게 자랐다. 그는 초등학교 시절에 청계천 앰프공장에서 일을 해야 했다. 석간신문을 배달하고, 시장에서 통배추를 얻어와 시래기국을 해 먹었고 파출소에서 사환으로 일하기도 했다. 고등학교 성적은 3년 동안 61명중 58등쯤 했다. 이쯤이면 이 글을 읽는 독자 여러분도 힘을 얻을 것이다. 성적도 정사장보다 나을 것이고 가정형편도 정사장보다 훨씬 풍족할 것이다. 학력도 고등학교 이상은 거의 졸업했을 것이다. 용기가 가슴속에서 솟구쳐 오르는 것을 느낄 것이다. 하지만 잠시 머뭇거리게 된다. 왜일까? 왜 주춤하는 것일까? 우리들에게는 도전정신이 없고 열정적으로 일을 할 수 있는 자신감이 없기 때문이다. 열정적으로 일을 한다는 것은 결국 부지런해야 한다는 말의 또다른 표현이다. "저는 밑바닥생활을 하면서도 현대그룹 고(故)정주영 회장의 자서전과 회고록을 끼고 살았어요. 재벌은 되지 못하더라도 반드시 성공한 부자가 될 것이라고 이를 꽉 물었어요." 정사장은 꿈이 있었고, 그 꿈을 포기하지 않았고, 더욱 중요한 것은 꿈을 실현하기 위해 부지런하게 일을 했다는 것이다. 남이 자는 시간에 눈을 비벼가며 지친 몸을 이끌고 제품포장을 했고, 아침이면 새벽같이 일어나 아르바이트를 했다. 지난해 500억원 이상의 매출을 기록하는 중견기업의 최고경영자가 되었지만 그는 아직도 회사에서 가장 바쁜 사람이다.

### 여러분은 부자들보다 바쁘게 살고 있는가?

만약 정사장보다 더 큰 부자가 되겠다고 생각하는 샐러리맨이 있다고 하자. 어떻게 해야 할까? 대답은 간단하다. 최소한 정사장 보다는 더 바빠야 한다. 하지만 실천하기가 힘들다. 그래서 우리는 포기하고 마는 것이다. 그럼 대안이 있어야 할 것이다. 정사장만큼 부자는 아니어도 100만달러 이상의 부자는 되어야 겠다고 생각하자. 그리고 발에 땀나게 뛰자. 그러면 성공의 문은 열릴 것이다.

필자는 주위에서 샐러리맨으로 일을 하면서 저녁에는 부업을 해 10억원 이상의 알부자가 된 사람을 만난 적이 있다. 이 글을 읽는 독자들도 그의 열정과 부지런함을 한번이라도 본다면 '현실에 안주해서는 안되겠구나!' 하는 위기감을 가지게 될 것이다.

2002년 월드컵때 우리는 '꿈은 이루어진다' 고 외쳤다. 옳은 말이다. 꿈은 반드시 이루어진다. 하지만 여기에는 '부지런하게 몸을 움직여야 한다' 는 아주 기본적인 전제가 깔려 있다.

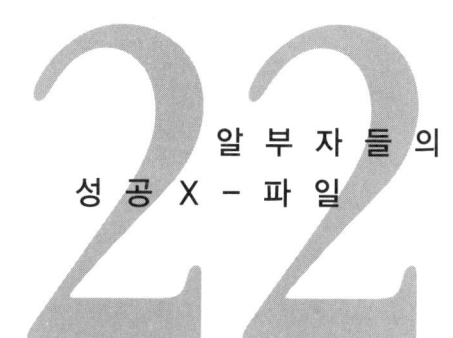

# 22 Just Do It
## (저스트 두 잇)

알부자들의 성공 X - 파일

---

학력의 차이가 아니라 생각의 차이, 행동의 차이에 따라 우리의 인생이 성공하느냐, 실패하느냐가 결정된다.

올해 서울 중위권 대학을 졸업한 K씨는 25번이나 원서를 대기업과 중견기업에 넣었지만 모두 미끄러졌다. "최근 지자체가 모집한 대학생 아르바이트에 신청했는데 이것도 떨어졌어요. 경쟁률이 너무 높았어요. 아르바이트 모집에서까지 떨어질 것이라고는 생각도 못했어요. 또 다른 아르바이트 일자리를 알아봐야죠." K씨는 기업들의 신입사원 채용은 그렇다치더라도 지방자치단체 아르바이트 모집에서도 떨어져 창피하고 부끄럽다며 발길을 돌렸다.

### 명문대를 나오고도 일당 아르바이트도 구하기 힘들다

최근 서울시와 각 구청이 모집한 일당 2만원짜리 대학생 아르바이트에 6,748명이 대거 몰려들었다. 정원은 고작 430명에 불과해 16.3대 1의 경쟁률을 나타냈다. 사상 최고의 경쟁률이다. IMF 경제위기로 잠재적 실업상태에 있던 대졸자들이 사회복귀를 서두르고 있고, 올해 대학을 졸업한 취업 희망자들도 쏟아져 나오고 있는 현실에서 기업들은 신규채용을 오히려 줄이고 있다. 대졸자들이 일당 아르바이트 시장으로 내몰리고 있는 것은 어찌보면 당연한 일이다.

취업자들의 상황이 갈수록 악화되고 있다. 경기불황이 지속되고 기업들은 허리띠를 졸라매고 있는 현실에서 문제는 더욱 심화될 것으로 전망된다. 그럼 손을 놓고 경기가 나아지고 기업들이 취업문을 여는 그때까지 기다리고 있어야만 하는가! 이럴 때 일수록 자기분야에서 경험을 쌓고 자기계발을 해야 한다. 위험이 왔다고 해서 자포자기 하기 보다는 미래를 대비해서 자신만의 능력을 쌓아야 한다.

지방대 무역학과를 졸업한 B씨는 30곳의 금융기관에 원서를 내 떨어졌다가 올해 1월 결국 시중은행에 들어가는데 성공했다. 24명 모집에 8,000여명이 응시했고 합격자중 지방대출신은 4명에 지나지 않았다. 지방대생 이라는 고정관념을 불식시키고 그가 어떻게 합격할 수 있었을까? "지방대생은 상대적으로 불이익을 당하는 것이 사실이에요. 남들과 같아서는 합격은 어림도 없어요. 1학년 때 어학준비를 해 영어와 일본어는 어느 정도 실력을 갖추었어요. 무역과 상법 등에도 자신이 있었죠. 나름대로 노력을 하지 않으면 남들과 차별화가 되지 않아요. 현실이 힘들다고 주저앉아 있어서는 안되고 계획을 세워 실행에 옮겨야 해요."

### 나이키의 성공신화

나이키의 성공신화를 들은 일이 있다. 지난 60년대와 70년대 아디다스는 세계적으로 유명한 스포츠신발 브랜드였다. 그 누구도 도전할 수 없는 거대 기업이었다. 하지만 젊은 친구들이 부모와 주변의 반대를 무릅쓰고 스포츠 회사를 만들어 아디다스에 도전장을 냈다. 계란으로 바위를 치는 격이었고, 어린 다윗이 거인 골리앗에게 도전하는 꼴이었다. 누구나 무모하다고 생각했다. 하지만 그들은 바로 실행에 옮겼다. 물론 처음에는 힘이 들었다. 브랜드 인지도도 없었고 영업도 잘 몰랐다. 그 중 한사람이 외쳤다. 'Just Do It'. 한번 도전해보는 것이 어떠냐는 의견이었다. 다른 멤버들도 고개를 끄덕이고 자리에서 일어났다. 이것저것 재고

따져볼 것 없이 바로 해보자는 것이었다. 나이키의 '저스트 두 잇' 정신은 이렇게 시작되었다. 그들은 지금 아디다스를 능가하는 스포츠 브랜드를 만들어 냈다.

대학을 졸업하고 백수상태에 있거나, 회사를 나와 쉬고 있는 사람들은 나이키 정신을 배워야 한다. 아무리 계획을 세우고, 좋은 미래를 구상하고, 세부적인 방침을 세우고 있더라도 몸소 행동으로 실천하지 않으면 말짱 꽝이다. 하지만 보통사람들은 모험과 도전을 무서워하고 현실의 테두리에서 벗어나기를 꺼린다. 그래서는 안된다. 앞을 보고 나아가야 한다. 우리의 인생은 우리가 개척하는 수밖에 없다. 남들은 조언을 해주지만 우리 인생을 책임져 주지는 않는다. 그들도 하루하루가 바쁜사람들이다. 오늘 당장 계획하고 자신의 능력을 쌓고 미래를 준비하자.

필자가 만난 성공한 알부자중 파로마TDS(옛날 파로마가구) 허성판(37) 사장은 28살의 나이에 창업한 젊은 비즈니스맨이다. 지난해 350억원의 매출을 올렸는데 지난 94년 회사를 세운 점을 감안하면 9년만에 알짜기업으로 회사를 키운 셈이다. 그의 성공 X파일에는 '도전하라. 공부하라' 두가지 단순한 진리가 숨어있다.

필자는 서울 압구정동 한 음식점에서 허사장을 만났다. 약속장소에 나타난 그를 보고 필자는 처음 운전기사이거나 비서인줄 착각했다. 언뜻 보기에 얼굴은 샌님같았고, 옷은 너무나 수수했다. 파로마가구는 방송이나 신문을 통해 익히 알고 있었는데 설립된지 10년도 안된 회사라는데 깜짝 놀랐다. 그리고 허사장이 나이 28살에 일으켜 세운 회사라는 사실을 알고 또 한번 놀랐다.

그는 94년 부산대 중문학과를 졸업했다. 어릴 때부터 꿈은 사업가였다. 중국시장이 앞으로 거대시장으로 성장할 것으로 예상해 대학에서도 중문학과를 택했다. 언젠가 사업을 하면 큰 도움이 될 것이라고 판단했기 때문이다. 실력을 키우기 위해 어렵게 돈을 마련해 대만과 중국 북경에서 어학연수도 했다. 일찍 졸업해 기업에 취직하는 것도 중요하지만 꿈을 실현하기 위해서는 중국어 공부가 필수라고 생각했다. 꿈을 위해 사회생활 시작을 조금 늦추었을 뿐이다. 그동안 시장조사를 하고 이탈리아, 독일 전시회에 참가해 시장흐름을 파악했다. 가구분야가 국가전략사업이 될 수 있다는 확신을 가졌다.

### 주위에서는 무모하다며 말렸다

"94년 설립 당시 국내에는 가구회사들이 많이 있었어요. 이미 시장에서 굳게 자리를 잡은 회사들이죠. 신생회사인 파로마가 도전하는 것은 무리라는 반응이었어요. 더구나 가구산업은 시설투자도 많이 해야 되고, 인적 네트워크도 상당히 중요하거든요. 아무것도 가진 것 없는 상태에서 가구시장에 들어간 것은 정말 짚을 지고 불속으로 들어가는 것이나 마찬가지였어요." 하지만 그는 가구산업의 성장성을 보았고, 충분히 도전할 만한 가치가 있었다고 말한다.

"우리가 살고 있는 집을 보세요. 냉장고와 비디오, TV 등 가전제품과 장롱, 식탁, 받침대 등 가구제품을 비교해 보세요. 어느 것이 수도 많고 큰 비중을 차지하고 있는지. 저는 가구산업이 사양분야라고 생각하지 않았어요. 틈새시장을 공략하면 반드시 시장성이 있을 것이라고 확신했어요." 조그맣게 시작했다가 96년 인천공장을 경매받아 본격적인 생산에 들어갔다. "여기저기서 돈을 구하고 은행대출로 가까스로 경매공장을 살 수 있었어요. 당시 은행직원이 저를 이상하게 보더라구요. 젊은 놈이 회사에 취직은 안하고 무리하게 사업을 한다고 더 꼼꼼하게 신원조회를 하더라구요."

이어 곧바로 97년 IMF가 터지면서 경영상황이 최악으로 치달았다. 친척들에게 돈을 빌리고 사채를 끌어다 쓰고 하면서 임시변통으로 막았지만 회사여건은 나아질 기미가 보이지 않았다. 하지만 그는 이 위기만 잘 견뎌내면 반드시 기회가 온다는 신념을 잃지 않았다. B사, D사, L사 등 선두업체들이 하나둘씩 부도가 나거나 없어지는 상황에서 생존만 한다면 이들이 가지고 있었던 시장을 가져올 수 있다는 자신감과 희망이 있었다고 한다.

"남들과 달라야 해요. 같아서는 결코 성공할 수 없어요. 밤낮으로 연구개발에 매달렸고, 결국 생산원가를 줄이고 공간활용도를 높일 수 있는 '마로네' 브랜드를 출시했어요. 키높이장 이었는데 장롱밑에 서랍을 넣어 장롱이 벽천정에 닿게 했어요. 선풍적인 인기였죠. 남들은 IMF 경기침체를 겪고 있었지만 파로마는 마로네 브랜드로 1년간 80억원의 매출을 올렸어요." 남들과는 뭔가 달라야 한다는 차별화전략을 세웠고 이를 과감하게 실행(Just Do It)한게 먹혀 들었다. 브랜드 인지도가 높아지고 차별화된 제품을 잇따라 내놓으면서 소비자들의 반응이 더욱 좋아졌다. 이익이 나는 대로 경매공장을 사면서 지금은 빌린 돈을 거의 갚아 나가고 있다.

### 진취적인 고졸이 아무 생각없는 명문대 출신 보다 낫다

파로마는 지난해 350억원의 매출을 달성해 알짜배기 기업으로 변신했으며, 올해에는 500억원의 매출과 30억원의 순이익을 목표로 하고 있다. 설립 10년만에 500억원 매출의 중견기업으로 우뚝 선 것이다. 또 내년에는 거래소나 코스닥시장에 기업을 공개한다. 가구분야에서 꼭 성공하고 말 것이라는 젊은 창업자의 꿈이 서서히 이루어지고 있는 것이다.

"성공하기 위해서는 비전이 있어야 합니다. 이루기 힘든 큰 비전을 얘기하는 게 아니에요. 실천할 수 있고 충분히 달성할 수 있는 작은 비전 말이에요. 현실적인 비전을 말하는 것입니다. 1년, 5년, 10년의 계획을 세우고 실천에 옮겨 보세요. 그만큼 성숙된 자기자신을 발견하게 될 거예요." 그는 여느 성공한 비즈니스맨처럼 부지런하다. 아침 6시반이면 공장에 출근하고 11시가 되어야지 집에 도착한다. "자기브랜드를 높여야 합니다. 저는 신입사원을 뽑을 때 영어 잘하고 진취적인 고등학생을 뽑지, 영어도 못하고 제대로 공부를 하지 않은 명문대생은 뽑지 않아요. 일단 자신의 능력을 키워야 합니다."

허사장은 말한다. '학력의 차이가 아니라 생각의 차이, 행동의 차이에 따라 가난한 아빠가 될 수 도 있고 부자아빠가 될 수 있다' 고.

## 23 알부자들의 성공 X-파일

# 일을 즐겨라
# 그러면 돈은 소리없이
# 당신을 찾아온다

사람은 변화에 대해 3가지 형태로 반응한다. 변화를 못느끼거나 거부하는 사람, 변화에 적응하는 사람, 변화를 주도하는 사람. 당신은 어디에 속하는가?

로버트 기요사키의 '부자아빠 가난한 아빠'가 교보문고, 영풍문고 등 대형 서점가에서 베스트셀러를 기록했고, 어린이용 경제동화책인 '12살에 부자가 된 키라'도 선풍적인 인기를 끌었다. "딱딱한 경제이론이나 철학을 아무리 얘기해 봤자 어렵다는 고정관념이 있어 독자들은 멀리해요. 백만장자들의 개인스토리나 성공과정을 소개하는 책들이 독자들의 인기를 끌고 있어요." 교보문고 관계자가 살짝 건네준 말이다.

이들 책은 마이크로소프트 빌게이츠 회장이나 현대그룹 고(故)정주영 회장처럼 성공해야 한다고 말하지 않는다. 이들은 하늘의 복을 따고난 큰 부자들이다. 우리가 이들이 걸어간 길을 따라가고 실천하는 것은 사실 불가능하다. 큰 부자는 하늘이 내기 때문이다.

### 큰부자는 힘들지만 작은 부자는 가능하다

그럼 회사에서 월급을 받아 생활하고 김밥과 떡볶이를 팔아 자영업을 운영하는 우리들은 어떤 백만장자가 될 수 있을까? 필자가 만난 백만장자들은 노력 여하에 따라서, 삶의 방식을 어떻게 바꾸느냐에 따라서, 우리는 작은 부자가 될 수 있다고 말한다.

"큰 부자는 하늘이 내리지만 작은 부자는 우리들의 노력과 삶의 방식에 따라 충분히 될 수 있어요. 단지 새로운 일을 피하고 스스로 나태해지기 때문에 가능성이 차단될 뿐이에요. 새로운 일을 즐겨보세요. 무궁무진한 즐거움이 그 속에 들어있고 돈도 따라 들어올 거예요." 성공한 백만장자들의 공통된 의견이다.

사람들은 변화에 대해 3가지 형태로 반응한다고 한다. 변화를 못느끼거나 거부하는 사람, 변화에 적응하는 사람, 변화를 주도하는 사람 등이다. 여러분은 과연 어느 카테고리에 속하는가? 변화를 느끼지 못하거나 거부하는 범주는 아닌가? 이들은 서서히 온도가 올라가는 냄비속에서 온도변화를 전혀 알아차리지 못하고 삶겨져 가는 개구리형이다. 남들은 새벽같이 나와 어학원에 다니거나, 본업 이외에 저녁이면 땀을 흘려가며 부업을 하고 있는데 집에서 '세월아 네월아' 하며 노는 사람들이 여기에 속할 것이다. 우리들의 자화상이 이와 같지 않은지 되돌아볼 때다.

필자가 만난 백만장자들은 변화를 거부하는 나약함과는 거리가 멀었다. 그들은 변화에 빠르게 적응했고, 일부 사람들은 변화를 주도하기도 했다. 변화가 있다는 것은 새로운 일이 생긴다는 것을 뜻한다. 변화에 잘 적응하면 돈벌이가 생긴다는 얘기다. 남들이 변화를 받아들이지 않으니까 잘만 이용하면 내게는 기회가 되는 것이다.

대학생인 A양은 취업난이 심화되자 고민끝에 피팅모델(출시전 옷을 입어주는 모델) 아르바이트를 시작했다. 월급도 그리 많지 않았다. "부모님은 4년간 공부시켰더니 남사스럽다고 당장 그만두라고 성화예요. 하지만 제 생각은 달라요. 여기서 안 된다고 자기 전문분야와는 전혀 다른 곳을 찔러보는 짓은 하고 싶지 않아요. 전공이 디자인이니까 아르바이트로 일하면서 전문분야를 넓혀 나가고 싶어요." 대학생 4학년인 K양은 유아교육이 전공이다. "요즘에는 유치원 선생님 자리가 하늘의 별따기예요. 경기가 좋아지기만을 기다릴 수는 없죠. 아르바이트로 베이비시터(Baby Sitter)일을 하고 있어요. 미리 전공분야 경험도 쌓고 마음도 뿌듯해 좋아요." 이들은 감이 나무에서 떨어지기만을 기다리지 않는다. 변화속에서 일을 찾고 그일을 즐기고 있다.

**일을 즐기면 돈은 저절로 찾아온다**

어느 토요일 오후. 국내 최대 전자식 안정기 회사인 중앙전자통신을 경영하는 안종렬 사장(59)을 만났다. 대뜸 아르바이트 대학생 얘기를 슬쩍 건넸다.

"그 젊은이들은 가능성이 있어요. 변화를 두려워해 현실에 눌러앉아 있기 보다는 시대변화를 제대로 짚고 적응하는 사람들이죠. 변화 속에서 일을 찾고 그 일을 즐기면 나중에 돈은 저절로 찾아와 노크를 할 거예요." 그날은 안사장을 세번째 만나는 날이었다. 이전에는 옛날 얘기를 거의 하지 않았던 안사장이 자신의 성공스토리를 들려주었다. 구수한 충청도 사투리가 재미있었다.

그는 충남 청양읍의 벽촌 시골에서 자랐다. 아버지는 목상(목재판매)일을 하셨는데 나무를 납품하고도 돈을 못받아 부도가 났다. 가정살림은 말이 아니었다. "그때는 모두가 힘들었지만 우리집은 말도 아니었어요. 보자기에 책을 사서 초등학교에 다녔고 학교에서 돌아오면 콩밭을 메고 풀을 뽑고 밭에 똥거름을 주었지요. 지금 생각하면 어머니와 밭을 메던 그때가 그리워요." 친구들은 중학교에 가고 고등학교에 들어간다고 난리였지만 그는 진학을 포기했다. 대신 동네서당에서 공부를 했다. 아침에는 논어, 맹자, 소학 공부를 하고, 저녁에는 산에 나무하러 가고, 밭에 거름을 주었다. "공부가 너무 하고 싶었어요. 교복입은 친구들을 보니까 부럽기도 하고요. 그래서 정부인가도 없는 야간공민학교에 다녔지요. 죽어라고 공부했어요. 지뿔도 없는 놈이 충남대에 들어갔다고 상상해봐요. 그 고생을 어떻게 다 말합니까." 대학교에서도 신문배달과 책판매를 하며 학비를 벌었고, 천신만고끝에 졸업장을 땄다. 생활이 어렵다보니 월남전쟁때는 월남파병에 지원했다. 다른 사람들은 사지(死地)에 왜 가느냐고 말렸지만 대안이 없었다.

### 탄피와 구리를 모아다 팔았다

미군부대에 있으면서 안사장은 사격장 주위에 떨어져 있는 탄피와 구리를 모아다 팔았다. 돈되는 일은 물불 안가리고 다했다. "71년 월남전에서 귀국했는데 얼마나 악착같이 모았던지 집한채 값이 떨어졌어요. 당시에는 큰 금액이었지요. 일을 하다보니 돈이 모이더라구요." 귀국한 그해 교육회사인 아이템플사에 들어갔고, 영업부에서 일을 했다. "신문배달하고 책팔고 탄피팔았던 놈이 유명회사 교육교재 하나 못팔겠어요. 옛 경험이 그렇게 무서운거예요. 승진도 초고속이었고, 상무자리까지

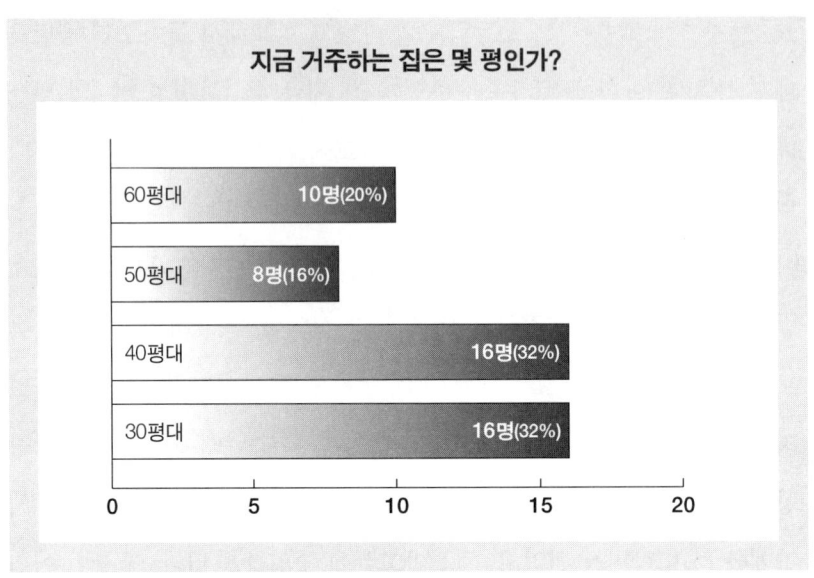

올라 가더라구요." 하지만 안사장은 변화를 느끼고 있었다. 전자분야가 유망할 것 같았다. 상무자리를 뒤로하고 조카와 공동으로 사업을 시작했다. "일을 즐기는 편이지요. 상무자리에 있으니까 좀이 쑤셔서요. 전자분야 전망이 좋을 것이라고 생각했어요." 중앙전자산업을 세웠다. 설립 당시 자본금은 300만원 이었고 매출은 연간 15억원 정도였다. 중·고등학교에 방송설비를 납품했고 병원수술 과정을 밖에서 볼 수 있는 CCTV를 만들었다. 사업은 물만난 고기처럼 순조로웠다.

"독자적인 사업을 하고 싶더라구요. 그래서 87년 오늘의 중앙전자통신을 설립했어요. 퇴직금 5,000만원으로 시작했는데 그냥 일이 좋아서 일을 저지른거예요. 그렇다고 무턱대고 사업했다고 생각하지는 마세요.

엄청나게 시장조사를 했으니까요." 밤낮으로 뛰어다닌 결과 2년만에 개인공장을 10억원에 사들였다. 그야말로 승승장구, 탄탄대로였다. "IMF 때 18억원 부도를 맞으면서 잠깐 주춤했지요. 더 열심히 일했어요. 빚을 거의 갚고 지난해에는 16억원에 공장을 또 샀어요. 일을 즐기다보니까 정말 돈이 몰리더라구요." 중앙전자통신은 국내 최대 전자식 안정기 업체로 인천국제공항과 서울 지하철, 도시철도에 제품을 공급하고 있다. 안정기는 형광등에 들어가는 작은 부품이다. 자체브랜드인 '히라바'로 알려진 전자식 안정기는 안전성과 내구성, 절전효과 등이 뛰어나 고효율에너지기자재 인증을 획득했다. 올해에는 100억원의 매출을 겨냥하고 있다.

### 몇평 집에 사세요?

필자는 성공한 백만장자들의 생활수준은 어떠한지 궁금했다. 50명을 대상으로 '지금 거주하는 집은 몇평인가요?' 라고 물었다.

'30평대'가 16명(32%)을 차지했고 '40평대'도 같이 16명(32%)을 나타냈다. '50평대'는 8명(16%)이었고, '60평이상'은 10명(20%)이라고 응답했다. 그들은 대부분 재산이 10억원을 넘는 사람들이다. 하지만 64% 가량이 40평 이하의 집에서 살고 있었다. 겉으로 내보이기를 좋아하는 졸부가 아니라 실속을 따지는 알부자들이었다.

이는 그들이 소유하고 있는 차종에서도 여실히 나타난다. 다시 '승용

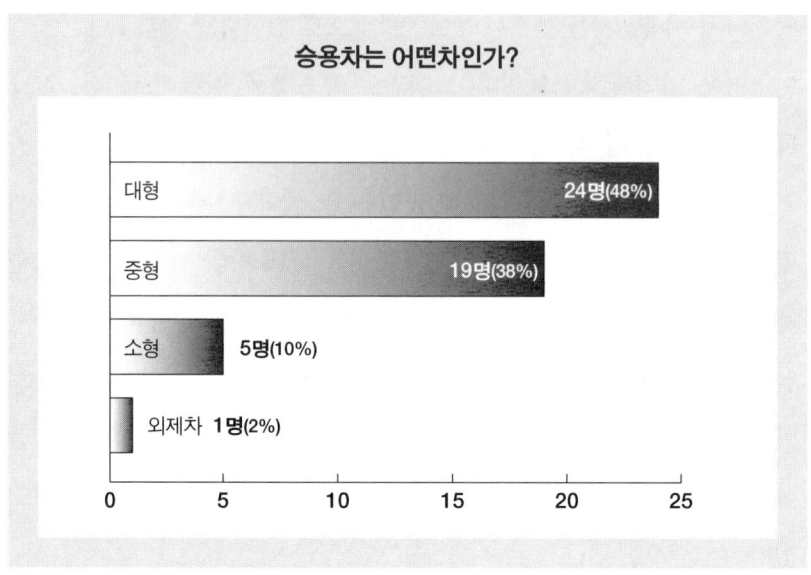

차의 차종은 무엇인가요?' 라고 물었다. '외제차' 라고 답변한 사람은 1명에 불과했다. '대형'이 24명(48%)이었고 '중형'이 19명(38%), 소형은 5명(10%) 등의 순이었다. 중형이 의외로 많다는 대답이 다소 의외였다. 웬만한 샐러리맨들도 중형을 몰고 있지 않은가?

이제 중앙전자통신 얘기로 돌아가자. 인터뷰를 마치고 나오는 길에 안 사장에게 물었다. "돈은 얼마쯤 있어요?" "수십억원은 돼. 얼마인가가 뭐가 중요해. 일을 즐기며 사는게 소중하지." 인터뷰를 한 날은 토요일 노는 날이라 당직을 제외하고 직원들이 없었다. 당직과 함께 생산공장 기계설비를 점검하고 있는 안사장에게서 '일을 즐긴다' 는 뜻을 조금이나마 알 것 같았다.

# 24

알 부 자 들 의
성 공 X – 파 일

## 덤불속의 열쇠

아무것도 기대하지 않는 사람은 축복받은 것이다. 왜냐하면 그들은 실망할 일도 없기 때문이다.

― '걸리버 여행기'의 작가 조나단 스위프트

이런 얘기가 있다. 어느날 한 남자가 길을 가다 집 열쇠를 잃어버렸다. 이리저리 열쇠를 찾아 헤매었지만 열쇠는 좀처럼 발견되지 않았다. 길을 지나가던 여성이 무엇을 하느냐고 물었다. "열쇠를 잃어버렸어요. 좀 도와주실래요." 그녀는 팔을 걷어 붙이고 어두운 덤불과 구석 후미진 곳을 뒤지며 열쇠 찾는 일을 도왔다. 하지만 열쇠를 잃어버린 집주인은 불빛이 비치는 길가 전등 앞에서만 얼쩡거리는 것이었다. "다른 곳도 찾아보세요. 아무리 찾아봐도 그곳에는 열쇠가 없어요." 여자가 집주인에게 말했다. 열쇠를 잃은 집주인은 "전등불 아래는 뭔가 보이지만 다른 데는 빛이 없어 아예 찾을 수가 없어요. 저는 이 주위만 볼께요." 결국 집주인은 열쇠를 찾지 못했고, 여성이 덤불속에 떨어져있는 열쇠를 주어 집주인에게 건네주었다.

### 단조로운 일상이 지겹지 않은가?

이 글을 읽는 독자들은 이 짤막한 얘기속에서 어떤 것을 느끼는가? 자! 이제 열쇠를 잃은 집주인을 독자 여러분이라고 생각해보라. 뭔가 느끼는 것이 있는가? 우리는 인생의 거대한 꿈을 잃어버리고도 찾을려는 노력을 게을리하고 있는지도 모른다. 전등불 아래에서만 열쇠를 찾는 어리석은 집주인처럼 우리는 직장, 학교 등 내가 속한 조직 내에서만 성공의 열쇠를 갈구하고 있는지도 모른다. 하지만 제한된 좁은 전등불 아래에서는 성공의 열쇠가 발견되기 어렵다.

아침에 회사가고 저녁이면 돌아오고, 매달 월급을 받고, 운이 좋으면 연말에 특별보너스를 받는 일상화되고 단조로운 생활속에서 과연 성공의 열쇠를 거머쥘 수 있을까? 성공이라는 열매는 우리 바로 곁에서 손쉽게 찾을 수 있는 것이 아니라 전등불이 비추이지 않는 덤불속에 있는 경우가 대부분이다. 하지만 우리는 전등불빛 아래에서 벗어나 덤불이나 구석 후미진 곳에서 열쇠를 찾는 노력을 하지 않는다. 구체적인 인생목표가 없기 때문에 일상을 단조롭고 무미건조하게 보내고 있는 것은 아닐까?

인생목표를 세우지 않고 도전도 하지 않는 삶은 편안하다. '걸리버 여행기'의 저자 조나단 스위프트가 지적한 것처럼 아무것도 기대하지 않는 사람은 축복받은 사람 일지도 모른다. 큰 위험도 없고 따라서 한숨섞인 실망도 없고, 단지 편안하게 살아갈 수 있기 때문이다. 보통사람들의 살아가는 이야기가 이와 비슷할 것이다. 큰 굴곡도 없고, 위험도 없고, 도전도 없이 그냥 순탄하게 흘러가는 것이다. 정말 축복받은 일인지도 모른다. 하지만 이들에게 실망과 큰 좌절이 없는 대신 성공의 기쁨은 찾아오지 않는다. 달콤한 열매는 결코 따먹을 수 없다. 평생 그렇게 월급쟁이로 살다가 결국 초라한 자신을 원망하며 삶을 이어가게 되고, 부자의 꿈을 이루지 못한다.

소녀가수 보아를 특집 방영한 TV프로그램이 기억에 남는다. 그녀는 17살의 앳된 소녀다. 일본어도 능통하고 영어도 수준급이다. 국내보다는 해외시장에서 인정받는 국제적인 가수가 되는 것이 어릴적부터 꿈이었다. 그녀는 천천히 꿈을 향해 질주하고 있었다. 14살에 일본시장에 진출해 가수생활을 시작한 이후 음반판매액이 1,400억원을 넘어섰다고 한다. 광고 등 경제적가치를 고려하면 2,000억원을 웃돈다. 음반판매 순위를 나타내는 일본 오리콘차트에서 1위를 기록했는데, 일본의 음반시장이 세계에서 가장 크고 우리나라보다는 20배나 큰 점을 감안하면 그녀의 가수로서의 위치를 짐작할 수 있다.

## 일본을 삼켜버린 소녀가수 보아

그녀는 혼다자동차 등 일본 굴지의 기업들이 영입하려고 하는 CF퀸이 되어 있다. 고작 17살의 나이에 일본 음반시장을 삼켜버리고 미국 진출을 준비하는 그녀는 단지 기획사가 만들어낸 상품에 불과할까? "팬들이 저를 체계화된 훈련과 기획사의 상업상품으로 만들어낸 가수로 인식하는데는 정말 속이 상해요. 춤과 노래를 연습하고 일본어와 영어를 배우면서 많은 노력을 했어요. 눈물을 흘러가며 고생했는데 팬들은 제가 성공할 수 있었던 과정은 무시하는 것 같아요. 목표를 향해 달려가는 모습을 보아 주었으면 좋겠어요." 그녀의 멘트다.

사실 보아는 초등학교 5학년(13살)때부터 험난한 길을 걸었다. 3년 동안 꾸준히 일어와 영어를 공부하면서 국제적인 가수가 되겠다는 꿈을 키워나갔던 것이다. 타고난 재능에 노력과 목표가 있었기에 오늘날의 그녀가 있었다고 볼 수 있다. 그녀가 성장하면 할수록 목표는 더욱 더 그녀 가까이 갈 것이다.

## 덤불속에서 열쇠를 찾다

필자가 만난 성공한 백만장자들도 과감히 덤불속으로 들어가 인생의 열쇠를 찾아 나서는 도전을 했다. 특히 어릴 때 가졌던 자기 사업의 꿈을 위해 대기업에서 자발적으로 나와 중소기업으로 자리를 옮기고, 결국에는 세계 최고의 극세사(極細絲) 회사를 만든 은성코퍼레이션 이영규(45) 사장이 떠오른다. 그는 자신의 꿈을 실현하기 위해 대기업을 박차고 뛰어나와 중소기업에서 일을 익히고 사업을 시작한 성공한 백만장자다. 은성코퍼레이션이 어떤 회사인지 간단히 알아보고, 이영규사장의 성공 X파일을 들춰보자.

은성코퍼레이션은 국내는 물론 세계 최대의 극세사 생산회사로 유명하다. 극세사는 일반적인 섬유실이 아니라 머리카락 100분의 1 굵기의 가는 실(100만분의 1m)이다. 지금은 1나노미터(1억분의 1m)의 실 생산에 도전하고 있다. "극세사를 타올, 가운 등 목욕용품과 청소용품 등에 적용시켜 국내시장의 45%를 장악하고 있고, 해외시장에서도 25%의 높은 점유율을 자랑하고 있어요. 명실공히 세계 1위의 극세사 생산회사인 셈이죠." 이사장의 설명이다.

극세사 제품은 땀흡수력과 건조력이 보통 제품보다 2배 이상 뛰어나기 때문에 고부가가치 제품으로 평가받고 있다. 청소용품과 목욕용품, 스포츠의류를 비롯해 정밀가공이 필요한 반도체 라인에도 반도체용 와이퍼를 생산해 공급하고 있을 정도다. 지난 92년 설립이후 11년만에 8개국 이상에 해외지사를 두고 있고, 전세계 40여 개국에 1,500만달러 이상을 수출하고 있다.

## 세계 최대의 극세사기업 일궈내

"지난해 254억원의 매출과 15억원의 순익을 달성했고 올해에는 320억원의 매출과 21억원의 순익을 겨냥하고 있어요. 앞으로 나노 파이버(Fiber) 제품개발에 주력해 극세사 분야에서 세계 1위 기업으로서의 입지를 확고히 다질 계획이에요."

극세사 분야 세계 1위의 기업 은성코퍼레이션. 이제 이영규사장의 실패와 도전과 꿈의 세계로 여행을 떠나보자. 우리는 또 다른 성공한 사람의 삶과 인생철학을 통해 우리들의 사고방식과 생활패턴을 돌이켜보는 기회를 가지게 될 것이다.

가난한 어린시절을 보냈다. 아버지는 세탁비누 일을 하셨는데 원청업체가 부도가 나는 바람에 받은어음이 휴지조각이 돼 사업이 망하고 말았다. "집안이 힘들었어요. 아버지는 실의에 빠졌고 어머니는 식당일을 했어요. 어머니가 형과 저희를 공부시키기 위해 궂은 일을 많이 했어요." 채권자들이 험한 얼굴로 찾아와 가구와 가전제품에 빨간 딱지를 마구 붙이고 야단이었다.

그는 대학교를 졸업하고 85년 효성(당시 동양나이론)에 입사했다. "저는 효성에 들어갈 때부터 꿈이 있었어요. 반드시 내 사업을 할 것이라고 다짐했어요. 그냥 평범하게 살기는 싫었어요." 그는 극세사팀에서 2년간 열심히 일했다고 한다. 회사를 위해서 일했지만 결국 자기자신의 능력과 경험을 살릴 수 있는 방향으로 일을 했다. 2년 뒤 그는 니트와 직물을 해외에 수출하는 중소기업으로 자리를 옮겼다. 남들은 대기업에 들어가 꼬박꼬박 나오는 월급을 받아가며 안정적인 직장생활 하기를 원했지만 그는 보통사람과는 다른 길을 걸었다.

**꿈을 위해 직장을 옮긴 사람**

"저는 꿈을 위해 직장을 옮겼어요. 대기업에서는 한 분야 일만 하기 때문에 저는 극세사 개발업무 이외에는 문외한이었어요. 생산라인도 돌려보고, 해외영업도 해야하고, 마케팅도 알아야 하고, 배워야 할 내용들이 너무 많았어요. 중소기업으로 들어간 것은 모두 계획된 것이었어요." 3년반 가량 다양한 경험을 쌓은 이사장은 이번에는 스완무역이라는 원단과 의류를 수출하는 회사에 들어갔다. 여기서는 경영을 배웠다. 관리직에 있으면서 회사를 제대로 운영하기 위해서 필요한 공부도 하고, 현장에서 실무경험도 쌓았다.

그는 샐러리맨에서 출발해 계획된 목표를 하나씩 하나씩 이루어가며 결국 92년 자기 혼자서 사업을 시작했다. "주위에서는 반대 목소리뿐이었죠. 아버지가 사업으로 망했기 때문에 어머니는 극구 말렸어요. 하지만 저는 꿈을 접을 수 없었어요. 결국 아버지의 전철을 밟지 않는다는 조건으로, 즉 어음결제를 하지 않는다는 조건을 내걸고 어머니의 동의를 받았어요." 직장생활을 하며 모아 장만한 아파트를 담보로 2,000만원을 대출받은 것이 사업자금의 전부였다.

포이동에 15평 사무실을 마련하고 직원 1명을 데리고 시작한 것이다. 초라하기 짝이 없는 골방수준이었다.

먼저 안경닦이를 극세사로 만들어 해외시장에 수출했다. 손수 봉고차를 몰고 새벽에 지방의 제직공장과 염색공장을 돌아다녔고, 자정이 되어서야 서울로 돌아와 봉제작업을 했다. "눈코뜰새 없이 바빴어요. 완성품이 만들어지면 집에 돌아와 집사람과 눈을 비벼가며 포장을 했어요. 잠이 부족해 일을 하다 꾸벅꾸벅 조는 일이 한두번이 아니었어요."

행주, 유리닦이 등 300여개의 청소용품이 히트를 치면서 해외로부터 주문이 쇄도했다. "외주에서 벗어나 자체공장을 마련할 시점이 되었어요. 97년 공장을 짓기 위해 은행에서 자금을 조달하고 외화대출도 받았어요. 이때 IMF 외환위기가 온 거예요. 환율이 가파르게 뛰다보니 이자비용이 천정부지로 올랐고, 통관비용도 2.5배 이상 솟았어요. 그때가 가장 힘들었어요. 들어오는 돈은 없는데 나갈 돈이 많으니 한숨만 나왔죠." 하지만 이후 수출물량이 늘어나면서 오히려 98년말에는 88억원의 제품을 해외시장에 수출하는 경이적인 기록을 세웠다. 이후 사업은 탄탄대로 였다. 청소용품과 목욕용품, 스포츠웨어, 반도체 클리너 등 품목 수는 늘어나고, 해외 바이어들의 공장방문이 늘어나다 보니 사업에 가속도가 붙었다.

"지난해에는 서울 디지털산업단지(옛날 구로공단)에 3,800평의 공장을 구했어요. 공장을 찾기 위해 1년간 수도권에서 1시간 거리인 평택, 파주, 인천, 김포, 의정부 등 모두 돌아다녔어요. 낮에는 연구하고 밤에는 차를 몰고 땅을 보러 다녔어요." 이사장은 돈이 생길 때마다 집을 늘리기 보다는 회사를 키우는데 재투자했다. 공장과 토지를 구입하는데 모두 126억원이 투자되었다고 한다.

은성코퍼레이션의 디지털단지 공장은 생산, 연구, 클린룸, 물류센터 등이 원스톱으로 처리되도록 설계되었다. 이 회사 제품이 세계 최고의 품질력을 보장받고 있는 것은 이러한 재투자가 있었기에 가능했던 것이다. "생산품의 70%를 해외시장에 공급하고 있고, 국내에서는 대형백화점에 납품하고 있어요. 1년간의 테스트를 거쳐 품질검사가 엄격한 암웨이에 제품을 공급했고, 2년간의 테스트 기간을 거쳐 3M사에 제품을 수출했어요." 암웨이와 3M은 세계 최고의 품질력을 자랑하는 세계적인 기업이다. 이들 회사 사이트에 들어가면 은성코퍼레이션 제품을 볼 수 있다.

### 내 사업을 한다고 생각하고 직장생활을 하라

"회사일을 한다고 생각하며 직장생활을 해서는 안되요. 내 사업을 한다고 마음먹고 일을 해야 해요. 내가 이 분야에서는 최고가 되고, 프로페셔널이 되어야 한다고 작정을 해야 합니다. 그래야 나중에 회사가 쓰러지거나 회사가 나를 버려도 내가 재기를 할 수 있어요. 빈둥빈둥 직장일을 해서는 안되요. 월급은 나오겠지

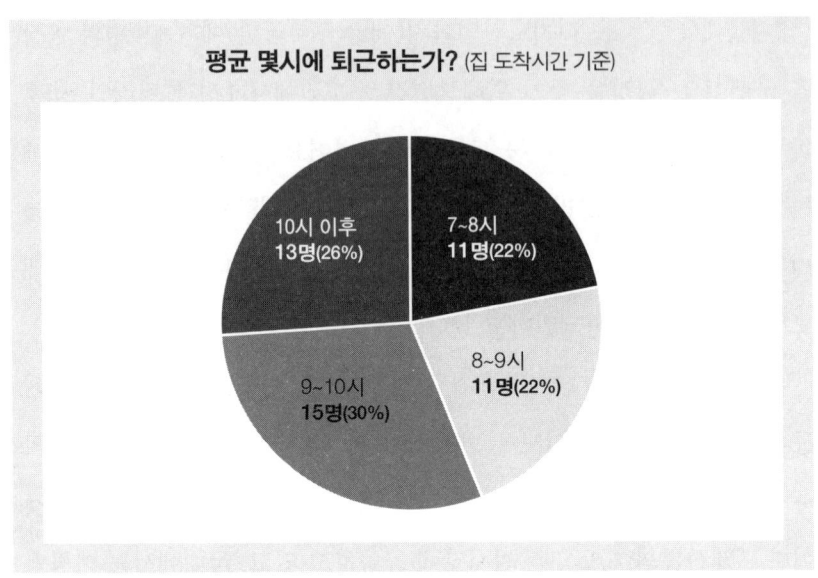

만 우리들의 꿈은 더욱 멀리 사라져갑니다." 이사장은 회사나 직장을 위해서가 아니라 자신을 위해서 열심히 일하라고 당부한다. 그는 매일 아침 5시면 일어나 집을 나선다. 조깅 등 간단한 운동을 하고 7시 20분이면 가리봉동 사무실에 제일 먼저 출근한다.

### 몇시에 퇴근합니까?

필자는 성공한 백만장자들이 꿈을 이룬 현재에는 어떻게 시간관리를 하고 있는지 궁금했다. 50명에게 '평균 몇시에 퇴근합니까?(집 도착시간 기준)' 라고 물었다. '9시초과~10시' 가 15명(30%)으로 가장 많았으며 '10시 이후' 라고 대답한 사람도 13명(26%)에 달했다. 이글을 읽는 독자들은 이들보다 퇴근이 빠른가, 이른가? 빠르다면 퇴근 후 무슨 일을 하는가? 이들 백만장자들이 하는 일보다 가치있는 일을 해야지 그들을 따라잡을 수 있지 않을까? 그들이 성공한 백만장자가 된 데에는 그만한 이유가 있었다.

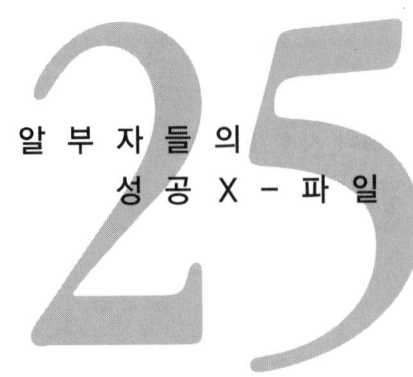

# 25 내가 CEO 이어야 하는 이유

알부자들의
성공 X - 파일

군중심리에 떠 밀려가는 삶을 살지 말아라. 많은 사람들이 남들의 인생을 살고 있다. 이제는 자신의 삶을 살아야 한다

## 국내 쇼핑호스트 1호

필자의 책상에 서전 안경에서 보낸 회사 소식지가 있어 펼쳐 보았다. 대기업은 물론 웬만한 중소기업들도 별도의 회사 소식지를 월간이나 계간으로 만들어 소비자들이나 이해 관계자들에게 보내준다. 홍보전략의 일환이다. 이번 서전안경 여름호에는 국내 쇼핑호스트(Shopping Host) 1호로 입문한 우리홈쇼핑 쇼핑호스트 유난희(39)씨의 성공노하우가 실려 있었다. 업계 첫 억대 연봉 스타로 화제를 뿌리고 있으며 명품 골라주는 여자로 확고히 자리를 잡았다.

현재 LG, CJ, 현대, 우리, 농수산 등 5개 홈쇼핑 회사에서 활동하고 있는 쇼핑호스트는 250명을 넘는다고 한다. 이중 가장 깔끔하게 프로를 진행하고 소비자를 사로잡는 멘트를 하는 사람이 유난희씨다. 지난 95년 39쇼핑 공채 1기로 입사한 이후 LG홈쇼핑을 거쳐 2001년 신생업체인 우리홈쇼핑에 억대 초특급 대우를 받으며 스카우트 되었고, 입문이후 줄곧 명품이미지를 구축하며 각종 신기록을 세우고 있다.

그녀가 홈쇼핑 업계 최고의 쇼핑호스트가 될 수 있었던 것은 무엇일까? 그녀는 다른 쇼핑호스트들과는 어떻게 다를까? 그녀의 성공 X파일이 궁금해진다.

"대본없이 프로그램을 진행해야 하기 때문에 철저하게 사전준비를 해야 해요. 실력을 키워야 한다는 것이죠. 생방송으로 진행하는 쇼핑호스트는 해당 상품뿐 아니라 시장구조와 소비심리 등에 대해 누구보다 많이 알아야 소비자들에게 제품을 어필할 수 있어요." 그녀는 2시간 생방송을 위해 한달이상 자료를 수집하고 아이템 연구를 한다.

"저도 시련이 많았어요. 공영방송 아나운서 시험에 22번이나 떨어졌어요. 자존심이 상하고 '내가 이것밖에 안되나' 눈물도 많이 흘렸죠. 그때 그 힘들었던 과거가 있었기에 더욱 철저하게 나의 일을 하고 있는 것 같아요. 어슬픈 프로가 아니라 똑 소리나는 프로가 되어야지요."

> 그녀는 걸어다니는 CEO다. 그녀 자신이 회사의 단순한 직원이 아니라 내가 CEO란 정신으로 일을 하고 있는 것이다. 남을 따라가면서 주어진 일을 하는 것과 내가 나자신을 경영하는 CEO라 생각하며 일을 처리하는 데는 천지차이가 난다. 성공한 사람들은 내가 CEO라는 정신으로 무장되어 있다. 현실의 주어진 일만 하는 것을 단호히 거부했다.

### 꿩들과 같이 노는 한심한 독수리

꿩과 독수리의 이야기를 아는가? 꿩의 우리에 독수리 알이 굴러 들어왔다. 꿩과 독수리알은 같이 부화되었고, 하루하루 이들은 같은 환경에서 성장해 나갔다. 보통 독수리는 하늘을 날아다니며 바닷가 물고기를 잡거나 재빠르게 도망가는 쥐를 잡아먹고 살아가지만 어린 독수리는 꿩 우리에서 주인이 주는 벌레나 식물을 먹고 자랐다. 날개를 파닥이며 날지도 않았고, 종종걸음으로 벌레나 찾아다니며 그렇게 세월을 보냈다. 시간은 흘러 어린 독수리는 몸집이 커다란 어미 독수리로 변해있었다. 어느날 어미 독수리는 하늘을 날으는 독수리를 보고 생각했다. '멋지다. 저렇게 우아한 자태를 가지고 하늘을 지배하고 있구나. 멋진 새다. 어떻게 하면 나도 저렇게 될 수 있을까? 나는 죽었다 깨어나도 저렇게는 될 수 없을 거야? 내가 독수리로 태어났더라면!'

이 글을 읽는 독자들은 어떠한가? 어린 독수리가 한심하지 않은가? 자신의 능력을 계발하면 새들의 제왕이 될 수 있는데 그것도 깨닫지 못하고 꿩들의 무리 속에서 한심스러운 삶을 살고 있는 것은 아닌가? 직장 봉급쟁이나 회사를 나와 이제는 쉬고 있는 사람이나 취직을 못해 이러저리 중심을 못잡고 있는 미취업자나 한번쯤은 생각해 볼 일이다. 우리들 가슴속에는 독수리의 날카로운 발톱과 이글거리는 눈빛이 있는데 이것을 살리지 못하고, 그냥 평범하게 살아가고 있는 것은 아닌지 돌아볼 때이다.

우리는 조직원의 구성원이 아니라 내 자신이 '나 자신을 경영하는 CEO'라는 자세로 거듭나야 한다. 내가 조직의 수동체가 아니라 나 자신을 경영하고, 나 자신을 발전시키는 능동형 CEO라고 생각한다면 우리의 삶은 많이 달라질 것이다.

그렇게 능동적으로 일하다 보면 '나에게만 일이 몰리고 결과적으로 나만 피곤한 것 아니냐?'는 반론을 하는 사람도 있을 것이다. 한번 계산해보자. 회사에서 시간 때우고 매달 꼬박꼬박 월급나오는 날만 기다리는 사람들과 내가 나 자신의 CEO라고 생각하는 사람을 비교해 보자.

### 누가 회사에서 잘릴 것인가?

내가 CEO라고 생각하는 사람은 회사일을 정열적으로 한다. 생산직에도 들어가고, 영업직에서도 바삐 움직이고, 해외수출 분야에서도 발빠르게 뛰어다닌다. 그는 회사를 위해서 일한 면도 있지만, 결국 자기자신을 위해 일한 것이다. 나중에 회사가 구조조정을 단행한다고 생각해보자. 누가 살아남겠는가? 회사가 문을 닫는다면 다른 회사에서 이들 중 누구를 스카우트하겠는가? 내가 CEO라고 생각하고 일한 사람은 결국 자기자신의 가치를 높이기 위해 일한 것이다. 내가 CEO라고 생각하고 계획을 하고 일을 하고 인생목표를 짠다면 엄청난 결과를 보장받게 될 것이다.

필자는 기업체 샐러리맨으로 있으면서 자기 자신이 CEO라고 여기며 열심히 일하다가 결국 중소기업의 CEO가 된 사람들을 많이 만났다. 남들이 꿩들과 놀고 있는 어린 독수리로 주저앉아 있을 때 날개 짓을 하고, 훈련을 하고, 자기자신을 단련시키면서 그분야에서 국내 최고 권위자가 된 사람들이다.

앞에서 본 은성코퍼레이션 이영규(45) 사장이 '자기 자신이 CEO라고 생각하며 일한 사람'에 속한다. 그는 극세사(極細絲) 분야에서 세계 최고의 기술력을 가지고 있는 사람이다. "첫직장 효성에서 일할 때 반드시 나의 사업을 할 것이라고 마음먹었어요. 나중에 나만의 회사를 차려 CEO가 될 것이라고 생각하니까 일을 하는 태도가 달라져요. 모든 것에 열정적이고 패기가 넘쳐요. 열심히 해야 내가 나중에 성공한 CEO가 될 수 있다고 생각하니까 열심히 할 수 밖에 없었어요." 그는 꿈을 위해 대기업을 뒤로 하고 중소기업으로 가서 극세사 연구와 마케팅, 해외수출, 관리 등 다른 분야의 일을 또 배웠다. 자신의 꿈을 위해 회사를 바꾸었고, 새로 들어간 회사에서도 CEO가 되기 위한 공부를 한 것이다. 이 글을 읽는 독자들이 중소기업이나 대기업의 샐러리맨으로 일하고 있다면 왜 그 분야의 전문가가 될 정도로 뛰지 않으면 안되는 이유가 여기에 있다.

### 부자들은 남들이 부르는 죽음의 애도곡을 부르지 않는다.

　남들과 보조를 맞추며 죽음의 애도곡을 부르기 보다는 자기노력과 능력계발로 자신만의 영역을 구축하고 성공의 행진곡을 불러야 한다. 그러기 위해서는 '내가 CEO다' 라는 마음으로 생활을 해야 한다고 이사장은 실증적으로 보여 주고 있다.
　앞에서 살펴본 중앙전자통신 안종렬(59) 사장도 CEO의 마음으로 직장생활을 했던 사람이다. 그리고 국내 최고의 전자식안정기 회사를 키워낸 장본인이다.
　집안이 가난해 돈을 벌기 위해 월남파병으로 갔다가 귀국한 지난 71년 아이템풀 진학지 회사에 들어갔다. 영업일을 맡았다. "저는 영업에는 자신이 있었어요. 남들은 영업을 피했지만 저는 영업을 하고 고객을 우리회사 소비자로 만들어 나가는 것이 재미있었어요. 아이템풀에 있으면서 부장을 거쳐 임원이 되었지요. 영업분야에서 만큼은 최고가 되겠다는 마음으로 회사일을 했어요."

그는 지금은 전자식안정기를 만드는 회사를 경영하고 있다. "그때 배운 영업노하우가 회사를 이끌어나가는 데 큰 도움이 되었어요. 제가 회사를 운영하면서 접한 고객이나 바이어들은 제가 이전에 배웠던 영업기술과 노하우로 우리 고객으로 끌어올 수 있었어요. 이전 경험이 그렇게 중요한 거예요. 회사에서 시간을 때우기 보다는 열심히 일하다 보면 나중에 꼭 쓰일 때가 있어요. 회사일 열심히 해야 합니다. 회사를 위해서가 아니라 자기자신을 위해서요."

이들은 회사에서 열심히 노력하고 공부하고 자기계발을 하라고 말한다. 회사를 위해서가 아니라 나 자신을 위해서. 결국 언젠가 내가 힘들고 어려울 때 나에게 큰 보상으로 돌아오기 때문이다. 어린 독수리가 하늘을 날지 못하고 꿩 무리에 속하고 만 것은 현실에 안주하고 자신을 계발하지 않았던 탓이다. 우리도 조직 속의 어린 독수리로 남아있을 수는 없지 않은가! 내가 CEO가 되어보자.

# 26 대나무에 매듭이 있는 이유

알부자들의 성공 X-파일

불가능한 큰 비전은 세우지도 마라. 작은 비전을 세워 조금씩 실천해 나가야 한다. 이것도 상당히 힘든 일이다.

**어릴적 필자의** 집 앞에는 넓은 바다가 펼쳐져 있었다. 한적한 어촌 마을이었다. 우리집 뒤에는 대나무들이 많이 심어져 있었는데, 나는 바다 바람에 흔들거리는 대나무 잎들 소리가 그렇게 좋았다. 특히 여름이면 시원하게 불어오는 바다바람을 맞고 대나무 소리를 들으며 평상에서 수박을 먹던 즐거움은 아직도 잊을 수가 없다. 독자 여러분도 산이나 바다로 둘러쌓인 어릴 적 고향기억이 아련히 떠오를 것이다.

대나무잎을 꺾어서 피리를 불기도 하고, 요리조리 접어서 배로 만들어 냇가에 띄우기도 했으니 마땅한 장난감이 없었던 당시에는 대나무는 우리들의 소꿉장난 친구이기도 했다.

대나무에는 매듭이 많다. 마디마디 매듭이 지어져 있어 우리들은 그것을 꺾으려고 발로 내리치기도 했다.

대나무는 식물의 화학작용을 거쳐 마디가 생긴다고 한다. 광합성 작용을 통해 성장을 하다가 일정기간이 되면 매듭이 생기고 다시 성장을 하고, 재차 매듭이 생기는 과정을 되풀이한다. 대나무가 옆으로 늘어지거나 휘어지지 않고 곧바로 쭉쭉 뻗어 올라가는 것도 이러한 매듭이 있기 때문이다. 일정기간 자라다가 매듭이 만들어지고 이를 통해 옆으로 새는 것을 막고 하늘을 향해 다시 올라간다. 대나무를 지조의 으뜸으로 인정하는 것도 옆으로 새지 않고 곧바로 성장하는 모양새가 보기 좋았기 때문일 것이다.

## 우리는 인생의 마디 마디에 매듭을 만들고 있는가?

우리는 어떠한가? 인생의 매듭을 만들고 있는가? 인생의 목표도 없이 단지 흘러가는 삶을 살고 있지는 않은가? 알뜰한 주부들은 남편이 벌어오는 월급을 가지고 얼마정도 저축해서 어느 기간 적금을 들면 21평 아파트라도 갈 수 있을까 계획을 세운다. 1차 목표가 달성되면 아이들도 자라니까 더 큰 평수의 아파트로 옮기기 위해 다시 비용과 저축을 비교해가며 새로운 계획을 세운다. 이렇게 계획과 목표를 정해놓고 살다보면 점점 살고 있는 집의 평수가 넓어진다.

너무나 단순한 플랜이 아닌가? 언뜻 보기에 간단하게 보이지만 우리에게 이러한 과정들이 힘들게 느껴지거나 불가능할 것으로 보이는 것은 인생의 마디마디에 계획과 목표를 수립해 놓지 않았기 때문이다. 올해의 계획도 제대로 세우지 않았는데 어찌 3년, 5년, 10년의 자화상을 그릴 수 있겠는가? 계획없이 흐르는 시간은 결코 우리에게 성공과 부를 가져다 주지 않는다. 대나무가 매듭을 만들어 올바른 방향으로 뻗어가듯 평범한 우리들도 인생의 변곡점마다 매듭을 지어 뚜렷한 방향설정을 해야 한다.

필자는 대기업 임원을 취재하면서 동기부여를 받은 적이 있다. 약속된 인터뷰시간보다 약간 일찍 사무실을 찾아갔다. 50세를 넘긴 그분은 이어폰을 끼고 무엇인가 열심히 들으며 메모를 하고 있었다. 궁금해서 물었다. "음악방송 들으세요?" 필자가 가까이 가서 보니 일본어 교재였다. 점심을 후딱 해치우고 EBS라디오 일본어방송을 매일 15분씩 듣는다고 했다. 그분은 무역업무를 맡고 있어 영어도 수준급인데 그 나이에 일본어에 다시 도전하고 있었던 것이다. "귀찮지 않아요?" 슬쩍 말을 건넸다. "점심먹고 잡담하면 뭘 하나요. 하나라도 더 배워야지요. 이렇게 2년 정도 하니까 쉬운 일본어 드라마는 이해할 수 있더라구요. 내가 좋아서 하는 일이에요. 미리미리 준비를 해야죠."

### 5년 뒤 꿈이 뭐예요?

필자가 만난 성공한 백만장자들도 예외없이 뚜렷한 인생 시간표를 가지고 있었다. 1년의 계획이 있었고, 5년 뒤의 인생 청사진을 가지고 있었고, 10년 뒤의 인생목표를 세워 그것을 향해 나아가고 있었다. 과연 우리는 1년 뒤 무엇을 할 것인가? 필자가 만난 성공한 백만장자중 파로마 TDS(파로마가구에서 이름변경) 허성판(37) 사장의 얘기가 기억에 남는다. 2003년 7월 중순 허사장은 신입사원을 뽑았다고 한다. "서울대 등 명문대 학생들이 많이 들어왔어요. '5년뒤 꿈이 뭐예요? 무엇을 이루려고 하세요?' 가장 단순한 질문을 했죠. 어떤 답변을 했을까요? 글쎄 똑바로 자신의 5년뒤 계획을 말하는 친구가 한명도 없었어요. 어이가 없었죠. 꿈을 꾸지 않는 거예요."

우리는 비전을 잃어가고 있다. 아니 처음부터 비전을 만들지도 않고, 꿈도 꾸지 않는 것이다. 평범한 사람들속에 묻혀 살아가다 보니까 나의 인생 방향계도 중심을 잃고 이리저리 헤매는 것이다.

허사장은 말한다. "몇백억원 부자가 되거나 대통령이나 장관이 되는 그런 꿈을 얘기하는 것이 아니에요. 그것은 일부 선택된 사람의 몫이죠. 우리는 현실적인 꿈과 비전을 가지고 있어야 해요. 대나무가 일정기간마다 매듭을 통해 다시 성장하듯이 우리도 1년, 3년, 5년 뒤 계획을 세워놓아야 해요. 작게 실천할 수 있는 청사진을 만들고 바로 행동에 옮기다 보면 나중에는 엄청난 결과를 우리에게 줄 거예요." 대학교 86학번이니까 허사장은 37살이다. 37살에 매출액 350억원의 가구회사를 만들었으니 그의 말에 힘이 실리는 것도 당연하다.

우리가 허사장처럼 수백억원의 회사를 지금 당장 세우거나 만들 수는 없다. 하지만 그의 삶의 방식과 그가 성공노트에 남긴 인생철학은 배우고 넘어가야 하지 않을까? 겸손하고도 용감하게 받아들이면서.

## 27

알부자들의
성공 X - 파일

# 달을 향해 쏴라

장님보다 더 불행한 것은 목표없이 하루하루를 사는 것이다.

― 헬런켈러

일본에 가면 '코이'라는 물고기가 있다고 한다. 이 물고기는 작은 수족관에 넣어두면 수족관 크기에 맞추어 자신의 이동범위를 정하고 행동한다. 크기도 2~3인치 정도밖에 자라지 않는다. 하지만 이 코이 물고기를 좀더 넓은 수족관으로 옮기면 자신의 이동거리가 넓어진 것을 깨닫고 몸의 길이도 6~10인치 가량 자란다. 다시 이 물고기를 강물에 놓아주면 몸의 길이가 40인치를 훌쩍 넘어설 정도로 성장한다고 한다. 자신이 처해 있는 환경에 따라 성장의 정도가 다른 것이다.

### '코이' 물고기를 아시나요

우리들의 삶도 코이 물고기와 같지 않을까? 우리들의 눈과 꿈이 높으면 높을수록 우리는 높이 성장하게 된다. 꿈이 없고 목표가 없는 사람은 지향점이 없기 때문에 발육이 멈추게 된다. 목표가 있으면 우리는 인생계획표를 짜서 자신만의 실천강령을 만들고 행동에 옮긴다. 정상으로 향하는 길에는 자갈밭도 있고, 절벽도 있고, 내리쬐는 태양을 맞으며 사막을 건너야 할 때도 있다. 아무리 험한 고난과 역경이 닥쳐 온다고 할지라도 확고한 목표와 달성하려는 의지가 있다면 이것들은 결코 장애물이 되지 못한다. 목표의 높낮이에 따라서 우리의 성장도 그 크기가 결정되는 것이다.

목표가 없는 사람들을 보라. 하루하루 시간을 보내는데 에너지를 소비할 뿐이다. 뚜렷한 꿈과 목표가 없다 보니 구체적인 인생계획서가 있을 리 없다.

우리 인간들도 코이라는 물고기처럼 달성하려고 하는 목표치 만큼 자라게 된다. 우리의 꿈과 목표가 크다면 우리는 크게 성장할 것이고, 꿈과 희망이 없다면 우리는 발육을 멈추고 더욱 왜소해 질 것이다.

### 달을 보고 있는가? 손가락 끝을 보고 있는가?

한 현자(賢者)가 손가락을 들어 '저기에 떠있는 달만큼 높은 목표를 세우라'고 말했다. 어떤 제자들은 스승이 가르키는 대로 하늘에 두둥실 떠있는 달을 바라 보았지만, 어떤 제자들은 스승의 손가락 끝을 보고 있는 것이 아닌가! 하늘의 달을 향하는 꿈과 손가락 끝에 머무는 꿈을 꾸는 사람 사이에는 큰 차이가 있다.

전자는 묵묵히 자신의 인생 설계도를 그리고 꾸준히 자신의 역량을 높여 나간다. 한단계 목표가 이루어졌더라도 기쁘하지 않고 엷은 미소를 띠며 다음 단계를 향해 나아간다. 자신의 꿈을 하나하나 달성해 나가는 것이다.

하지만 후자는 어떠한가? 꿈이 작으니 큰 노력을 기울이지 않아도 된다. 하나의 꿈이 달성되면 그곳에 머문다. 다음 여정을 위해 신발끈을 동여매거나 이마에 맺힌 구슬땀을 닦아내고 일어설 준비를 하지 않는다. 꿈의 차이가 우리의 인생 전체를 결정짓는 중요한 요소가 된다

높은 목표를 잡는다고 해서 성공하는 것은 아니다. 그럼 망상가와 공상가들은 모두 성공한 백만장자가 되어 있어야 할 것이다. 여기에는 큰 전제가 깔려있다. 높은 꿈과 함께 노력을 해야 한다. 땀을 흘려야 한다. 인생 계획표대로 자신의 삶을 이끌어 나갈 수 있도록 체계적인 훈련을 해야 한다. 꿈과 땀과 눈물이 화학작용을 해야지 우리는 성공의 사다리를 계속 오를 수 있다.

휴대폰 본체를 생산하는 텔레윈 곽방삼(49) 사장이 그러하다. 필자는 곽사장을 2번 만났는데, 그는 샐러리맨으로 시작해 중소기업의 최고경영자를 거쳤고 지금은 자신이 직접 회사를 세워 경영을 하고 있다. 그의 성공노트에는 단계별로 이루어야 할 목표가 있었다. 그리고 이를 달성하기 위해 실천강령을 구체적으로 만들고 행동으로 옮겼다. 물론 여기에는 피와 땀방울이라는 노력의 결정체가 덧보태어졌다.

텔레윈은 휴대폰 본체를 생산하는 업체로 지난해 220억원의 매출을 달성했고, 이중 70%를 국내 메이커를 통해 해외시장에 수출할 정도로 높은 기술력을 가진 알짜배기 기업이다. 독자들이 가지고 있는 핸드폰을 한번 들여다보라. 텔레윈이라는 회사명은 표기되어 있지 않지만 많은 사람들이 텔레윈이 만든 휴대폰 본체를 가지고 있을 것이다. 올해 400억원의 매출과 40억원의 순익을 목표로 하고 있는 텔레윈 곽사장의 성공 X파일을 들여다보자. '달을 향해 쏴라. 그러기 위해서는 피와 땀을 흘려야 한다'는 그의 성공비결을 알 수 있을 것이다.

### 여러분의 휴대폰을 한번 들여다 보세요

그의 아버지는 농업진흥공사에 다니시던 공무원이었고, 그는 9남매의 막내였다. 형제가 많다보니 넉넉한 살림살이는 아니었다. "부모님이 자식들을 세심하게 보살펴 주시는게 불가능했기 때문에 스스로 자립심을 길러야 했어요. 초등학교와 중학교에서는 줄곧 1등을 했지요. 아버지는 저보고 항상 '너는 이 다음에 커면 샐러리맨이 되지 말고 사업을 하라'고 말씀하셨어요." 그는 대학교에 들어가서는 아르바이트를 했다. 입주과외를 했고, 장학금을 받아가면서 생활비와 학비를 해결했다. 대학은 서울에서 다녔지만 학비를 줄이기 위해 대학원은 부산의 국립대로 정했다. "큰형님과 저하고 20살의 차이가 나요. 부모님이나 형님들에게 손을 벌리는 것이 싫었어요. 제가 해결해야 할 문제라고 생각하고 다른 곳에서 해결책을 찾았죠." 그는 대학과 대학원에 다니면서 사업에 대한 꿈을 키웠다. 반드시 자신만의 회사를 설립해 아버지가 어려서 말씀하셨던 사업가가 되기로 하나 둘씩 계획을 세워나갔다.

"저는 대학교 때부터 인생의 목표가 정해져 있었어요. 대기업에서 경험을 쌓고 중소기업으로 가서 현장을 익히고, 마지막에는 나만의 회사를 세운다는 인생시간표가 마음속에 새겨져 있었어요. 문제는 내가 얼마나 열심히 노력하고 열정적으로 일을 추진하느냐는 마음가짐에 달려 있었죠." 그는 군대를 제대하고 럭키그룹(현 LG그룹)에 들어갔다. 부산 연지 공장에서 사회생활을 시작했다. 낮에는 회사에서 일하고, 퇴근하면 대학원으로 가서 공부를 했다. 눈코뜰새 없이 바쁜 나날이었다. "사업의 기초라고 할 수 있는 원가절감과 자금관리 분야를 맡았어요. 이것도 나중에 제꿈을 이루기 위한 방편이었죠.

이후 쌍용건설로 가서 거기서도 자금업무를 맡았어요." 그는 1단계 인생 계획서대로 대기업에서 일했다. 대기업에서는 조직문화와 조직간 상호협력, 인적자원 구성 등을 전체적인 관점에서 파악할 수 있었다. 그는 2단계로 중소기업으로 자리를 옮긴다. 대기업 구조조정의 희생자가 아니라 자신이 세운 목표와 꿈을 향해 자발적으로 대기업에서 나와 중소기업으로 들어간 것이다. "반도체 소재를 만드는 신설기업이었어요. 큰 기업을 택하지 않고 신생기업을 선택한 것은 더욱 더 많은 기회가 있고, 배울 것이 많을 것이라고 판단했기 때문이에요." 그는 자금쪽에 강점이 있었기 때문에 신설회사에서도 자금유치와 인원관리 등 관리업무를 주로 했다.

### 조금씩 조금씩(Step By Step)

"도전이었어요. 남들은 대기업에서 안정된 월급생활을 하라고 고집했지만, 저는 대기업 샐러리맨으로 있기는 싫었어요. 신설기업에서는 정말 열심히, 정열적으로 일했어요. 지금 제가 경험한 경영노하우는 이때 다 배운 거예요. 현재 자기가 있는 자리나 분야에서 최선을 다해야 하는 이유가 여기에 있어요. 반드시 나에게 도움이 될 때가 올거예요." 그는 신설기업에서 올라운드 플레이어로 일했다. 개발, 생산, 영업, 관리 등 모든 분야를 공부했다. 입사 3년만에 이사 자리에 올랐고, 7년만에 전문 경영인이 되었다. 초고속 승진을 하면서 한 회사의 사장이 된 것이다. 그의 나이 40세였다.

샐러리맨으로 출발해 정상에 오른 그는 다시 3단계 비상을 시도했다. 그가 계획했던 시간표대로 나아갔다. 직원 240명의 건실한 중소기업을 키운 이후 그는 사표를 쓰고 창업의 길에 나섰다. "대기업에서 나와 중소기업으로 갈 때 반대가 있었고, 전문경영인 자리를 박차고 나올 때 또 한번의 반대가 있었죠. 주위에서는 야단이었어요. 그만큼 했으면 편안하게 사장자리에 있는 것이 최고가 아니냐고 말했죠. 하지만 저의 목표는 다른데 있었어요. 머뭇거릴 여유가 없었어요."

그는 40살의 나이에 새로운 목표에 과감히 도전했다. 94년 키보드 마킹(Marking) 사업을 시작했다. 당시 컴퓨터 키보드 인쇄는 불량률이 높고 잘 지워지기 때문에 원가부담이 높은 것이 흠이었다. 그는 레이저빔으로 키보드를 마킹하는 기계를 도입해 사업을 시작했다. "서울 중곡동에 30평 사무실을 얻어 2명이서 시작했어요. 초라했죠. 제품을 만들고, 영업하고, 납품하고, 수금하고 모든 일을 다 했어요. 창업초기에는 중곡동에서 경기도 오산까지 제품을 가득 싣고 납품했어요." 이후 그는 퇴직금과 그동안 저축한 돈 5,000만원을 밑천으로 법인으로 전환했다. "시장조사를 하다 보니까 휴대폰 단말기 사업이 성장할 것으로 예상했어요. 원청업체들이 휴대폰 본체를 주면 여기에 전자파 차단 코팅을 하는 임가공 일을 했어요. 이후 본체를 직접 만들었고, 나중에는 본체모양을 만드는 금형(몰드)도 우리가 만들게 되었어요. 조금씩 조금씩(Step By Step) 전진해 나간 셈이죠." 그는 어떤 일이든지 초창기에 열심히 하라고 주문한다. 초창기에 기반을 다져 놓으면 이후 가속도가 붙어 더욱 빠르게 성장한다는 것이다.

그는 초등학교와 중학교에서 줄곧 일등을 했다고 한다. 매사에 열심히 노력하는 자세가 오늘날의 그를 만들었을 것이다. 하지만 필자가 만난 다른 성공한 백만장자 중에는 학교도 제대로 못나오고, 공부도 못해 성적이 처지는 사람들도 꽤 많았다. 하지만 그들은 공부할 시간이 없었다. 생계를 책임져야 했기 때문이다. 성공한 백만장자들은 어린시절 공부를 잘했건 못했건, 시간을 허비하지 않고 열심히 살았던 공통점을 가지고 있다.

### 학창시절 공부는 잘 했나요?

그들의 학창시절 성적이 궁금했다. 50명에게 '학창시절(초등학교, 중학교, 고등학교) 공부는 잘 했나요?' 라고 물었다. 22명(44%)이 '우' 라고 답했고, 20명(40%)이 '수' 라고 말했다. 84% 가량이 우등생이었다고 볼 수 있다. '미~양' 은 8명(16%)이었고 '가' 는 아무도 없었다. 하지만 이 글을 읽는 독자들도 앞에서 소개한 것 처럼 고등학교도 제대로 나오지 못하고, 생활전선에서 돈을 벌어야 했던 사람들을 기억할 것이다. 그들은 과거에 매달리지 말라고 말한다. 과거의 화

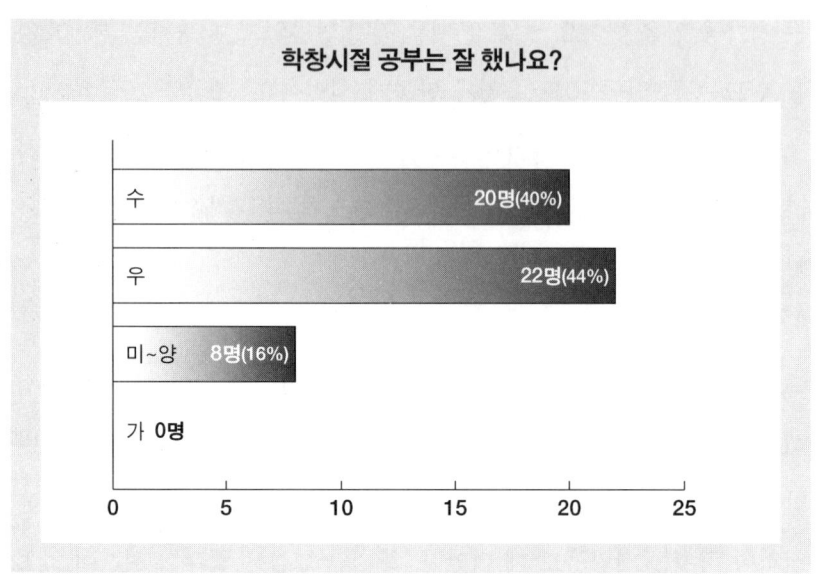

려함에 빠져있기 보다는 과거의 부족함을 바로 인식하고, 이를 만회할 수 있도록 노력하라고 말한다. 오히려 미래를 꿈꾸라고 조언한다.

텔레윈 얘기로 돌아오자. 현재 텔레윈은 경기도 소사역 주변에서 텔레윈 타운을 형성하고 있다. 골목길 옆의 150평 1층 건물에서 시작한 회사는 이제 4개 건물을 보유하고 있고, 급증하는 주문량을 소화하기 위해 청주에도 생산공장을 새로 지었다.

곽사장은 인생의 3단계 계획을 모두 이루었다. 이제는 지금까지 이룬 업적을 지키는 것만 남은 것 같았다. 하지만 그는 달랐다. "이제 다른 목표가 생겼어요. 해외시장에 직접 제품을 수출하는 것이 첫번째 목표이고, 완제품 아이템을 개발해 고유브랜드로 국내외 시장을 공략하는 것이 두번째 목표에요. 당분간 이 두개 목표를 위해 매진할 겁니다."

우리의 인생설계도에는 어떤 계획과 목표들이 쓰여져 있는가? 한가지라도 이룬 것이 있는가? 어떤 사람들은 아예 목표가 없는지도 모른다. 다시 한번 인생설계도를 꺼내어 내가 어느 수준까지 달성했는지 중간체크를 해보자. 목표가 없다면 지금이라도 다시 세워야 한다.

> 시간이 지나 너무 희미해진 계획이라면 볼펜으로 덧칠을 해서 다시 우리들의 머리속에 각인시켜야 한다. 결코 실현할 수 없는 허황된 꿈에 도전해서는 안된다. 내가 노력을 기울이면 달성할 수 있는 계획이고 꿈이어야 한다.
> 헬런켈러는 말했다. '장님보다 더 불행한 사람들은 목표도 없이 사는 사람들'이라고.

# 4부

# 누구나 부자가 될수 있다

— 알부자들의 마인드

28. 들소 무리의 비애

29. 1,000원의 기적

30. 자신의 의심을 의심하라

31. 내가 안 풀리는 건 조상탓!

32. 쓰레기 더미에서 핀 장미

33. I Can Do It

34. 부자 아빠 아래 부자 자식 있다

35. 어린 코끼리의 슬픔

36. 부자친구를 두어라

알부자들의
성공 X-파일

# 28

## 들소 무리의 비애

오늘 저녁 회사일을 마치고 집에 돌아가면 내일 과장이나 임원에게 올릴 보고서를 작성하기 이전에 나만의 인생보고서와 계획서를 밤을 새워가며 먼저 짜야 한다.

책을 읽다가 재미있는 내용이 있어 독자 여러분에게 잠깐 내용을 간추려 소개하고자 한다. 인디언들은 들소떼를 잡을 때 이들의 특징을 이용해 아주 쉽게 잡는다고 한다. 혹시 여러분이 들소 무리의 한 구성원이 아닌지 곰곰히 생각해 보기 바란다.

우리는 눈이 정면을 보게 되어 있어 앞이 잘 보이지만 들소는 소처럼 눈이 옆에 달려 있다. 앞으로 전진할 때도 앞을 보고 달리는 것이 아니라, 사실은 옆을 보고 달리는 것이다. 또 흥분하게 되면 머리를 숙이고 돌진하기 때문에 앞뒤좌우 살피지 않고 앞으로만 그냥 내리 달린다. 인디언들은 이런 들소의 특징을 이용해 들소를 잡는다.

### 인디언들은 쉽게 들소를 잡는다

일단 들소사냥을 할 때 들소무리를 절벽으로 몰아 나간다. 절벽의 끝에 도착하면 맨앞에서 무리를 이끌었던 놈이 울부짖으며 'SOS' '정지' 신호를 보내지만 무리를 따라 가기만 하던 들소떼는 앞놈이 가니까 거기에 파묻혀 따라가게 된다. 지금 앞에 어떤 위험이 있는지 알지도 못하고, 알려고 하지도 않고 그냥 앞놈이 가니까 '안전하겠지' 생각하며 따라가다 절벽 끝까지 밀려나간다. 절벽 앞에서 앞발을 쭉 뻗으며 멈추어 서려고 하지만 이미 늦었다. 뒤에서 달려오는 들소떼가 엉덩이와 옆구리를 마구 들이받는다. 결국 절벽 아래로 떨어져 인디언들의 좋은 먹이감이 될 뿐이다.

이 글을 읽는 독자여러분들도 TV나 동물다큐멘터리를 통해 이 같은 장면을 보았을 것이다. 어떤 생각이 들었는가? 들소떼들이 미련하고, 한심하다는 생각을 하지는 않았는가? 하지만 돌이켜보면 직장생활, 사회생활, 조직생활 속의 구성원인 우리들 자신이 들소떼의 한마리 들소같다는 생각은 들지 않았는가? 남들이 가는 길을 그대로 아무런 생각이나 철학없이 답습하고 있지는 않은가? 남들이 대리되고 과장되고 부장이 되고 운이 좋으면 임원으로 승진하는 것처럼 나도 그렇게 순탄하고 안정적인 직장생활을 하게 될 것이라고 꿈꾸는 것은 아닌가? 지금은 구조조정이다, 정리해고다, 명예퇴직이다 하며 회사는 조직원을 잘라내기 위해 안간힘을 쓰고 있는데도 말이다. 우리가 조직생활을 하면서 승진을 하고 높은 자리에 올라간다는 것은 그만큼 회사를 떠나야 할 때가 다가오고 있다는 것의 또 다른 표시이다.

50세를 넘어서면 당장 다른 일을 알아보아야 하는 것이 엄연한 현실이 되었다. 우리 가족중에, 친척중에, 같은 아파트 이웃주민 속에서 이런 일들을 너무나 자주 보게 된다.

남들을 따가가기 보다는 이제 나만의 길과 삶의 방식을 만들어 나가야 한다. 그러기 위해서는 능력을 쌓고, 자기계발을 하고, 자기 일에 최선을 다하면서 철저하게 준비를 해야 한다. 나 자신만의 인생보고서를 작성해야 한다는 말이다.

대기업 금융회사에 다니는 P씨는 고등학교나 대학교 동기모임에 나가서 친구들의 이런저런 얘기를 듣고 세상살아가는 얘기를 하는 것이 즐겁다. 동기회 모임이 있는 날 그는 동기회 회장에게 휴대폰을 걸었다.

"나 오늘 못 갈 것 같아. 환장하겠다. 갑자기 부장이 전산백업 프로젝트에 관한 보고서를 쓰라고 하네. 내일 오전 서랍위에 올려 놓으란다. 미치겠다. 나 오늘 못가니까 친구들한테 안부나 좀 전해주라. 다음에는 꼭 가도록 할게." P씨는 회사일이라면 목숨을 건다. 꼭 출세를 위해서라기보다는 자기에게 맡겨진 일은 꼭 해내고야 마는 성격 탓이다. P씨는 집에도 전화를 해 "오늘 야근이야. 애들하고 먼저 자"라고 힘없이 말한다.

비단 P씨뿐 아니라 직장생활을 하는 대부분의 샐러리맨이 겪게 되는 일이다. 회사일에는 목숨을 건다. 그리고 보고서를 잘쓰면 윗사람들한테서 칭찬도 받고 능력도 인정받는다. 기분좋은 일이다. 자. 여기서 생각을 다시 한번 해보자.

## 들소떼의 무리에서 벗어나라

기업에 다니는 샐러리맨이거나 남의 밑에서 월급을 받고 일하는 식당 종업원이거나 우리는 조직을 위해서 열심히 일한다. P씨처럼 밤을 새워가며 보고서를 작성하기도 한다. 그럼 여러분은 자기 자신의 보고서를 써 본 적이 있는가? 남을 위해 사는 인생이 아니라 나 자신의 미래와 가족들의 미래를 위해 계획되고 잘 꾸며진 보고서를 한번이라도 써 본적이 있는가? 회사일이라면 야근을 하면서도 보고서를 쓰는데, 정작 나만의 인생계획 보고서를 작성한 적이 있는가? 3년 뒤에는 무엇을 하고 5년 후에는 어떤 일을 할 것이고 퇴직을 하면 어떤 일을 할 것인지 진지하게 그리고 진솔하게 고민한 적이 있는가? 남들처럼 회사에서 매월 25일경이면 주는 월급을 받고 어떻게 한달을 살아나가야 할지 고민하며 하루하루 덧없이 지내고 있는 것은 아닌가. 들소 무리의 한 구성원 처럼 아무 생각 없이 남들 뒤를 따라가고 있는 것은 아닌지 돌아볼 때이다.

이제부터라도 내 인생의 보고서를 멋지게 작성해 실천에 옮겨보자. 직장생활을 갓 시작하는 20대라면 의욕이 넘칠 것이다. 조직내 30대와 40대의 전철을 따라가기 보다는 나만의 인생목표를 세우고 나만의 길을 갈 수 있도록 자기자신을 계발해야 한다. 자기계발없는 인생보고서는 아예 안 쓰는 것이 좋다. 헛꿈만 부풀릴 뿐이다.

30대라면 한창 일할 나이다. 회사내 업무도 거의 파악했고 자기분야에서는 전문가가 되어 있다. 조금만 노력을 기울여도 빠른 시간에 일을 해치울 수 있을 만큼 노련해졌기 때문에 자칫 게을러지기 쉽다. 오히려 좋은 기회라고 생각해야 한다. 회사업무를 끝내고 나면 그만큼 시간이 많이 남는다. 자기 능력을 키워야 한다.

**40살에는 다시 후반전을 준비해야 한다.**

독자 여러분이 40대라면 이제는 책상에서 지시를 하거나 중간관리자의 위치에 설 때다. 이제는 조직과 함께 끝까지 가야 한다고 생각하기 쉬울 때다. 하지만 항상 염두에 두어야 한다. 조직은 항상 나를 버릴 수 있다는 사실을. 40대도 늦지 않았다. 필자는 40대 이후에 창업하거나 회사를 옮겨 성공한 사람들과도 이야기를 나누었다. 그들은 인생 40살이면 삶의 전반전을 마치고 후반전을 시작하는 시기라고 말한다. 40대는 인생 후반전의 전략과 전술을 다시 짜야 한다.

필자는 샐러리맨으로 직장생활을 하면서 회사보고서도 열심히 썼지만 자신의 인생보고서를 더욱 멋지게 꾸민 성공한 백만장자들을 많이 만났다. 그 중에서도 앞에서 소개한 은성코퍼레이션 이영규 사장이 기억에 남는다. 그는 대기업 섬유회사에 다니면서도 자신의 꿈을 위해 중소기업으로 옮긴 사람이다. "대기업에서는 한 분야 일밖에 할 수 없는 단점이 있어요. 저는 어릴 때부터 사업하는 것이 인생보고서에 들어가 있었어요. 중소기업으로 옮겨 연구개발, 생산, 마케팅, 해외수출, 관리 등 사업을 하기 위한 모든 과정을 거쳤어요. 인생보고서대로 일을 한 거예요."

아직도 대기업에 근무하다가 중소기업으로 옮긴다고 하면 주위에서는 '능력이 없는가 보다' '잘렸나 보다' 등 삐딱한 시선으로 보고, 전직을 극구 말리는 것이 일반적이다. 그는 그러한 고정관념과 편협된 시각을 모두 무시하고 자신의 인생계획서 대로 행동으로 옮긴 것이다.

그는 대기업에서 중소기업으로 옮겨 다니면서 자신의 능력을 쌓아나갔고, 지금은 세계 최고의 극세사 기술을 가진 전문가가 되어 있다. 자신의 목표를 위해서라면 주위의 고정관념을 과감하게 뿌리치고, 들소떼의 무리에서 과감히 빠져 나오는 도전을 해야 한다는 것을 보여주고 있다.

"남들과 같은 길을 가서는 성공하기 힘들어요. 자신의 인생보고서를 짜야 합니다. 그리고 노력해야 해요. 남들과 다른 길을 가는 데는 엄청난 노력을 해야 한다는 기본적인 전제가 깔려있어요."

> 우리 주위를 한번 둘러보자. 고만고만한 사람들인가? 그럼 나도 들소떼의 한 무리로 이동을 하고 있는 것이다. 인디언들이 창과 칼을 가지고 기다리고 있는 낭떠러지를 향해서. 오늘 저녁 회사일을 마치고 집에 돌아가면 내일 과장이나 임원에게 올릴 보고서를 작성하기 이전에 나만의 인생보고서와 계획서를 밤을 새워가며 짜야 할 것이다.

## 29 알부자들의 성공 X-파일

# 1,000원의 기적

> 승리도 패배도 없는 회색의 삶에서 기쁨도 시련도 체험하지 못하는 단순한 생활을 이어갈 것인가? 나는 실패의 길을 걷더라도 위대한 일을 시도해보고 위대한 승리를 맛보겠다.
>
> — 美대통령 테어도어 루스벨트

아무런 목표와 방향도 없이 회색지대를 살아가고 있는 우리들에게 루스벨트 대통령의 말은 삶을 어떻게 살아야 하는지 방향타 역할을 한다고 볼 수 있다. 사실 우리들 주위를 한번 찬찬히 둘러보자. 부시시한 눈을 떠고, 억지로 회사에 출근하고 직장에서 조금 시간을 때우다가 저녁이면 불평을 늘어놓으며 집으로 돌아와 TV리모컨을 돌려대는 사람들을 보게 된다. 그리고 내일은 오늘 우리가 했던 일을 그대로 반복한다.

주말에는 늦게 까지 잠을 자거나 하루종일 TV를 껴안고 산다. 우리의 자화상이 아닌지 한번 되돌아 볼 때이다. 승리도 패배도 없이 안정적인 삶을 살아간다고 생각하기 쉽지만 우리는 서서히 인생의 낙오자가 되어가고 있는 것이다. 내가 이렇게 행동하고 다른 동료들도 그렇게 행동하니까 별다른 경계심이 생기지 않는다. 그렇게 시간은 흘러가고 나는 뒤쳐지는 것이다. 변화와 도전은 눈을 씻고 찾아보아도 발견할 수 없다. 남들은 변화하고 있는데 단지 나만 그것을 인식하지 못하고 있을 뿐이다.

## 고치에서 나오려고 애쓰는 나비

고치에서 나오려 애쓰는 나비의 힘든 모습을 본 적이 있는가? 한 소년이 고치에서 나오려고 안간힘을 쓰고 있는 나비를 지켜보고 있었다. 소년은 안타까운 나머지 고치를 열어주려고 했다. 그러자 소년의 아버지가 이를 말렸다. "네가 좋은 뜻에서 도와주려고 하지만 나비가 손압력을 못이겨 죽을 수도 있단다. 그대로 내

버려두어라." 나비에게 투쟁은 필수적이다. 투쟁을 통해 나비는 자신의 날개를 강하게 만든다. 그러한 피나는 노력이 없다면 나비는 허약해져서 결국 날 수 가 없게 된다.

나비뿐 아니라 병아리도 세상빛을 보기 위해서는 알을 깨고 나와야 한다. 어미닭도 도와주지 않는다. 압력차로 새끼 병아리가 죽을 수도 있기 때문이다. 성공과 패배의 두갈래 길에서 살아남기 위해서는 나비와 병아리처럼 노력을 해야 한다. 남들과 똑같아서는 살아남을 수 없다는 긴장을 해야 한다. 도전도 없이 노력도 없이 그냥 현실에 안주하다가 어느덧 초라해지는 자신을 발견하기 이전에, 새로운 목표를 세우고 정열과 용기로 노력하는 마음가짐이 중요하다.

## 500원 짜리 물건을 팔다

필자는 500원~2,000원짜리 물건을 팔아 연간 1억5,000만달러 이상을 수출하고 있는 한일맨파워 박정부(59) 사장을 볼 때마다 샐러리맨이 어떠한 마음가짐과 열정으로 직장생활을 하고, 어떠한 도전정신을 가져야 하는지 깨닫게 된다. 3번 정도 박사장을 만났는데 해외출장이 많아 약속시간 정하는 것이 너무나도 힘들었다는 기억이 난다. 평범한 월급쟁이에서 국내 최대의 저가품 유통업체로 성장한 박사장의 성공노트를 한장씩 넘겨보자. 박사장은 과연 보통 샐러리맨과 어떤 점이 달라 성공할 수 있었을까?

박사장은 필자가 만난 대부분의 성공한 사람들처럼 가난한 어린시절을 보냈다. "6·25전쟁중 아버지가 돌아가셨고, 집은 인민군에게 폭격을 당해 폭삭 주저앉았어요. 제가 6살때의 일이죠. 어머니는 4형제를 키우기 위해 큰댁에 자식들을 맡겨놓고 돈벌이에 나섰죠. 삯바느질과 허드렛일을 하시면서 저희들을 키웠어요. 시대가 시대인 만큼 그때는 모두 힘들었어요." 집안은 가난했지만 그는 학구열이 높아 69년 한양대 공대에 입학했고, 73년 졸업과 동시에 전구를 생산하는 자그마한 중소기업에 들어갔다. "대기업에 들어갈까 고민도 했지만 생산, 영업 등 다양한 분야를 접할 수 있는 중소기업이 오히려 매력적이었어요. 대기업에서는 주로 한가지 일만 하지만 중소기업에서는 여러 분야를 두루 거칠 수 있어 많은 장점과 기회가 있었어요." 한낱 평사원으로 조명회사에 들어간 박사장은 부지런함과 성실성을 인정받아 입사 10년만에 공장책임자가 되었다.

"대기업에 들어가느냐 중소기업에 들어가느냐, 자영업자로 창업을 하느냐 이런 것은 중요하지 않아요. 자기가 속한 조직에서 어떠한 자세로 일을 하고 미래를 설계하느냐가 승리자와 패배자를 가르는 거예요. 결국 노력입니다." 하지만 16년간 생산공장에서 일해온 그는 88년 회사를 떠나게 된다. 아니 창업을 하게 된 것이다. 88년 회사가 노사분규로 시끄러워지자 관리책임자로서 직원들과 조직사회에 대해 회의와 배신감을 느꼈기 때문이다. "그동안 그렇게 가깝게 지냈던 사람들이 하루아침에 돌아서 버리는 거예요. 인간적인 신뢰에 금이 가다보니까 모든 것이 싫었어요. 열길 물길속은 알아도 한길 사람속은 모른다는 말이 실감나더라구요."

**부자들의 출발은 초라했다**

퇴직후 그는 인생의 일대전환점을 맞는다. "동생이 기업들의 해외연수를 대행하는 연수사업을 하고 있었는데 제가 이를 실질적으로 운영하게 되었어요. 그동안 모아둔 5,000만원을 밑천으로 서울 역삼동에 8평짜리 사무실을 겨우 장만했어요. 영업직원 1명, 경리직원 1명 달랑 3명이서 출발했어요." 그때 박사장 나이가 45세였다. 물론 주위의 반대가 심했다. 안정적인 생활을 생각해야 하는 나이인데 무리하게 도전하는 것 아니냐며 가족이나 친척들이 반대하고 나섰다.

"처음에는 고민을 많이 했어요. 봉급생활자로 월급만 타먹던 사람이 과연 모험에 나서 제대로 사업을 할 수 있을까? 나이도 나이니만큼 갈등도 많이 했죠. 하지만 결론을 내렸죠. 내가 이 사업을 하지 않으면 평생 후회할지도 모른다. 희망과 좌절중 어느 것도 경험하지 않고 무의미하게 살기보다는 한번 도전을 해보자. 이렇게 마음먹었어요."

필자는 중소기업을 돌아다니면서 늦은 나이에 창업을 단행한 최고경영자(이들은 거의 성공한 백만장자들이다)들을 자주 만나게 된다. 남들이 퇴직을 걱정하는 40대 후반이나 50대에 자기 사업을 시작해 성공한 사람들은 도전정신으로 똘똘 뭉쳐있다는 사실을 알게 되었다. 힘들 것이라고, 위험하다고, 편안하게 지내라고 주위에서는 한사코 반대를 하지만 그들은 고정관념에 사로잡히지 않았다.

남들이 가지고 있는 고정관념에 자신들의 목표를 꺾지 않았다. 오히려 고정관념을 깨고 딛고 일어선 것이다. 앞에서 본 것처럼 안경회사인 서전 육동창(74) 회장과 코리아나화장품 유상옥(70) 회장도 모두 55세에 창업을 하지 않았는가? 남들은 샐러리맨에게 무슨 능력이 있느냐, 그냥 편안하게 회사생활이나 하라고 얘기하지만 그들은 고집을 꺾지 않았다. 그들은 공통적으로 정열과 도전정신으로 무장해 있었다.

한일맨파워 얘기로 다시 돌아가자. "연수사업과 함께 무역일을 했어요. 동생한테서 일본에서 장사하는 사람들을 소개받아 팔릴 만한 물건들을 주문받고 제품을 구한뒤 일본에 가지고 가서 팔았어요. 보따리장사였던 셈이죠." 박사장은 물컵, 재털이 등 30kg이 넘는 가방을 가지고 현해탄을 왔다갔다 하며 일본사람들을 대상으로 무역일을 했다. 일본어를 몰라 아침이면 교육방송을 들어가며 1년만에 기본적인 대화를 할 수 있을 정도로 밤낮으로 일하고 공부했다. 그것도 40대 후반의 나이에.

### 띠끌 모아 태산

"100엔숍과 디스카운트숍을 대상으로 영업을 했어요. 당시 일본에서는 1,000원~2,000원 가량의 저가제품을 판매하는 매장이 인기가 있었어요. 남들은 1,000원짜리 팔아서 언제 부자가 되고 돈이 모이냐고 반문하지만 저는 그렇게 생각하지 않아요. 티끌모아 태산이라고 하잖아요. 작은 제품이 많이 팔리는 것과 큰 제품이 몇 개 팔리는 것은 똑 같은 사업이에요. 그 당시 한국에서는 저가제품을 일본시장에 수출하는 사람들이 많지 않았어요. 그만큼 성공가능성은 높은 편이었죠." 그러던 중 일본 유통회사인 다이소(大創)산업이 한일맨파워의 품질력과 박사장의 성실성을 소문을 통해 익히 듣고 거래를 터줄 것을 요구했다.

"발에 물집이 생길 정도로 뛰어다니다 보니까 길이 보이더라구요. 노력 앞에서는 당할 자가 없어요. 아무리 뛰어난 천재라도 노력하는 사람한테는 못 당합니다. 그걸 어떻게 이겨요? 사업초창기 다이소산업은 그다지 큰 기업이 아니었어요. 한일맨파워도 다른 기업과의 거래를 끊고 다이소산업과 거래를 하게 되었어요. 이후 두 회사는 탄탄대로를 달리게 되었어요." 다이소산업은 현재 일본 최대 저가유통업체로 인정받고 있으며 30년의 역사를 자랑하고 있다. 한일맨파워가 있었기에 다이소산업이 일본 최대 저가유통회사로 성장할 수 있었고, 다이소산업이 존재했기에 한일맨파워가 연간 1억5,000만달러의 제품을 일본시장에 수출하는 기업으로 우뚝 설 수 있었다.

그럼 국내 최대 저가품 수출업체인 한일맨파워는 어떤 회사일까? 지난 88년 설립된 이 회사는 컵, 액자 등 생활용품과 목욕용품, 주방용품, 사무용품, 액세서리 등 5만가지 아이템을 국내는 물론 중국과 동남아, 유럽 등에서 조달해 일본에 100% 수출하고 있다. "지난해의 경우 연간 5억개의 아이템을 수출했는데 단순계산으로 매일 160만개의 물건을 수출한 셈이죠. 20피트짜리 컨테이너를 매일 39개씩 실어나르고 있어요." 일본에 수출된 제품은 2,300여개의 다이소산업 100엔숍 매장에 진열되며 매장 어디에나 '메이드 인 코리아(Made In Korea)'가 새겨진 한일맨파워 제품을 발견하게 된다. 97년 1,000만달러 수출탑을 수상했고, 지난해 1억달러 수출탑을 탔으니 불과 5년만에 10배나 가파르게 성장한 셈이다.

한일맨파워는 현재 일본 100엔숍을 한국에 적용해 균일가 매장을 운영하고 있는데 모든 제품이 500원, 1,000원, 1,500원, 2,000원 등 4가지다. 전국에 200여개의 매장을 운영중이다.

> 그의 성공노하우를 물었다. "과정이 중요해요. 주어진 환경과 조직에 대해 불평과 불만을 늘어놓기 보다는 진취적으로 일을 해야 해요. 일을 하는 것이 물론 조직을 위한 것 일 수도 있지만 결국 자신의 능력과 값어치를 높이는 일이에요. 항상 긍정적으로 생각하고 진취적으로 일을 먼저 시작하세요. 달콤한 열매는 자연히 따라오게 되어 있어요."

필자는 7월 중순 어느날 서울 도곡동 한일맨파워 본사에서 마지막 인터뷰를 했는데 저녁 8시가 되어서야 얘기를 마무리지었다. 그날도 박사장은 고객과의 약속이 있어 총총히 사무실을 떠났다.

# 30

알 부 자 들 의
성 공 X – 파 일

## 자신의 의심을 의심하라

인생의 전장(戰場)에서 승리는 강자와 빠른 자만의 승리는 아니라네. 그러나 언제나 최후의 승자는 자신이 할 수 있다고 믿는 사람.

성경에서는 '매사에 감사하라'고 말한다. 내가 오늘 아침 눈을 뜨고, 이부자리에서 일어날 수 있는 것도 감사해야 할 일이고, 오랜기간 동안 병원 침상에 있다가 퇴원하는 일도 감사해야 하고, 실직상태에 있다가 일을 찾는 것도 감사해야 할 일이다. 하지만 성공한 부자들은 매사에 감사하는 마음과 함께 '매사에 긍정적으로 생각하라'고 얘기한다. '이건 안될 거야' '나에게 이 일은 무리야' 라고 부정적으로, 회의적으로 생각하기 보다는 '잘 될거야' '일단 해보는 거야' 라고 긍정적이고 주도적으로 생각하면 일이 한층 쉬워진다고 말한다. 평범한 사람들이 손을 놓고 한숨을 쉬고 있을 때, 성공한 사람들은 땀을 흘리며 한걸음씩 나아간다.

### 시장성 '제로' 와 '무한대'

어느 경영자 세미너에서 재미있는 이야기를 들었다. 하나의 현상이 주어졌을 때 우리가 어떠한 반응을 보이고, 어떤 생각으로 접근하는지 잘 나타내는 이야기다. 독자 여러분은 어디에 속하는지 판단해보라.

신발을 만드는 회사가 신규시장을 개척하기 위해 아프리카 지역을 공략하기로 했다. 국내에서는 시장 창출이 어렵고, 다른 회사들과의 경쟁이 심한 만큼 새로운 시장을 발굴해 영업을 강화하기로 한 것이다. 사장은 회사에서 제일 영업을 잘하는 사람을 뽑았다. "자네가 아프리카로 가서 시장을 알아보고 오게. 자네가 작성한 보고서에 기초해 시장진출 여부를 결정하겠네." 베테랑 영업직원은 아프리카로 날아갔다. 하지만 아프리카 주민들은 신발은 커녕 양말도 신지 않고 맨발로 뛰어다니는 것이 아닌가! 그는 아프리카 주민들이 신발을 신고 있다는 가정하에서 어느 디자인이 어울리고 어떻게 하면 기능성을 높일 수 있을까 고민했는데 이들은 아예 신발을 신고 있지 않았다. 그는 즉시 본사로 전화를 했다. "시장성 제로. 전면 백지화가 타당." 이 회사는 몇 달간 아프리카 시장진출을 보류시켰다. 베테랑 영업사원이 내린 판단이니 그대로 따르기로 한 것이다.

그러던 동안에 이 회사와 경쟁관계에 있었던 다른 회사가 아프리카 시장 공략에 나섰다. 이 회사는 갓 입사한 신참사원을 아프리카로 보냈다. 독자적인 시각으로 시장성과 사업전망을 판단하고 보고서를 올리도록 했다. 신참사원은 아프리카에 도착하자마자 주민들이 신발을 신지 않고 있다는 사실을 알고 환호성을 질렀다. 그리고 급히 본사에 전화를 걸었다. "시장성 무한대. 급히 지사를 설립하고 시장선점에 나서야 한다."

독자 여러분의 생각은 어떠한가? 어떤 내용을 회사에 보고했을 것 같은가? 수요가 없으니 시장성이 없다고 판단했는가? 아니면 공급이 없었으니 수요가 전무했다고 생각해 적극적으로 시장진출에 나서겠는가? 전자는 가난한 사람이 선택하는 길이고, 후자는 성공한 부자들이 택하는 방법이다. 같은 현상을 목격하고서도 어떤 사람은 불가능하다고 말하고, 다른 사람들은 가능성이 무한대라고 얘기한다. 사물을 보고 긍정적으로 생각하는 것과 회의적으로 판단하는 것은 하늘과 땅만큼 큰 차이가 있다.

이안 시모어가 저술한 '멘토' 라는 책을 대단히 인상깊게 읽은 기억이 있다. 아버지가 아들에게 올바른 인생을 살아 가라고 알려주는 내용인데 독자들에게 한번 읽어보기를 꼭 권한다. 긍정적인 사고를 가지고, 인내하며, 적극적으로 노력하면 성공할 수 있다는 메시지를 담고 있다.

### 부자들은 할 수 있다고 믿는 사람(The Man Who Thinks He Can)

그의 서재벽에는 이름없는 누군가가 남긴 시가 붙어있다고 한다. 제목은 '할 수 있다고 믿는 사람(The Man Who Thinks He Can)' 이다.

졌다고 생각하면 진 것이고
엄두가 안 난다고 생각하면 엄두가 나지 않으며
이기고 싶어도 이길 수 없다고 생각하면
이기지 못할 것이 분명하다.

질 것이라 생각하면 질 것이니
바깥세상에서 배우게 되는 바
성공은 사람의 의지에서 시작되는 것이니
이 모두가 마음가짐인 것을.

자신이 남보다 뛰어나다 생각하면 그리 될 것이니
높이 올라가려면 높이 생각하는 법.

스스로에게 확신을 가져야 하네.

상을 타기 전이라 해도.

인생의 전장(戰場)에서 승리는

강자와 빠른 자만의 승리는 아니라네.

그러나 언제나 최후의 승자는

자신이 할 수 있다고 믿는 사람.

최후의 승자는 자신이 할 수 있다고 믿는 사람이다. 자신에게 시련이 찾아오고, 고난이 닥칠지라도 '할 수 있다'는 긍정적인 사고와 태도로 응전한다면 이겨낼 수 있다는 내용이다. 그리고 성공한 많은 백만장자들은 실증적으로 이를 보여주고 있다.

그린케미칼 소재춘(45) 사장의 성공노트에도 이 같은 내용이 고스란히 남아 있다. 그는 잘나가던 연구원 생활을 청산하고 사업에서 승부를 건 사나이다. 사업에서도 성공할 수 있다는 긍정적인 생각이 오늘날의 그를 만들었다.

그린케미칼은 기름을 제거하는 탈지제와 금속표면 경화제를 생산하는 회사로 최근에는 무독성 주방세제를 개발해 할인점을 대상으로 시장 공략을 가속화하고 있다. 올해에는 80억원의 매출을 목표로 하고 있다. 그의 성공 X파일에는 어떤 성공노하우가 실려 있을까?

그의 어머니는 시외버스터미널에서 여관을 운영했다. 힘든 살림은 아니었지만 그가 중학교 1학년때 아버지가 기관지 폐렴으로 세상을 떠나고 말았다. "아버지가 7년 가량 병으로 앓으셨는데 치료비가 많이 들어갔어요. 아버지가 돌아가시면서 집안이 많이 기울었죠. 가정살림은 어머니가 모두 꾸리셨어요. 힘든 생활이었죠." 그는 대학교에서 아르바이트 과외를 하면서 학비와 용돈을 벌었다. 어머니에게 폐를 끼치고 싶지 않아 여러가지 일도 많이 했다. 그리고 27살 때이던 86년 포항제철 기술연구소에 입사했다. "연구소에서는 정말 열심히 일했어요. 포항시와 기업들의 연구과제를 수행하면서 잠을 거의 자지 못했어요. 하지만 돌이켜보면 그때 배운 기술과 경험들이 지금 사업을 이끌어 갈 수 있는 기반이 되었어요. 자신의 자리에서 최선을 다하면 결국 나중에는 커다란 열매를 준다는 것을 저는 진실로 여기고 있어요." 그는 연구원으로 근무하면서 특허를 가장 많이 냈고, 표창도 가장 많이 받았다. 다른 연구원에 비해 승진도 가장 빨랐다. 자기분야에서 최고가 되겠다는 결심이 맺은 결과였다.

### 40살에 내린 결단

"97년~98년 사이 연구소가 창업을 장려했어요. 정부도 신기술보유 사업자를 선발해 정부자금을 지원하고 있었어요. 연구소에서는 3년간 휴직하는 조건으로 창업하도록 했지만, 저는 이를 거부하고 독자적인 창업을 결심했어요. 연구원 소속으로 사업을 하다보면 저의 모든 열정과 의욕을 불태우기가 힘들 것으로 생각했어요. 아무래도 안정된 직장이 있다는 자만심에 일을 그르칠 것으로 판단했어요." 지난 99년 그는 사업으로 승부를 건다. "책임연구원이라는 안정된 연구소 생활을 청산하고 내 사업을 시작했어요. 평생 연구만 한 사람이 무슨 회사를 세우느냐고 주위에서는 말렸지만 저는 긍정적으로 생각했어요. 도전하지 않으면 나중에 후회할 것 같았어요. 그래서 과감히 저의 길에 도전하기로 했죠."
그는 40살의 나이에 연구소라는 울타리를 뛰쳐나와 사업이라는 생존경쟁에 도전했다.

퇴직금 5,000만원으로 작은 사무실을 차렸고 연구원 1명과 일을 시작했다. 주위에서는 '짚을 지고 왜 자꾸 불구덩이로 들어가느냐'고 야단이었다. 하지만 그는 굴복하지 않고 이들의 고정관념에 과감히 응전했다.
"연구소 생활을 충실히 한 것이 사업의 밑천이 되었어요. 그린케미칼이 생산하고 있는 금속표면 경화제와 기름탈지제는 제가 연구생활을 하면서 개발한 거예요. 자신의 분야에서 최고가 될 정도로 노력하면 열매는 언젠가는 돌아오더라구요." 그는 창업이후 몇 달간 '돈가뭄 노이로제'에 시달렸다. 공장을 돌릴 자금도 없었고, 영업이나 마케팅에 대한 노하우도 전무한 상태였다. 성당에 가서 돈좀 보내달라고 기도를 할 정도였다.
"하지만 잘될 것이라고 긍정적으로 생각했어요. 그리고 연구개발에 매달렸죠. 보통 4~5시간씩 자면서 백방으로 뛰어다녔어요." 그는 지난해 40억원 가량의 매출을 올렸고 그동안 빌린 돈을 거의 갚았다. 금속표면 경화제와 기름탈지제 기술력이 알려지면서 대기업들이 너도나도 제품을 넣어달라고 아우성을 치고 있고, 창투사 등 벤처캐피털은 자금을 대겠다고 러브콜을 보내고 있다. 올해에는 설탕으로 만든 무독성 주방

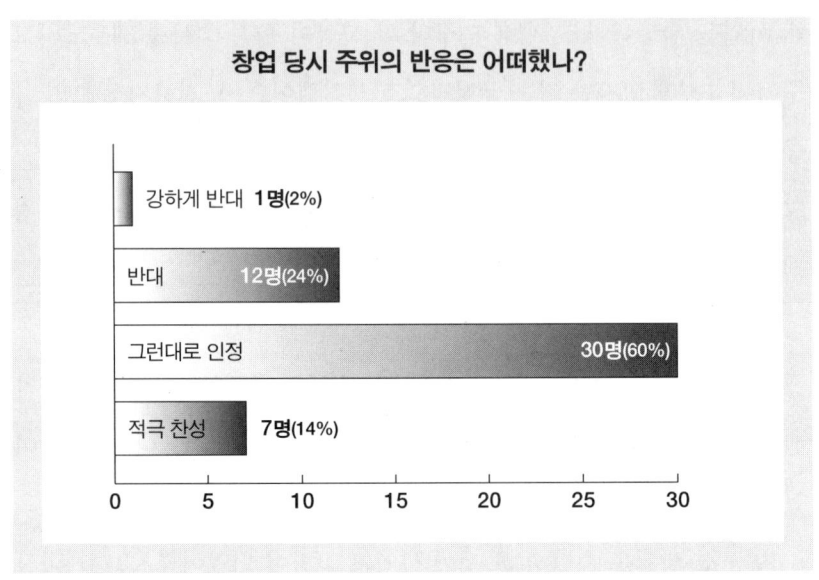

세제를 개발해 국내시장에 뛰어들었다.

"주방세제 시장은 LG, 애경, CJ, P&G 등 대기업과 외국회사들이 이미 시장의 80%를 장악하고 있어요. 하지만 저희들은 도전했어요. 기술력에 자신이 있는 만큼 도전장을 내걸었어요." 그린케미칼은 올해 주방세제 매출이 크게 늘어날 것으로 예상해 80억원의 매출을 목표로 하고 있다.

### 회의적이라고 생각하면 우리 삶은 온통 회색빛이 된다

필자는 성공한 백만장자 50명에게 '창업당시 주위반응은 어떠했습니까?'라고 물었다.

'적극 찬성해 주었다'는 7명으로 14%에 불과했고 '그런대로 인정했다'가 30명으로 60%를 차지했다. 또 '하지 말라고 했다'가 12명으로 24%를 차지했다. 이들 성공한 비즈니스맨들은 부모나 가족들, 회사동료들로부터 적극적인 찬성을 받지는 못했지만 과감히 그들의 사업에 도전했다. 남들의 회의적인 시각을 뒤로 하고 긍정적인 생각으로 삶을 개척한 것이다. 프런티어 정신으로 똘똘 뭉쳐있었던 것이다.

회의적이라고 생각하면 우리들의 삶은 온통 회색빛이 된다. 하지만 긍정적으로 사물을 보면 세상은 모두 장미빛이다. 회색 삶을 살 것인지, 장미빛 삶을 누릴 것인지는 지금 당신의 마음먹기에 달려있다. 당신의 신념을 믿어라. 그리고 당신이 가진 의심. 의심, 그 자체를 의심해야 한다.

# 31

알 부 자 들 의
성 공 X - 파 일

## 내가 안 풀리는 건 조상탓!

신파극 신세타령은 그만해야 한다. 남들은 이를 반기고 나를 앞질러간다.

## 우리집은 대대로 만석꾼(?)

'잘되면 내탓, 안되면 조상탓' 이라는 말이 있다. 자신의 처지를 비관해 어떠한 땀도 흘리지 않고 '내가 이렇게 된 것은 어쩔 수 없는 일이야' 하며 자포자기하는 사람들을 종종 본다. 부모님이 가난하니까, 물려받은 재산이 없으니까, 가방줄이 짧으니까, 외모가 뛰어나지 않으니까 등의 이유로 자신의 현재 처지를 다른 사람들에게 합리화시킨다.

우리들은 어릴 때 한번쯤 이런 얘기를 들은 적이 있다. 부모님이 자식들을 앉혀놓고 우리집은 대대로 만석꾼 집이었고, 앞산과 뒤산도 우리땅이었다고. 하지만 증조 할아버지나 할아버지가 보증을 잘못 써서 그 많던 땅과 논을 다 날리고 지금은 이렇게 산다고.

그리고 이런 말씀을 하신 부모님들은 하루하루 생계를 걱정하거나 직장에서 쫓겨날 것을 걱정하거나 매일 노심초사하는 심정으로 생활을 하는 것을 발견하게 된다. 자식들에게 핑계거리를 대는 모습이 어찌 안쓰러워 보이기도 할 것이다.

2002년 월드컵 열기의 현장으로 잠시 돌아가보자. 당시 히딩크 감독은 "한국은 유럽과 달리 선수들의 가정환경이 좋지 않다. 부모중에는 막노동을 하는 사람이 많다. 선수들이 불우하고 힘들게 자랐다."고 말한 적이 있다. 축구뿐 아니라 야구, 농구, 배구 등 구기종목 선수들은 가정 형편이 불우한 경우가 많다. 귀족스포츠라고 하는 골프나 승마 같은 종목과는 차원이 다르다.

지금 유럽에서 활약하고 있는 설기현 선수는 탄광에서 남편을 잃은 어머니와 전세집을 옮겨가며 운동을 했고, 김남일 선수는 "너만큼은 막노동을 해서는 안된다"는 아버지 말씀을 들으며 축구공을 찼다. 이영표 선수는 공사판에서 일을 하는 아버지와 식당일을 하는 어머니 밑에서 축구를 배웠고, 이천수 선수는 아버지가 직장을 잃어 끼니를 걱정해야 할 정도로 가난했다. 안정환선수는 빼어난 꽃미남 외모와 달리 도박에 빠진 어머니 밑에서 공을 찼다.

우리는 월드컵 4강 주역의 현재 모습에만 주목한다. 그들이 해외로 진출하면서 몇백만달러를 받고, 프로축구 리그에서 얼마의 연봉계약을 하며, 광고출연 한번으로 얼마만큼의 큰돈을 버는지에 이목을 집중시킨다.

그들이 경기장에 들어설 때 수많은 여학생 팬들이 플래시를 터뜨리며 환호하지만 정작 그들의 성공이야기를 열린 마음으로 알아보는 사람은 거의 없다. 왜 그들의 성공스토리에는 관심을 두지 않는 것일까? 힘들었던 과정을 '내가 따라할 수 있을까?' 하는 두려움에 먼저 포기하는 것은 아닐까?

### 해리포터 작가 JK롤링은 3류 작가였다

해리포터 시리즈로 세계적인 작가가 된 JK롤링을 보자. 그녀는 하루하루 빵을 걱정해야 하는 3류작가에 지나지 않았고, 남편과는 이혼했다. 찌든 생활의 연속이었다. 글을 쓰는 것만이 그녀의 유일한 즐거움이었다. 그녀가 신세를 한탄하고 환경탓으로 그녀의 운명을 돌렸다면 해리포터 시리즈는 탄생하지 못했을 것이다. 그녀는 영국의 엘리자베스 2세 여왕보다 더 큰 부자가 되어있다.

우리는 조상이나 환경탓을 하기에 시간이 너무 촉박하다. 50년~60년대 신파극에 나오는 신세한탄은 그만 접어두자. 여기에 소개된 백만장자를 포함해 중소벤처기업 현장과 생산공장을 뛰어다니면서 만난 알부자들은 '내 운명은 내가 개척한다'는 철학이 뚜렷했다.

앞에서 소개했지만 전자식 안정기를 생산하는 중앙전자통신 안종렬(59) 사장은 대표적이다. 필자는 그를 3번 가량 만났는데, 그의 열정과 패기에 '열심히 살아야겠다'는 동기부여를 받곤 했다. 그의 성공 이력서에는 굴곡이 패이고, 주름살이 많았지만 그는 이 모든 것을 스스로 극복했다.

안사장은 45년생 해방둥이다. 해방이후 우리나라 현실이 그랬던 것처럼 중·고등학교는 다니지도 못할 정도로 집은 지지리도 가난했다.

"신문배달을 하고 책을 판매하면서 악착같이 공부했죠. 정말 눈물나게 공부했어요. 독학으로 공민학교에도 들어가고 대학교까지 들어갔으니 상상해 보세요. 그 고생을. 부모님이나 주위환경탓을 할 시간에 신문을 한부라도 더 돌렸어요." 그는 돈이 없어 월남파병도 지원했다. 당시 월남파병 병장의 월급이 5급 공무원과 맞먹을 정도로 많았다고 한다. 월남에서는 탄피를 팔고 구리를 팔아 돈을 모았다. 이런 노력을 통해 국내 최고의 전자식안정기를 생산하는 중앙전자통신은 탄생하게 되었다.

"하루살이 인생들이 너무 많아요. 부모탓 이나 하고 도무지 미래를 준비하지 않아요. 제가 이만큼 올 수 있었던 것은 노력밖에 없었어요. 따져보세요. 학력이 있나. 재산이 있었나. 젊은 사람들에게 전하세요. 자기 인생은 자기가 책임져야 한다구요."

안사장은 개인 재산이 수십억원이 되는 백만장자다. 중앙전자통신 말고도 별도의 개인공장을 가지고 있고 여기서 임대수입으로 용돈을 마련한다. 알부자의 충고이니 귀담아 들어볼 일이다.

# 32

**알 부 자 들 의
성 공 X - 파 일**

## 쓰레기 더미에서 핀 장미

내가 옳다면 밀고 나가라. 주위사람들의 목소리가 때로는 나의 인생항로에 방해가 될 수 있다.

### 당신회사는 부도를 냈습니다

'당신회사는 부도를 냈습니다' 청천벽력 같은 소리였다. 그렇게 열심히 일하고 평생을 바쳤던 직장이 문을 닫아야 하다니. 직장이 부도나는 것은 상상도 하지 못한 일이었다. 많은 중소기업이 부도가 나 종업원들이 거래로 내몰리고 있다고 얘기는 전해 들었지만 그와는 상관없는 일이라고 여겼다.

에이치앤티 정국교(45) 사장의 얘기다. 그는 태일정밀 계열사의 사업본부장을 맡고 있었는데, 회사가 문을 닫아야 한다는 소식에 땅이 꺼져라 한숨만 내쉴 뿐이었다.

"앞이 깜깜했어요. 도저히 다시 일어날 수 없을 것이라는 불안감이 서서히 목을 조여오기 시작했어요. 주위 직원들도 하나둘씩 희망을 버리고 회사를 등지기 시작했고, 미래에 대한 희망을 얘기하기보다는 자조와 탄식이 여기저기서 흘러나왔어요. 97년 IMF 외환위기 이후라 사방에서는 부도니 도산이니 하는 암울한 뉴스만 신문지면을 도배했거든요." 그는 수차례의 심사숙고 끝에 그가 종업원들과 함께 회사를 인수한다면 승산은 충분하다고 판단했다. 주위에서는 쓰러진 회사를 어떻게 살릴 것이며, 돈도 없는 사람이 어떻게 회사를 경영하겠냐며 미친사람 취급했지만 그는 작은 희망의 끈을 잡고 인생을 걸기로 마음먹었다. 여기서 밀리면 더 이상 갈곳이 없다는 절박한 심정에서.

## 주위에서는 미친사람 취급했다

그는 가능성을 보았기 때문에 주위의 목소리와 고정관념은 무시해버렸다. 그리고 결정을 내린 이상 바로 행동으로 옮겼다.

"동고동락을 함께 했던 직원들이 하나둘씩 곁을 떠날때는 가슴이 미어졌어요. 하지만 남은 사람들은 살아 남아야 했어요. 저를 믿고 남아준 사람들을 위해서도 우리는 성공해야만 했습니다." 1,000명 이상의 직원들을 떠나보내고 남은 160명으로 다시 뭉쳤다. 회사는 돈이 없어 공장설비와 원자재를 퇴직금으로 지급했고, 그와 직원들은 이를 밑천삼아 회사 살리기에 나선 것이다. 회사가 성공하면 모두가 혜택과 이익을 누릴 수 있는 종업원지주제 형식으로 회사를 꾸려 나가기로 했다.

쥐도 궁지에 몰리면 발악을 하는 법이고 배수진을 치고 적군과 싸운다면 승리한다고 했던가? 그들은 눈물밥을 먹으며 성공과 희망의 끈을 절대 놓지 않았다. '깡'으로 뭉친다면 해낼 수 있다고 굳게 믿었다.

"회사를 떠나지 않고 남은 직원들과 2000년 신설회사인 에이치앤티(H&T)를 만들었어요. 저는 한 회사의 대표가 되었고, 160명 이상의 가족을 책임져야 하는 자리를 맡았어요." 정사장은 일본 마쯔시다 임원들을 직접 만나 제품을 계속 사용해줄 것을 부탁했으며, 마쯔시다 대표 앞에서는 눈물을 흘리고 제발 살려달라고 읍소까지 했다. 체면은 사치에 불과했다. 생존이 문제였다.

"지성이면 하늘도 감동한다고 하지 않습니까. 저는 이 말씀의 소중함을 가슴깊이 새기며 회사를 꾸려나가고 있어요. 주요 거래처였던 마쯔시다에 제품공급을 재개하고, 삼성전자도 기술력과 성실성을 믿고 공급계약을 맺어주면서 숨통이 트이기 시작했어요. 마쯔시다와 삼성전자 공급계약을 따내고 직원들과 얼마나 울었는지 모릅니다. 마음의 눈물 말이에요." 날밤을 새워가며 연구개발에 매달리고, 전사원이 영업에 치중하면서 기존 거래처들이 하나둘씩 거래를 재개해주었고, 특히 삼성전자는 H&T의 기술력을 믿고 자재공급 보증까지 서주면서 구매주문을 내주었다. 마쯔시다도 1,500만달러의 수출 주문을 내는 등 가시적인 성과가 서서히 나타나기 시작했다. 서광이 비치기 시작한 것이다.

## YES WE CAN

충북 청주산업단지에 있는 에이치앤티 본사 건물에 들어서면 'YES WE CAN(우리는 할 수 있다)' 이라는 문구가 끔지막하게 눈에 들어온다. 에이치앤티를 부실기업에서 오늘날 성공기업으로 이끈 경영철학이 YES WE CAN이었고 앞으로 세계시장으로 뻗어나갈 경영이념도 YES WE CAN이 될 것이라고 정사장은 말한다.

이 회사는 컴퓨터용 하드디스크 드라이브 핵심부품을 생산해 삼성전자 등 국내 대기업 전자회사에 공급하고 있고, 일본 등 해외시장에 수출한다. 부도의 아픔을 딛고 회사갱생의 노력이 결실을 맺으면서 설립 당해 연도인 2000년 415억원의 매출과 18억원의 당기순익을 기록, 재기의 발판을 마련했다. 당시 경쟁 업체였던 K사, A사 등이 잇따라 부도를 내고 쓰러지자 남아도는 공장설비를 싸게 사들여 생산규모도 늘려나갔다.

또 중국 하얼빈에 현지법인을 설립해 연간 1,000만개(2억달러 규모)의 헤드 어셈블리를 생산할 수 있는 능력을 갖추었고, 여기서 생산되는 컴퓨터 부품은 삼성전자를 통해 해외시장에 공급한다.

"2001년 5,000만달러, 지난해 7,000만달러 수출탑을 수상하는 등 경영실적이 급속도로 개선되고 있어요. 이는 부도의 아픔을 딛고 일어선 직원들의 땀과 눈물이 만들어낸 결과예요." 신용평가사들도 부실기업 딱지를 떼내고 투자적격 판정을 내렸고, 은행들도 자금대출을 해줄테니 돈 좀 빌려가라고 아우성이다. 최근에는 중국 모은행과 일본 투자사, 미국 은행 등이 잇따라 청주공장을 찾아와 지분투자를 제의했는데 주당 투자 금액이 액면가의 30배수에 달한다.

부실회사를 3년만에 매출 1,000억원 회사로 살린 저력은 무엇일까? 그는 상투적인 표현으로 들릴 지 모르지만 'YES WE CAN' 정신이 있었기에 가능했다고 강조한다. 원리원칙없이, 미래에 대한 가능성없이 무조건 시도하는 것이 아니라 비전과 확고한 신념을 가지고 도전하면 풍성한 열매를 보장받을 수 있다는 것이다. 노력하지 않고 감이 떨어지기를 기다리는 시간에 한 사람이라도 더 만나고 자기계발에 몰두한다면 성공은 보장된다는 평범한 진리와 원칙을 강조한다.

스티븐코비는 '성공하는 사람들의 7가지 습관' 이라는 책속에서 가장 먼저 '주도적으로' 일을 처리하라고 말했다. '남들이 하니까 나도 따라

가면 위험은 없을 거야' '남들이 안하는데 굳이 내가 할 필요가 있어' 등의 사고는 버려야 한다. 부도의 위험속에서도 창업을 하는 것이나, 바이어를 발굴하기 위해 눈물을 흘리면서까지 매달리는 것은 평범한 사람이 할 수 있는 일이 아니다. 내가 생각하는 방향이 옳다면 밀고 나아가는 주도적인 생각이 나를 변화시킬 수 있는 것이다. 정사장을 만나면 나도 힘이 솟고 정열이 불타오르는 것은 왜일까?

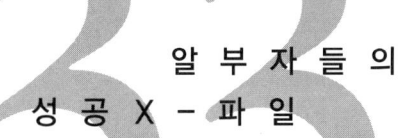

# 33 I Can Do It

알부자들의
성공 X - 파일

사람들은 임종을 맞으면 지나간 삶에 대해 후회한다고 한다. 열심히 살지 않아서가 아니라, 돈을 못 벌어서가 아니라, 인생에서 기회가 찾아왔을 때 과감하게 도전하지 못하고 포기했기 때문에.

### 소크라테스 제자의 일화

우연히 책을 읽다가 '소크라테스 제자의 필사적인 숨쉬기' 일화에 눈길이 끌렸다. 우리들에게 시사하는 바가 있어 독자 여러분에게 소개한다.

하루는 소크라테스의 한 제자가 소크라테스에게 이런 질문을 했다. "선생님! 저는 참지식을 얻기 원합니다. 제게 길을 가르쳐 주십시오." 그러자 소크라테스는 제자의 손을 끌어당기며 바닷가로 갔다. 그리고 제자의 머리를 차가운 바닷물 속에 처박았다. 시간이 흐르면서 숨이 막힌 제자는 필사적으로 버둥거리며 온몸을 비틀며 공기를 들이마시기 위해 안간힘을 섰다. 소크라테스는 제자의 머리를 들어올리며 이렇게 물었다. "자네는 물속에 머리가 처박혀 있는 동안 무슨 생각을 했는가?" 죽다가 살아난 제자는 이렇게 답했다. "숨을 쉬고 싶었습니다. 단지 공기를 들이마시고 싶다는 생각밖에는 없었습니다." 소크라테스는 다시 말했다. "자네가 죽을 힘을 다해 공기를 들이마시기를 원했던 것처럼 지식을 얻기를 갈망한다면 반드시 자네가 원하는 지식을 얻을 수 있을 걸세."

죽을 힘을 다해 갈망한다면 우리가 원하는 것을 이룰 수 있다는 소크라테스의 말이 너무나 고전처럼 들려 진부한가? 가슴에 와 닿지 않는가? 하지만 우리가 항상 읽었다고 생각하지만 한줄도 읽지 않고 귀동냥으로 어슬프게 알고 있는 것이 고전이다.

이 글을 읽는 독자들은 부자를 갈망할 것이다. 아니 세상 모든 사람들은 풍족하고 여유롭게 살기 위해 부자되기를 원한다. 하지만 우리 스스로를 한번 되돌아보자. 부자가 되기 위한 인생계획표를 우리는 짜고 있는가? 5년, 10년뒤 얼마만큼 벌어서 어느 정도의 집으로 이사를 갈 것인지, 삶의 청사진을 제대로 실천하고 있는가? 목표도 없이 하루하루 소비하며 대책없이 살고 있지는 않은가? 로또 복권을 수십장 사기보다는 5년후, 10년후 나의 인생계획서를 짜서 소크라테스의 제자가 공기를 마시고 싶어했던 것처럼 부자를 갈망하며 열심히 일을 찾는 것은 어떨까? 내가 나의 인생목표를 세우지 않는데 누가 나를 위해 친절하게 삶의 청사진을 제시해 주겠는가? 부자들은 인생계획표가 있다. 그리고 그들은 도전한다. 다만 남들에게 알리지 않고 혼자 스스로 일을 추진하고 있을 뿐이다. 단지 우리들은 그것을 모를 뿐이다.

훗날 부자들은 성공하고 나서 옛날의 추억을 우리들에게 들려줄 뿐이다. 우리는 주도자가 아니라 추종자가 되어 그들의 성공 X파일을 다시 들어야 한다. 차이는 그들은 '할 수 있다'는 신념으로 도전했고 우리는 '불가능할 거야' '내가 어떻게 그런 일을' '지금이 딱 좋아'라고 생각하며 포기했다는 차이가 있을 뿐이다.

사람들은 임종을 맞으면 지나간 삶에 대해 후회한다고 한다. 열심히 살지 않아서가 아니라, 돈을 못 벌어서가 아니라, 가족들에게 소홀해서가 아니라, 인생에서 기회가 찾아왔을 때 과감하게 도전하지 못하고 포기했기 때문이라고 한다. 먼저 겁을 먹고 포기할 때가 가장 아쉬웠다고 한다. '그때 내가 조금만 더 주도적으로, 적극적으로 생각하고 행동에

옮겼더라면 이렇게 후회는 하지 않을텐데'

## 부자들은 도전이라는 DNA를 가지고 있다

우리는 생태적으로 변화를 싫어한다. 회사에 인사가 있으면 모두 이목을 집중하는 것도 기본적으로 변화를 싫어하기 때문이다. '이번 인사로 나의 상사가 바뀌면 어떻게 하나. 그동안 현재 상사와 잘 지내왔는데' '내가 다른 부서로 가면 어떻게 하나. 잘 할 수 있을까' '다른 부서로 가면 또 고생하겠네' 걱정뿐이다. 내가 지금 하고 있는 일에 안주하려는 마음이 강하기 때문이다. 그들은 '도전하지 않는 삶이 최고다. 그냥 그렇게 둥글둥글 사는 것이 가장 좋은 인생 처세술'이라고 외친다.

지금 당장은 맞는 말이다. 스트레스도 없고, 고민할 것도 없고, 발품을 팔아가며 노력할 것도 없으니 천국이 따로 없다. 하지만 시간이 조금만 지나면 생각이 바뀔 것이다. 큰 데로 집을 옮기고 큰 차를 사고 해외여행을 나가는 친구들이 하나둘씩 생겨나면 자신의 생각이 잘못되었다는 것을 알게 된다. 그때서야 현실이 천국이 아니라 지옥으로 통하는 문이었다는 것을 느끼게 될 것이다. 문제는 그들이 이러한 상황인식을 하고서도 다시 도전하지 않는다는 것이다. 이제는 '나이가 들었다'고 변명을 늘어놓는다. 그들의 신체에는 도전이라는 DNA가 아예 없는 것이다.

필자는 실리콘밸리의 신화로 불리우는 김태연(58) 미국 라이트하우스

회장의 강연을 들은 적이 있다. 그녀는 불우한 가정환경에서 자라나 24살때 미국으로 혼자 건너가 태권도 도장을 운영하며 주경야독 끝에 연간 1억달러의 매출을 올리는 반도체 장비회사를 일구어냈다.

"제가 어린시절을 보낸 40년~50년대에는 남아선호사상이 지배적이었어요. 가족들은 저를 구박했죠. 하늘의 별을 보고 참 많이도 울었어요. 저는 경제적으로 힘든 시기에, 여자는 제대로 취급도 안하는 환경에서 자랐어요. 하지만 저는 자신감만은 잃지 않았어요." 미국 이주 초기에는 태권도를 가르치며 기반을 닦았고, 85년부터는 캘리포니아로 이주, 실리콘밸리에서 사무실을 얻어 사업을 시작했다.

현재는 라이트하우스 이외에 컴퓨터 교육과 생명공학 분야에 계열사를 거느리고 있는 TYK그룹의 총수로 있다. 그녀가 홀홀단신 미국으로 건너가 성공한 백만장자가 될 수 있었던 노하우는 무엇일까? "우리들은 오늘 내가 살고 있는 팔자를 기구하다고 운운해서는 안되요. 변명에 지나지 않아요. 아무리 가정환경이 어렵고 신체적으로 불편하더라도 오늘의 나는 결국 내가 만든 것이에요. 남을 탓하거나 환경에 책임을 전가해서는 안되요."

### 원본(原本)이 되라(Be an Original)

그녀는 철저하게 '원본(原本)이 되라(Be an Original)' 고 조언한다. 남들이 살고 있는 대로 따라가는 사본(寫本)이 아니라 철저하게 나 자신의 삶을 계획하고 실천에 옮기라고 말한다.

"우리들의 삶은 누가 만들어 주는 것이 아니에요. 결코 남이 가는 안일한 길을 선택하지 마시고, 자신만의 길을 걸어가야 해요. 치사하게 팔자를 얘기하지 마세요." 그녀는 외친다. 'He Can Do. She Can Do. Why Not Me?' 내 주위 아줌마와 아가씨들이 할 수 있고, 내곁에 있는 아저씨와 친구들이 할 수 있는데 왜 나는 안된다는 말인가? 첫출발은 똑같이 했는데 어떤 사람은 연봉 1억원 이상을 받거나, 헤드헌트들의 스카우트 대상이 되고 있는데 왜 나는 버려지는 것일까? 왜 나만 안되는 것일까? 나도 할 수 있다. 남들이 하면 나도 할 수 있다는 자신감을 그녀는 강조한다. " 'He Can Do. She Can Do. Why Not Me' 이 말은 미국에 특허로 등록이 되어 있어요. 아무나 함부로 쓸 수 없어요. 이말은 단순한 단어의 나열이 아니에요. 저의 삶의 과정과 철학이 고스란히 담겨져 있는 말이에요." 그녀는 오늘을 철저하게 살아라 한다. 우리가 '내일 죽을지도 모른다' 는 생각으로 하루하루를 살다보면 부와 성공은 성큼 우리들 곁에 다가온다고 말한다.

필자는 수도권 공단과 부산, 창원, 진주, 울산, 포항 등 지방공단을 찾아다니면서 'CAN정신' 을 강조하는 회사들의 사장들을 만나곤 한다. 그중에서도 바로 앞에서 본 에이치앤티 정국교(45) 사장과 은성코퍼레이션 이영규(45) 사장을 잊을 수 없다.

에이치앤티는 태일정밀 계열사 직원들이 부도난 회사의 설비자재 등을 퇴직금으로 받아 설립한 회사다. 모두가 불가능하다고 했지만 그들은 죽은 회사를 살려냈다. 그것도 올해 1억달러 이상의 매출을 겨냥하고 있는 견실한 중소기업으로. "본사건물에 'YES WE CAN' 이라고 쓰여져 있어요. 우리 직원들은 이 모토를 보며 97년 부도날 당시의 암담한 과거를 잊지 않고 있어요. 할 수 있다는 자신감과 용기만 있으면 우리는 일어설 수 있어요. 결코 좌절해서는 안됩니다."

### 부자는 CAN, 가난한자는 CAN'T 정신이 지배하고 있다

당시 계열사 상무로 있으면서 직원들에게 자신감을 불러일으키며 회사를 일으킨 정사장의 말이다. 내가 일어 서려고 하는 의지가 있으면 주위에서 도와준다고 한다. 에이치앤티도 재기의 몸부림에 감동한 삼성전자와 일본 마쯔시다가 기존 거래를 끊지 않고 거래를 계속 터주었다. 우리가 하려고 하는 의욕과 자신감이 없다면 남들은 우리를 외면하게 된다. 자신감이 있으면 길은 보이게 되는 것이다. 에이치앤티는 국내 최고 수준의 컴퓨터 하드디스크 드라이브 부품과 고용량 저장장치를 생산하고 있다.

극세사(極細絲)를 생산하는 은성코퍼레이션 이영규 사장의 방에 들어서면 역시 'I Can Do It' 이라는 문장을 보게 된다. "새로운 분야에 도전하게 될 때, 아니면 우리에게 기회가 찾아왔을 때, '될까 안될까' 가 아니라 '반드시 된다' 라고 생각해야 합니다. 될까 안될까 머리를 굴리다보면 기회는 우리를 뒤로하고 달아나요. 그럴 시간이 없어요. 내가 선택한 길이 바르다고 생각한다면 할 수 있다는 자신감과 용기를 갖고 과감하게 도전해야 해요." 우리는 '내가 사업을 하면 열심히 할텐데' 라고 말한다. 그리고 그들은 직장생활은 내 사업이 아니니까 대충대충 해도 된다는 생각을 가지고 있다. "잘못된 생각이에요. 직장생활에서 책임을 다하지 않는 사람은 결코 자기 사업도 잘 할 수 없어요. 월급받기 위해 회사다닌다고 생각할 것이 아니라 자기회사라고 생각해야 해요. 내가 언젠가는 회사를 차릴 수도 있다는 각오로 일해야 해요. 그럼 회사를 위해 일하는 것이 아니라 내 자신을 위해 일하고 있는 자신을 발견하게 될 겁니다."

그는 대기업에서 나와 약진통상이라는 조그마한 중소기업에서 일하고 있을 때 주위사람들이 그를 사장의 가족이거나 친척인 줄 착각했다고 한다. 너무 열심히 일하다 보니까 남들이 보기에는 '자기 일도 아닌데 저렇게 열심히 일할 리가 없고, 분명 가족이니까 저렇게 열심히 일하겠지' 라고 생각했다고 한다.

> 김태연 회장의 'He Can Do, She Can DO, Why Not Me' 정신과 에이치앤티와 은성코퍼레이션의 'CAN' 정신은 우리에게 무엇을 말하는 것일까? 악으로 깡으로, 할 수 있다는 자신감과 용기로 덤빈다면 세상에 못 이룰 일은 없다는 것을 보여주는 것은 아닐까? 어떤 사람들은 고개를 설레설레 저으며 비웃을지도 모른다. 하지만 그들은 결국 성공한 백만장자가 되어 실증적으로 보여주고 있지 않은가? 우리에게는 CAN'T 정신이 숨어있는 것은 아닌지 되돌아 볼 일이다.

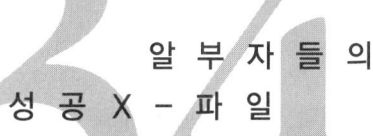

# 34 알부자들의 성공 X-파일

## 부자 아빠 아래 부자 자식 있다

부모가 돈을 다룰 줄 알면 아이들이 백만장자로 성장할 확률이 일반 아이들보다 100배 높다.

우리 속담에 '부자가 망해도 삼년은 간다' 라는 말이 있다. 갑부들은 망해도 뒤로 챙겨둔 돈이 많아 아버지가 망해도 아들과 손자들은 남은 돈으로 떵떵거리고 살 수 있다는 것으로 풀이하는 사람들이 많다. 우리나라 사람들은 옛날부터 돈을 중요시하지 않았다. 사농공상(士農工商)에 기초해 선비를 가장 높이 평가했으며 이어 농업, 공업, 상업 순이다. 물건을 사고 팔아 돈을 모으고 거부가 되는 것은 아랫사람들이나 하는 일로 여겼다. 양반이 상인에게 돈을 건네줄 때에도 접시에 돈을 담아 주었다고 할 정도이니 돈 만지기를 엄청 싫어했나 보다. 아직도 우리주위에는 돈 이야기를 하고 재테크를 얘기하면 '돈독이 오른 사람' '돈에 걸신 들린 사람' 이라며 눈아래로 보는 사람들이 많다. 부자가 망해도 아들이나 손자들은 떵떵거리고 산다는 인식의 이면에는 부자들은 뒤로 돈을 챙긴다는 의미가 짙게 깔려 있는 듯 하다. 부자들을 곱지 않은 시선으로 보는 것도 이 때문이다.

### 부자가 망해도 3년을 가는 데는 이유가 있다

하지만 필자의 생각은 다르다. 부자가 망해도 3년은 가고 아들이나 손자들이 다시 부자가 되는 것은 뒤로 숨겨둔 돈이 많아서 그런 것이 아니다. 아들이나 손자가 부자 아버지의 돈에 대한 철학과 돈을 모으기까지의 과정을 옆에서 지켜보고 자랐기 때문에 그들은 부자되는 방법을 알기 때문이다. 부자아빠 옆에 부자아들이 많은 이유를 여기서 찾는 것은 과장된 것일까? 부자아들은 부자아빠가 어떠한 궂은 일을 하며 돈을 모았고, 어떻게 재테크를 하며 돈을 굴리는지, 어디에 투자하면 좋은지 옆에서 지켜 보았을 것이다. 그래서 부자아빠가 망하더라도 부자아들은 옆에서 보고 배운 경험을 살려 부자의 길에 다시 오를 수 있는 것이다.

독일의 한 연구소에 따르면 부모가 돈에 대한 개념이 없으면 아이들이 백만장자가 될 확률이 500분의 1로 낮아지는 것으로 나타났다. 반면 부모가 돈을 다룰 줄 알면 아이들이 백만장자로 성장할 확률이 5분의 1로 높아진다고 한다. 부자아빠 밑에 부자아들이 있는 이유를 잘 설명해 주는 대목이다. 특히 백만장자의 자녀들은 돈 한푼 물려받지 않아도 백만장자가 될 확률이 일반인보다 훨씬 높다는 것이 연구결과의 핵심이다. 이는 돈의 개념을 이해하는 가정의 자녀들이 그렇지 않은 가정의 자녀들보다 백만장자가 될 확률이 100배 높다는 말이 된다.

부자아빠가 망해도 부자 자식이나 부자손자들이 계속 나타나는 것은 남몰래 뒤로 숨겨놓은 돈이 있어서가 아니라 자식이나 손자들이 부자아빠를 보고 많은 것을 배우기 때문이다.

여기에도 커다란 전제가 있다. 부자아빠가 진실로 열심히 생활하고, 피와 땀을 흘려 일을 했다는 조건이 붙어있다. 노력의 대가로 부와 재산을 모았다는 전제이다. 우리 주변에는 일확천금으로 갑자기 부자가 된 사람들이 많다. 지난 99년과 2000년 벤처열풍을 타고 사업을 하는 사람들이라면 너도나도 코스닥시장으로 몰렸다. 그때는 세상사람들이 주식에 열광한 때였다. 농부들은 소를 팔아 주식을 했고, 직장인들은 은행에서 대출을 받아 증권사를 찾아갔고, 가정주부들도 그동안 저축한 적금을 해약하고 증권사 객장을 기웃거렸다. 사업가들은 주식가치의 몇십배나 되는 금액으로 공모를 해 돈을 끌어모았고, 일반 사람들은 주식청약에 목숨을 걸고 한주라도 더 받기위해 객장을 찾아다녔다. 일부 벤처 졸부들은 주가를 조작해 수백억원의 돈을 챙기기도 했다. 무슨 무슨 게이트니, 스캔들이니 하며 연이어 사고가 터지면서 졸부들의 행태가 사회이슈가 되기도 했다.

이글을 읽는 독자들은 필자가 여기서 얘기하는 부자아빠가 이런 사람들이 아니라는 것을 알고 있을 것이다. 우리가 얘기하는 부자아빠는 노력과 피와 땀의 결정체로 오랜시간에 걸쳐 만들어진 부자들이다. 돈의 참된 가치를 아는 사람들이다. 기회를 잡고, 자신만의 길을 선택하고, 변화를 두려워하지 않고, 도전하는 사람들이다. 이들의 성공과 행복 뒤에는 노력이라는 아름다운 씨가 뿌려져 있다. 땀을 흘려 노력하고, 남들이 잘 때 일을 하고, 남들이 쉴 때 자기계발을 한 열정적인 사람들이다.

### 몇 개의 아르바이트를 했나요?

필자는 성공한 알부자 50명에게 '학창시절을 보내면서 아르바이트는 몇 개나 해 보셨나요?' 라고 물어보았다. 그들은 대부분 사업가들이라 부자환경에서 창업을 한 것으로 필자는 선입견을 가지고 있었다. 그리고 그것은 확실히 나의 고정관념이었다. 41명인 82%가 1개 이상의 아르바이트를 했다고 대답했으며, 3~4개를 했다가 11명으로 22%, 5개 이상이라고 대답한 사람도 5명으로 10%

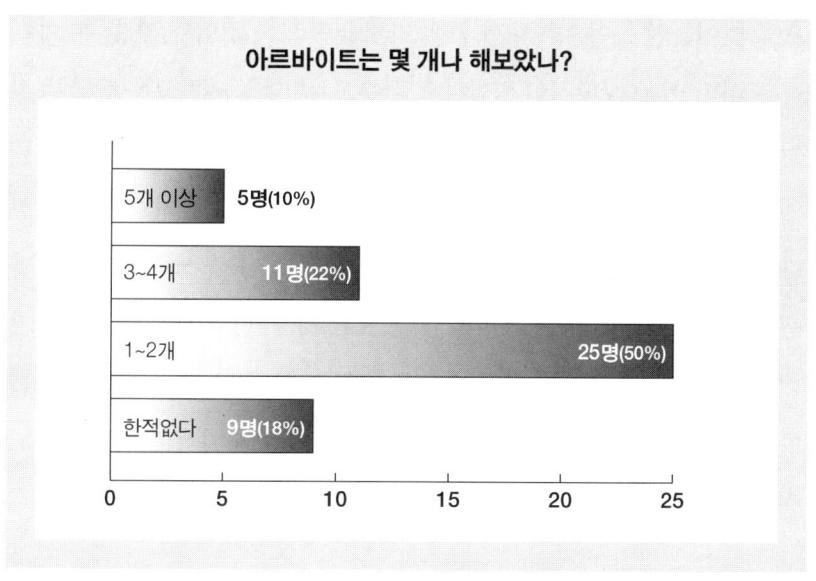

를 차지했다. 해 본 적이 없다고 답한 사람은 9명으로 18%에 불과했다.

특히 완구업체인 손오공 최신규 사장의 경우에는 13살때부터 세공사, 주물공 등으로 모진 세파를 이겨내며 돈을 모았고, 길라씨엔아이 김동환 사장은 계란장사, 파출소 소사, 걸레장사 등을 하며 돈을 벌었다. 그들은 성공했기에 그들의 과거도 아름답게 보인다.

일확천금 졸부의 아이들과 성공한 백만장자들의 아이들이 어떻게 다를 지는 쉽게 상상이 갈 것이다. 졸지에 부자가 된 사람들은 돈의 가치를 모르고 흥청망청 써댄다. 수천만달러의 복권에 당첨된 사람이 몇 년후에 빚쟁이로 돌변해 있는 것을 우리는 해외 토픽을 통해 보고 듣는다. 땀으로 벌어들인 돈이 아니니까 돈의 가치를 모르는 것이다. 이를 본 아이들은 어떠할까? 상대적인 박탈감으로 부모보다 더욱 큰 고통을 당할 것이다. 같은 1억원이라도 1,000만원에서 시작해 1억원을 모은 사람과 10억원에서 1억원으로 돈이 줄어든 사람 사이에는 가치관의 차이가 엄청나다. 전자의 부자아빠, 부자 자식들은 '하면된다' '노력하면 부자가 될 수 있다'를 외치며 동기부여를 받는다. 하지만 후자의 졸부아빠, 자식들은 '이제 끝이다' '절대 재기할 수 없을 거야' 등을 연발하며 한숨만 짓는다. 부자아빠 옆에 부자 자식이 있는 것은 부자아빠의 열정과 노력과 땀과 결단력을 아이들이 보고 자라기 때문이다.

요즘 어린이 경제교육이 열기를 뿜고 있다. 강연회와 캠프가 인기를 끌고 있으며, 이를 통해 어린이들은 물물교환과 은행의 역할, 돈의 흐름, 신용카드 사용, 저축과 절약 등 기본적인 경제개념을 익히게 된다. 아동용 경제교육서 '열두살에 부자가 된 키라'의 저자인 보도섀퍼(Bodo Schafer)도 "백만장자가 되는 것이 인생의 목표는 아니지만, 돈을 이해하면 아이들의 미래는 더욱 밝아진다"고 강조하고 있다.

### 자식에게 재산중 몇 %를 물려주실 생각인가요?

필자가 만난 부자아빠들도 자녀교육에 철저했다. 일부 부자아빠들은 허투로 돈을 주는 일 없이 반드시 노동을 해야 용돈을 주었고, 많은 부자아빠들은 자식들이 원하는 정도까지 교육만 시키고 사업이나 재산은 일

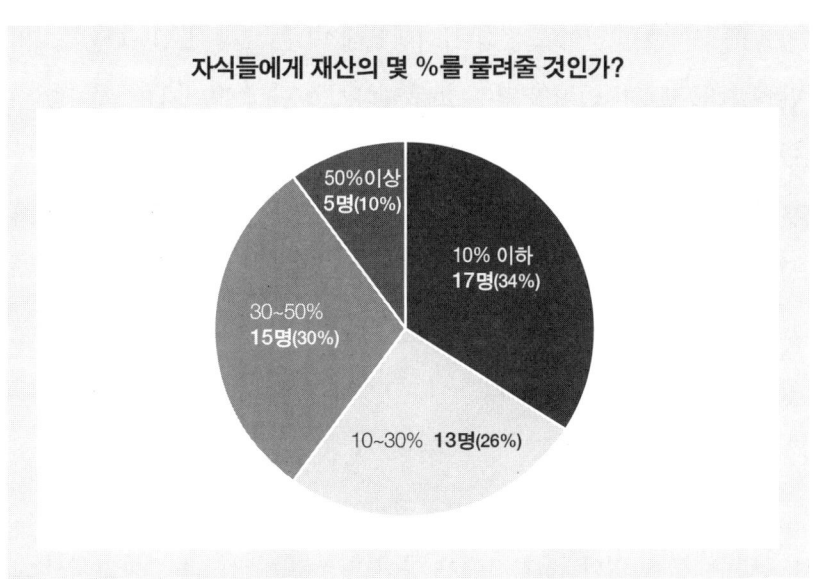

절 물려 주지 않을 것이라고 한다.

그들에게 '훗날 자식들에게 재산의 몇 %를 물려주실 생각인가요"라고 물었다. 전혀 주지 않는다를 포함해 10% 이하가 17명으로 34%로 가장 많았다. 그리고 '10%초과~30%'가 13명인 26%, '30%초과~50%' 가 15명으로 30%를 나타냈다. 재산의 절반 이상은 물려주지 않겠다고 대답한 응답자가 90%에 달한 셈이다. 50% 이상은 5명으로 10%에 불과했다.

이들은 하루아침에 벼락부자가 된 것이 아니라 오랜 시간동안 피와 땀을 흘려가며 성공과 부를 달성한 자수성가형 백만장자들이다.

자식들에게 무턱대고 재산을 물려주는 것은 자식들의 앞길을 가로막는 행위라고 말한다. "자식들에게 물고기를 주기보다는 물고기 잡는 방법을 가르쳐주는 것이 그들의 사회생활에 더 큰 도움이 됩니다. 물고기만 주면 물고기가 없어질 경우 그들은 다시 가난하게 되지요. 재기할 수 있는 방법과 노하우가 전혀 없기 때문이죠. 자식들이 원하는 정도의 공부는 시켜줄 수 있지만 더 이상은 안돼요. 그들의 삶과 행복과 재산은 자신들이 책임져야 합니다." 성공한 백만장자들은 오히려 보통 사람들이 자식들을 대하는 것보다 더 냉철하고 객관적으로 아이들을 교육시키고 있다는 느낌을 강하게 받는다.

앞에서 얘기했지만 아동용 가구업체인 도도가구 길준경(44) 사장은 18살된 아들이 있다. 청각장애가 있어 지금은 미국의 특수학교에서 교육을 받고 있다. "남의 말을 듣는데 지장이 있다보니 수화로 대화하는 경우가 많아요. 여름방학이라 한국에 들어와 있는데 저는 매장에서 일을 시키고 있어요. 청각장애가 있다고 해서 울타리 속에 가두어서는 안 되요. 학교를 졸업하면 사회생활을 해야 하는데 미리 준비를 해야죠. 일당은 매장 직원보다 오히려 적어요. 다른 회사에서는 고용하지도 않는데 오히려 고마운 줄 알아야 되요." 그녀는 몸이 불편한 자식일수록 더욱 강하게 키워야 한다고 말한다. 그녀는 자식에게 물고기를 잡는 법을 가르치고 있었다.

### 짠돌이 백만장자 아빠

앞에서 본 하나투어 박상환(47) 사장도 아들과 딸을 두고 있다. 집에서 자식들에게는 '짠돌이 아빠'로 불린다. "용돈장을 쓰게 하고 있어요. 지출과 소비의 개념을 제대로 가르쳐야 되요. 집사람과 제가 일일이 용돈장을 올바르게 쓰고 있는지 체크해요. 돈의 가치를 알아야지 낭비를 하지 않죠."

여러번 얘기했지만 은성코퍼레이션 이영규(45) 사장도 예외가 아니다. 그는 고등학교 2학년 딸아이와 초등학교 6학년 사내아이가 있다. "아이들이 사고 싶어하는 물건이 있으면 그냥 그대로 사주지 않아요. 항상 옵션이 붙죠. 사는 물건 가격의 절반은 아이들이 부담해야 되요. 휴대폰을 산다고 하면 아이들이 휴대폰 가격의 50%를 용돈으로 모아 가져오면 나머지 50%를 주고 있어요. 3년동안 사용한 핸드폰을 최근에 바꾸어 주었어요." 이사장은 자식들이 돈을 어디에 쓸 것인지 결정하도록 훈련시키고 있다. 부자아빠라고 해서 아이들이 원하는 물건을 마구 사다주면 아이들의 돈에 대한 개념이 없어진다고 말한다.

> 독자 여러분들은 자식들에게 어떠한 방식으로 용돈을 주고 있는가? 사달라고 해서 모두 사다주는 부모는 아닌가? 백만장자 부자아빠들은 자식들에 대해서도 냉철하다. 그들은 결코 물고기를 주지 않고 낚시하는 방법을 전해주고 있다. 부자아빠 밑에서 자란 아이들이 백만장자가 될 가능성이 높다는 연구는 필자가 보기엔 참말이다.

알 부 자 들 의
성공 X - 파일

# 35

## 어린 코끼리의 슬픔

달을 향해 쏴라. 빗나가더라도 최소한 높게 날아가지 않는가!

어린 코끼리의 비애를 들은 적이 있다. 동물원에 가면 많은 코끼리를 볼 수 있다. 조련사는 어린 코끼리가 태어나면 목에 밧줄을 걸어 기둥에 묶어둔다. 아기 코끼리는 기둥을 벗어나 울타리를 넘어 여기저기 돌아다니고 싶어 낑낑거리지만 제풀에 지쳐 힘만 빠질 뿐이다. 결국 아기코끼리는 밧줄이 목에 매어져 있는 한, 아무데도 갈 수 없다는 것을 알고 모든 것을 포기한다.

조련사가 주는 먹이를 먹으며 매년 그렇게 아기코끼리는 커간다. 울타리 안에서 먹을 것은 해결할 수 있지만, 그대신 자유를 잃었고, 울타리를 넘어서 활기차게 걸어 다닐 의욕도 상실하고 말았다. 왜냐하면 울타리를 넘어서는 안된다는 훈련을 무의식중에 배웠기 때문이다.

오늘을 살아가는 우리들의 모습도 이와 별반 다르지 않다. 회사원이건 가정주부건 평범한 사람들은 나를 둘러싸고 있는 울타리를 넘어서는 것을 두려워한다. 그리고 그 울타리가 나의 세계를 제한하는 것으로 믿어버린다. 울타리를 훌쩍 뛰어넘어 새로운 도전을 하려는 마음을 가지지 못한다. 우리는 단지 작은 밧줄에 우리의 목이 걸려 있다는 단순한 사실만 안채 불평을 늘어놓기 바쁘다. 성공한 백만장자들은 자기를 구속하고 있는 밧줄을 단호히 끊고 자기만의 길을 스스로 개척해 나갔다.

### 밧줄을 끊어라

창원에서 스테인리스 소재의 시계부품을 만드는 강진특수강 강진규

(45) 사장도 밧줄을 단호히 끊고 자신만의 길을 개척하며, 자수성가한 사람이다. 일본 시티즌사를 비롯해 카시오, 세이코 등에 제품을 수출하고 있고, 국내에서는 SWC(삼성시계), 아남시계, 오리엔트, 로만손 등 대형 회사에 제품을 공급하고 있다. 시티즌사가 신뢰하는 기술력인 만큼 일본 회사는 물론이고, 국내 업체들도 강진특수강 제품을 믿고 찾는다. 올해에는 100억원의 매출달성이 가능할 것으로 보고 있다.

강사장의 성공비결은 무엇일까? 강사장은 시험에는 젬병이었다. 수도권대학 시험에 응시했다가 떨어져 지방의 공대에서 금속소재 공부를 했다. 학생회장도 출마했지만 역시 낙마했다. 금속분야를 더 공부하기 위해 KAIST 대학원에 응시했지만 이번에도 보기좋게 물을 먹었다. 친구들은 '이류인생' 이라고 놀려댔다. 마침내 국민대학교 대학원에 들어가 금속분야 공부를 이어갔다.

80년대 초반만 해도 우리 경제는 자동차, 조선, 철강 등 금속소재 산업이 활황을 이루고 있었다. "한우물을 팠어요. 점점 전문화되는 사회에서 이것저것 하다보면 나만의 경쟁력을 가지기가 힘들 것이라고 생각했어요. 자기분야에서 기술을 인정 받는다면 언젠가는 기회가 올 것이라고 확신했죠." 84년 강사장은 삼미특수강에 들어갔다. 샐러리맨 생활이 시작된 것이다. 그는 해외에 나가서 좀더 많은 지식과 기술을 배우고 싶어 일본파견을 자청했다. 6개월 가량 준비과정을 밟고 있는데 회사에서 이상한 조짐이 감지되었다.

삼미그룹이 휘청거리면서 정리해고 바람이 불었고, 동료들이 회사에서 나가야 하는 상황이 벌어졌다. 당시만 해도 삼미특수강 창원공장은 창원지역에서 직원들의 승용차가 가장 많을 정도로 직원들의 생활이 나은 편이었다.

"일하고 싶어도 직장에서 떠나야 하는 사람들을 지켜보면서 적자생존의 법칙을 실감했어요. 기업들은 자기들의 필요에 따라 사람을 잘라 버리잖아요. 당연히 해외에서 공부하고자 했던 나의 꿈도 날아가 버렸죠. 이곳은 나의 꿈을 실현할 수 있는 곳이 아니라는 생각을 했어요."

### 40·40의 법칙

우리는 학교에서 열심히 공부하고, 좋은 대학에 들어가고, 대기업에 입사하는 것을 성공의 정도코스라고 생각한다. 대기업에 들어가면 성공 사다리가 놓여져 있고, 시간만 지나면 출세가도를 달릴 수 있을 것이라고 기대한다. 대리에서 과장을 거쳐 부장이 되고 다시 임원이 되는 길이 놓여져 있다고 믿는다.

하지만 로버트 기요사끼가 '부자아빠 가난한 아빠'라는 책에서 얘기하는 것처럼 샐러리맨으로는 시간과 돈으로부터 자유로울 수가 없다. 1주일동안 40시간씩 40년동안 일을 해야 빵문제를 겨우 해결할 수 있을 뿐이다. 아침부터 저녁까지 일하고, 여기에 다시 야근을 해도 가족들 데리고 제대로 해외여행 한번 못가는 처지가 된다.

"40·40의 법칙(1주일 동안 40시간씩 40년을 일하는 것)을 벗어나기 위해서는 결단을 내릴 필요가 있었어요. 한곳에 내 모든 것을 의지할 수는 없었죠. 그래서 사표를 내고 사업을 시작하게 되었어요. 금속소재 분야에서는 자신이 있었기 때문에 성공할 수 있다고 생각했어요. 승부수를 던진 셈이죠." 주위에서는 '앞으로 어떻게 살래?' '그냥 다른 대기업으로 가서 편안하게 살아라' '왜 굳이 위험을 무릅쓰고 도전을 하느냐?'며 만류했다. 부산은행 지점장이었던 선배의 도움으로 달랑 3,000만원을 가지고 시작했다. 아무것도 없었다.

**대기업에서 편안하게 지낼 수도 있었는데!**

"마음은 편안했어요. 내가 일한 만큼 성공할 수 있다는 생각을 하니 잠이 오지 않았어요. 물론 고생은 하겠죠. 하지만 고생하지 않고 어떻게 돈을 벌겠어요." 열기가 쏟아져 나오는 사무실에서 몇 명의 직원들과 밤낮으로 일했다. 한여름에는 흰 런닝이 땀으로 흠뻑 젖었고, 아래 속옷도 땀으로 범벅이 되었다. 볼펜 몇개, 전화기 한대를 놓고 거래처에 전화를 했다.

"돈이 없어 외주공장을 쓰다보니 납기도 제대로 맞출 수 없고, 품질관리도 힘들어 속이 많이 상했습니다. 이래서는 고객들에게 믿음을 줄 수 없다고 판단해 95년 45평 규모의 작은 공장을 마련했지요. 기계도 3개를 설치했어요." 하지만 성공한 백만장자들이 그랬던 것처럼 강사장도 최악의 위기를 맞았다. IMF로 거래처 회사들이 부도가 나고 수요가 급격히 줄어들면서 공장가동이 중단되고 말았다. 6개월 가량 가동을 멈추다 보니 회사는 문을 닫아야 할 지경까지 내몰렸다.

"돌이켜보면 힘든 시기였습니다. 방황도 많이 했죠. 나의 결정이 잘못된 것은 아닌가! 대기업에서 편안하게 지낼 수도 있었는데! 한달간 등산을 하며 마음수련을 많이도 했습니다." 집도 경매로 날아갈 처지에 놓였고, 아내에게 생활비를 건네주지 못해 집안살림도 기울어갔다. 하지만 기존 거래처가 쓰러지는 것을 두고볼 수 없어 외상으로 제품을 공급해 주었다. 오랫동안 거래를 해왔는데 돈이 없다고 해서 물건공급을 중단하면 거래처는 쓰러지고 말 것이라고 판단한 것이다. 자기는 힘들어도 남을 도와준 것이 결국 강사장이 재기할 수 있는 원동력이 되었다.

### 저 놈은 믿을 수 있어

"이러한 사실이 알려지면서 많은 거래처 사장들이 저를 도와주기 시작했어요. '저놈은 믿을 수 있다'는 신념을 준 거죠. 저는 남들과의 오래된 인연이 얼마나 중요한지 깨닫게 되었어요. 내가 정말로 힘들고 어려울 때, 그들은 저를 도와주었어요." 98년말부터 경기가 회복되면서 강사장도 한숨을 돌릴 수 있었다. "일본 제품의 경우 kg당 5달러 선이지만 강진특수강 제품은 7달러를 넘어설 정도로 부가가치가 높은 편이에요. 가격이 비싸지만 일본 시계회사들이 강진특수강 제품을 고집하는 것은 그만큼 소재가공 기술이 뛰어나기 때문이죠."

성공한 사업가 강진규 사장에게 돈버는 노하우를 물어보았다. "저는 한우물을 파는 것이 중요하다고 생각해요. 현대그룹 고(故)정주영 회장도 당신이 잘했던 건설에서 출발해 대기업을 이루지 않았습니까? 무(無)에서 유(有)를 어떻게 창출할 수 있겠어요? 결국 자기분야에서 노력하는 수밖에 없어요." 그는 밀양대에서 후진양성을 위해 겸임교수로 일하고 있다. 자신도 연구를 계속할 수 있고, 새로운 지식도 구할 수 있는 이점이 있다. 학교로 향하는 강사장의 뒷모습에 백만장자의 저력이 숨어있음을 느꼈다.

## 36 알부자들의 성공 X-파일

# 부자친구를 두어라

돈을 외면하고 부자되는 것에 무관심하다면 당신은 가난한 아빠와 가난한 엄마의 대열에 합류할 가능성이 높은 스타일이다.

이 글을 읽는 독자들은 잠깐 머리를 들어 내 주위에 부자들이 몇 명쯤 있는지 손꼽아보라. 그들이 무엇을 먹으며, 어떤 제품을 사고, 어떤 집에서 살고, 어떤 차를 몰고다니는지 한번 생각해보자. 어떤 사람들은 부자친구가 없을 수도 있고, 애써 '부자는 우리하고 노는 물이 달라' 하며 외면할 지도 모른다. 하지만 이제는 '부자들은 속물'이니 '뭔가 부정한 방법으로 돈을 모았을거야' 하는 따위의 생각은 버려야 한다. '나는 정직하게 살고 정도를 걸어가니까 가난한거야' 라며 자기위안을 삼아서는 안된다. 이제 부자들의 삶으로 들어가 그들을 관찰하고 그들이 어떤 생각으로 살아가고 있는지 겸손하게 배워야 한다.

### 부자들의 삶을 직접 보고, 동기부여를 받아라

부자들이 사는 방식과 생활을 경험하지 못하고서는 우리는 동기부여를 받지 못한다. 가난한 사람들 사이에서는 '돈을 모아야 겠다' '나도 주말을 근사하게 보내고 싶다' 등의 동기부여를 받지 못한다. 남들과 평범하게 먹고 자고 생활하니까 나도 그들 삶과 똑같아 질 뿐이다. 이제부터라도 부자들의 삶에 들어가서 그들의 삶을 진지하게 배우는 용기를 가져야 한다.

영업일을 하는 K씨. 그는 5년 전까지만 해도 그렇고 그런 평범한 월급쟁이였다. 어느날 영업설명회에 갔다가 K씨는 연봉 1억원 이상을 받는 사람들의 생활을 듣게 되었다. 1년에 3~4번 가량 해외여행을 가고, 아이들은 미국유학을 가서 공부를 하고 있고, 주말에는 골프를 치는 등 그들이 들려주는 얘기는 K씨가 꿈꾸어왔던 삶, 바로 그 자체였다. 이들도 처음에는 내일 아침 출근을 걱정해야 하는 샐러리맨이거나 남편 저녁식사를 차려야 하는 평범한 가정주부들이었다. K씨는 그들의 삶을 듣고 삶의 방식을 바꾸게 되었다.

"제 주위에는 그런 사람들이 없었어요. 친구들도 평범했고 직장동료들도 보통사람들이었어요. 부자들의 삶이 어떤 것인지 간접체험할 기회가 없었어요. 영업설명회에 가서 동기부여를 받았고 '나도 부자가 될 수 있다'는 확신과 용기를 얻었죠. '가난해도 부자들의 줄에 서라'는 의미를 알게 되었어요." 이후 K씨는 목표를 가지고 영업일을 했고, 지금은 그 자신이 연봉 1억5,000만원을 넘는 알부자가 되어 있다.

K씨는 알부자들의 성공경험과 생활방식을 알게 되면서 강한 의욕이 생겼다고 한다. 생각의 전환이 그의 일생을 바꾼 것이다. 그만큼 자신이 속한 환경이 무서운 것이다.

나의 주위에는 어떤 사람들이 많은가? 부자들이 1명이라도 있는가? 그저 평범한 사람들 뿐인가? 다소 과격하게 들릴지 모르지만 우리들 주위에 부자가 없다면 내가 부자가 될 확률은 그만큼 떨어진다고 보면 된다. 내가 부자를 모르는데 어찌 부자가 될 수 있겠는가? 부자의 실체를 모르면서 어찌 부자가 되겠는가? 구체적인 플랜이 세워질 리 없고, 인생목표가 수립될 수 없는 것이다.

## 부자는 부자끼리 어울린다

부자들은 의도적으로 부자들과 어울리고, 가난한 사람들은 가난한 사람끼리 모이기 마련이다. 부자는 부자끼리 어울리면서 자연스럽게 돈과 주식과 재테크를 대화 1순위로 올리며 어떻게 하면 돈을 조금이라도 더 불릴 수 있을까 생각한다. 정보도 서로 교류한다.

반면 가난한 사람들은 돈이야기가 나오면 '사람이 돈밖에 모른다' '돈에 걸신 들린 놈' 이라며 돈얘기를 피한다. 정작 생활이 궁색한 것은 그들이라는 사실조차 망각한 채. 부자친구를 만나더라도 '어쩌다 운 좋게 돈벌었나 보다' 생각하며 애써 그 의미를 축소한다. '나는 돈에는 관심이 없어. 이 정도로 충분해' 하며 돈얘기를 피한다.

당연히 돈을 벌 수 있는 기회도 없어지고, 노하우도 얻지 못하고, 다른 사람들이 어떻게 돈을 모아 집을 사고 차를 사는지 간접경험도 하지 못하게 된다. 돈을 무시하고 무관심할수록 당신은 부자의 줄에 서기 보다는 더욱 가난해지는 당신을 발견하게 될 것이다. 부자의 대열에 합류하라. 부자친구를 두어라. 부자친구가 없다면 부자들이 어떻게 돈을 모았는지 최소한 책을 보며 간접체험이라도 하라. 남들이 나에게 돈을 그저 가져다 주는 것은 이 세상 어디에도 없다. 자신이 관심을 가지는 수 밖에 없다.

재미있는 일화가 있다. 15년전 일본 도요타자동차 회장은 젊은 엔지니어 10명을 선발해 특명을 내린다. "앞으로 1년간 미국에 가서 상류사회 사람들은 어떻게 노는지 보고 배워와라!" 본사에서 그들에게 제공한 호텔은 그들이 일본에서 꿈도 꾸지 못할 정도의 최고급이었고, 음식이나 자동차도 최고 수준이었다. 그들에게 남부러울 것은 하나도 없었다. 미국 백만장자들과 어울리며 그들은 백만장자의 삶과 의식이 어떠한 것인지 배워 나갔다. 엔지니어들이 1년간 미국에서 호화롭게 지내고 귀국하자 회장이 말했다. "이제 백만장자가 어떻게 사는지 알았을 것이다. 백만장자들이 타고 싶어할 자동차를 만들어라." 엔지니어들은 백만장자들의 라이프 스타일을 고려해 자동차를 만들었고, 이렇게 해서 탄생한 차가 렉서스다. 이 차는 미국의 고급차 시장에서 대히트를 쳤다.

## 부자를 모르고서는 부자가 될 수 없다

부자가 되려면 옆에 부자친구가 있어야 한다. 친구라는 것이 동갑내기 나이의 친구를 말하는 것이 아니라 부자환경을 얘기하는 것이다. 부자들의 환경에 노출되어 있어야 한다는 말이다. 그들의 사고방식과 생활스타일을 보고 느끼는 바가 있을 것이고, 그들의 성장과정과 돈을 버는 노하우를 보면서 우리는 자기자신을 추스리게 된다. 여기에는 성공한 백만장자들의 자서전을 읽는 것도 포함된다. 그들이 들려주는 인생철학과 고생한 이야기들은 우리에게 책값 1만원 이상의 가치를 가져다 준다. 그것이 우리의 인생을 변화시킬 수 있는 것이다.

필자가 만난 성공한 백만장자 중에서도 부자들과 접하면서 삶의 동기부여를 받고 이를 실천에 옮긴 사람들이 많았다. 볼펜끝에서 불이 나오는 반디펜 품목 하나만으로 600억원의 매출을 올린 길라씨엔아이 김동환 사장은 유명한 국회의원의 자가용을 몰면서 사업의 꿈을 키웠다. 그들의 라이프스타일을 보면서 나도 사업으로 성공한 부자가 될 것이라는 꿈을 키웠고, 결국 알짜배기 중소기업의 사장이 되었다. "국회의원의 자가용을 몰면서 저는 사업을 해서 꼭 성공해야겠다는 마음을 굳혔어요. 저는 가난하고 학력도 짧았지만 그들의 생활과 사고를 접하면서 많이 달라졌어요. 부자의 줄에 서야 한다는 강한 의욕을 가졌어요."

이레전자산업 정문식 사장도 어릴 때 신문을 돌리고 대걸레 외판원을 하며 많은 고생을 했지만 항상 한손에는 고(故) 정주영 현대그룹 회장의 자서전과 책이 있었다고 한다. 성공한 사람들의 삶을 읽어가면서 사업에 대한 꿈을 키웠고, 결국 자신도 한국을 대표하는 전자제품 회사 CEO가 되었다. 부자들을 터부시하고 멀리하기 보다는 그들과 가까이 지내면서 자신의 삶을 개척하는 방향타로 삼은 것이다.

> 돈을 애써 외면하는 것은 조선시대 선비처럼 고풍스런 멋이 있지만 실제 생활에서는 아무런 도움이 되지 않는다. 돈을 외면하면 할수록, 부자의 꿈을 죽이면 죽일수록, 당신은 가난한 아빠와 가난한 엄마의 대열에 합류할 가능성이 많다는 사실을 명심하라.